诸子百家的黄金时代

范西园　著

岳麓書社·长沙

目 录

楔子　伏生的记忆

直到被腰斩的那一刻，大汉帝国的名臣御史大夫晁错始终都想不到，会被一直深深信任他的汉景帝所抛弃。

那是汉景帝前元三年（前 154）的隆冬，七国之乱刚刚震动天下，这天晁错忽然被宣召，要他进宫与皇帝议事，于是晁错赶紧更衣，穿上朝服，乘车匆匆前往未央宫。这时的晁错全然不知，诛杀他的奏请早已经汉景帝批准后下达执行。当晁错经过长安东市时，车马忽然停下，钦使上前，向晁错宣读了处刑的诏书，没有留下任何转圜的余地，下令立即在这闹市执行腰斩。随后，执法官按照大汉律法实施了皇帝的命令，任凭晁错被斩断为两截，直至再无声息。

下达处决命令的汉景帝，自始至终，都没有露面。汉景帝从在东宫做太子时起就把晁错当作智囊，他们一同研究天下大势，一同畅想未来，一同定下了削藩的计划，没想到削藩过于急迫，结果引来了诸侯们的反扑，吴楚七国之乱爆发。为了堵住诸侯们讨伐的口实，汉景帝才不得不以牺牲晁错为代价，换取暂时的和平。

不知东市刑场上的晁错心中是感到悲哀还是愤怒？他为了皇帝尽心竭力，皇帝却当他是个用来换取和平的筹码。君臣之间没有高尚而充满温情的忠诚与信任，只剩下令人作呕的利用与算计。

这是一代人的悲哀，这个时代的人们，只能活在这样一个充满欺诈与压迫的世界里。

这是一个被“秦制”改造过的世界，统治者希望用强大的律法作为工具，支配人们的行动。按照支撑“秦制”运转的法家思想，人与人之间，本质上只有冰冷的利益关系，如果善良美德还存在的话，那本质上也是受利益的驱动。

大汉帝国承袭了秦朝建立的秩序。晁错是在汉朝建立的第七年出生的，和那个时代的其他士人一样，从小“以法为教，以吏为师”，学习律令。从秦朝就开始严格执行的挟书律依旧发挥效力，诸子百家的思想被禁止公开传播。晁错年轻时学习的一直都是贯彻着法家思想的刑名制度。在这种制度的规定下，所有人都要小心遵守法律和官府的要求，不敢松一口气，既是为了避免随时会降下的刑罚铁锤，也是为了提防邻里之间的告发。在这样的秩序下，人与人之间并无信任可言，只是出于利益走到一起，然后出于利益分道扬镳。

人们大多会把自己小时候就存在的事物看作是本应如此的东西，对于包括晁错在内的那整整一代人来说，以法家思想、秦法体系为基础建立起来的“秦制”，就是本应如此的社会制度。

直到二十多岁那年，晁错奉命前往山东济南，去拜访一位年逾九十的老人。

老人名叫伏生，是一位儒生。他博览群书，尤其精通《尚书》。秦朝建立后，下令焚书，要求将《诗经》《尚书》以及百家学派的书籍尽数焚毁，甚至还烧掉了除秦国以外的其他历史记录。从此之后，记载着从五帝时期以来历代帝王事迹的《尚书》便销声匿迹。以至于汉文帝时，天下已无懂得《尚书》及其内容的人。[①]

曾经那个百家争鸣的时代只过了不到半个世纪，却像被橡皮擦去了一样，人们只能看到它被抹去后留下的印痕，已说不清楚

① 相关内容见《汉书·袁盎晁错传》。

那个时代具体的样子。大汉帝国初年，文化匮乏，在过去时代生活过的老人纷纷亡故，只留下了不太读书也无书可读的后来人。

所幸还有伏生，他的高寿如同上天赏赐，让他还能有足够的时间，在老家的一个隐蔽地方找到了当时冒死掩藏的《尚书》。只是半个世纪里，这些竹书经历了霉菌、硕鼠以及虫蚁的蛀蚀，大半损毁，仅剩二十八篇。伏生重新抄录整理，教授于齐鲁之间。由于伏生年事已高，不便走动，汉文帝于是派晁错前往济南，请伏生亲自传授《尚书》——毕竟，光有这二十八篇《尚书》正文还远远不够，这部著作蕴含的是自上古以来就流传着的智慧，文字佶屈聱牙、古奥难解，只有老师手把手地指点，才能帮助学生领会文中所蕴含的思想深意。

《伏生授经图》

当晁错奉皇帝之命，千里迢迢来到伏生家中时，九十多岁的伏生已经老得口齿不清了，关于典籍知识的记忆也随着时间的流逝而逐渐模糊。除了女儿羲娥以外，没人能懂伏生说了什么。所以伏生讲解《尚书》的话，只能靠女儿来翻译。

老人在自己日益衰退的记忆中搜寻着关于《尚书》的知识，

再经过羲娥这个老妇人之口转述，讲的东西难免会有差错。但伏生坚持讲，羲娥坚持转述，晁错坚持学，这段曾被尘封了半个多世纪的记忆，这些蕴含着两千多年来无数人思想的古老智慧，通过这种磕磕绊绊的方式，艰难地传递下来。

求学的时候，晁错或许会问他这位年迈的老师，秦以前的那个时代，究竟是怎样的？先生可还记得？

他也有理由这么问。伏生大概是当时最后一位经历过秦朝统一天下前的那段岁月的老人，年近百岁的他，所认识的同龄人，甚至大多数的孙辈可能也已不在人世。那些关于过去岁月的真实情况，虽然仍存在于老人的记忆里，但却随着身体的衰老、记忆的减退、生命的凋零，而无可避免地走向衰亡。

听说那个时代，有许许多多的思想流派，他们围绕着自己感兴趣的话题随意争论。

听说那个时代，人们遵守着最后一点温、良、恭、俭、让的美德，相互之间以礼相待。

听说那个时代，有着比如今更大的可能性，新秩序的蓝图还停留在构想之中。

这些都是真的吗？

予以回应的，只有伏生沉重的呼吸。

对于晁错来说，这段求学于伏生的经历，只是冥冥中那只主宰命运的手偶尔为他短暂打开的一扇门，从这扇门里，他得以窥见另一个维度的世界，一个不同于如今时代的世界。那些他一直以来以为是理所应当、本应如此的规则与秩序，只不过是由于人们习以为常而自己建立的幻象。晁错本来是可以看清这些幻象的，但可惜他没有，而是贸然地追逐着权力，将身家性命扑在了自己原本不擅长的削藩大业上，最后断为两截，粉身碎骨。

但伏生关于这些问题的答案，早已在不经意间留在了我们所能看到的地方——他所传授的《尚书》之中。如果我们翻开这部书，那些过往的时代，与那个时代里闪闪发光的思想，就会在我们眼前一一展开。

请永远不要低估思想的力量，虽然它看不见，摸不着，却可以改变人的内心，化为改变世界的力量。

第一章

轴心时代来临前，世界是什么样子？

哲学发生以前的巫术世界

蒙昧中的突破

后来被称为“至圣先师”的孔丘有一个爱好，就是看乡人的傩舞。

傩舞是一种从上古时期流传下来的神秘舞蹈。舞者身穿五彩斑斓的衣服，头戴鬼神面具，手持道具，在鼓点音乐的伴奏下，应着节拍，跃然起舞。随着鼓点逐渐变得激烈而急促，舞者随之浑身颤抖，脚步和动作也随着节奏陷入一种奇特的情绪之中，举手投足，仿佛鬼神亲临，是冥冥之中的神明在借着舞者的身躯，踏着神秘难解的舞步。

而每当观看傩舞时，孔丘总是会穿上最隆重的朝服，恭敬地站立在台阶上，聚精会神地观看。[①]

即使是在孔丘的时代，恐怕也已经没人能说得清楚，傩舞究竟出现于何时，人们只是知道，这是一个古老的驱邪禳灾的仪式，起源于巫术，古人相信通过舞蹈可以求得鬼神的附身，进而借助鬼神来实现自己的愿望。

两千多年后的今天，我们依然能在西部或者南方的偏远地区看到傩舞，只不过由于时间过去太久，甚至连跳着傩舞的乡民自己，都已经不太清楚这项仪式在巫术方面的本来意义。

① 这一事迹，详见《论语·乡党》。

因为华夏人已经在某个时间点上，开始了理性的思考，告别了原本那个充满巫术的世界。仿佛是在漫长而又混沌的黑夜过后，一丝阳光闪现，黎明到来——哲学在这时出现了，人类突破了原本的自己，迎来了新的时代。

后来，人们称这一刻为“哲学的突破”。

在距今大约两三千年前的一个时期，东西方轴心曾经不约而同地出现过这样一次革命性的突破。从东方的华夏大地，一直跨越整个欧亚大陆，到遥远的欧洲，许多伟大的哲人们开始用一种全新的态度审视眼前的世界，从此之后，人对自己的存在有了理性的反思，对宇宙、人生的体认和思考都跃上了一个新的层次，从而为进一步认识自己、认识世界奠定了基础。

> “轴心时代”的概念最早是德国哲学家雅斯贝斯在其《历史的起源与目标》中提出的，他认为在公元前八世纪到公元前二世纪这段时间里，欧亚大陆几个主要的文明中心，平行地发生了剧烈的思想变革。但其实，在雅斯贝斯之前，启蒙时代的欧洲思想家也早已发现了这种“共时性”。

通过这次革命，人们渐次摆脱与自然缠绕不清的状态，逐步有了明确的观念，意识到自我在宇宙间的位置、意义。

在古希腊，哲学突破出现在苏格拉底等哲人那里，从而成为西方哲学的渊薮。

在古希伯来，哲学突破出现在犹太教的先知那里，从而有了《圣经》中的《旧约全书》。

在古印度，哲学突破出现在佛陀和其他苦行者的顿悟中，从而有了《奥义书》和灿烂的佛教文化。

而在古代中国，哲学突破一样也出现了。我们奇幻的哲学之旅，就从这场哲学的突破开始启程。

什么是哲学？

在开始这一次思维旅行之前，我们得搞清楚一件事情——哲学究竟是什么？

这其实是一个很难回答的问题，西方哲学家维特根斯坦就说过，越是常见的概念，往往越是难以说清楚它究竟是什么意思。

“哲学”本来是一个西方产生的概念，源于古希腊词语philosophīa，本意是“爱智慧”。所以我们常说，哲学就是爱智慧。

可是，“爱智慧”究竟是什么，这也是一个很难回答的问题。古往今来的哲学家们对于哲学都有自己的看法，甚至那些大哲学家对于“哲学”所下的定义本身，就是他们哲学的一部分。所以，哲学史家余敦康先生就说，“哲学是什么”这个问题，认真说起来是永远不能回答的，也是一个永恒的困惑。[①] 后来的西方近代哲学家开始将研究普遍问题的科学称为哲学，是科学的科学，比如马利丹和斯宾塞认为，哲学与每一件事物休戚相关，是总的科学，这其实把哲学限定在了一个特殊的范围里——要先成为科学，然后才算是哲学。因而哲学应当以古希腊哲人发明的那套逻辑体系为基础，根据严谨的论证得出相应的结论。从这个角度看，哲学是西方特有的。

正因如此，启蒙时代以后像黑格尔等一些大哲学家都认为，中国没有哲学，只有思想，因为西方哲学和中国思想之间的差异

---

① 余敦康：《哲学导论讲记》，北京大学出版社 2018 年版。

确实太大了。这种说法诚然有一定的道理，中国古代的思想，大多数内容都在讨论怎么做人，怎么治理天下。这类思考西方也有，但更具思辨性，不像中国哲学家这样讲直觉、凭感性。而且，中国思想中占比不多的对外物的思考，都是些类似“物方生方死”这种用形式逻辑解释不通的观点。

但是，这就说明中国没有哲学了？这种想法，其实是照着西方哲学的样子（确切地说，是近代以来西方哲学的样子），画了一幅肖像，再下定义说，这就是哲学。然后拿中国哲学比照西方哲学的画像说，中国哲学不能算哲学。

这种说法真的合理吗？

人们现在倾向于认为，中国哲学与西方哲学都是特殊的哲学，同属哲学这个大类，它们之间是“家族相似”的关系。①

“家族相似”是英国哲学家维特根斯坦为了描述语言逻辑关系提出的概念。就像一个大家族的每一个人，都长着不同的模样，但又有一定的共同点，具有家族成员共同的特征。②

哲学也有这种家族相似，其共同点就是哲学是人在审视自身与周围世界时的一种反思。

哲学是人对生活的反思，正如古希腊哲人苏格拉底所说：“未经反思的生活是不值得过的。”亚里士多德也认为，最高层次的生活，应当是一种沉思的生活。那时著名的特尔斐神庙里，镌刻着我们至今仍然耳熟能详的箴言：“认识你自己。”在古代中国哲人这里，“诚者，天之道”，“思诚者，人之道”，“明明德”“心斋”等重要概念，都是对存在进行的反思。

几千年来的哲学史用实践证明，要给哲学下一个普遍适用的

---

① 张汝伦：《中国哲学的自主与自觉——论重写中国哲学史》，载《中国社会科学》2004 年第 5 期。

② 维特根斯坦：《哲学研究》，商务印书馆 1996 年版。

定义，是不可能的。但如果非要问哲学究竟是什么，那不妨如此回答（这也是本书所关注的问题焦点），哲学是这样一种生活方式——运用我们的理智，来反思我们的生活、我们的存在。这种生活方式让我们孤独，痛苦，又让我们清醒，迷惘，更重要的是，它让我们真正存在，因为“我思，故我在”。

从“0”到“1”的突破

反思我们自身的存在，从来都不是一个小问题。

只有人才会反思此事，问题是，怎么样才算是真正地在“反思”呢？这个问题和“哲学是什么”一样，难以用一两句话来回答，如果你看完这本书，或许就会了解了。这里先说说我们反思什么。

有段子说，每个守大门的保安都是一个哲学家，因为他们每天都在反复问着三个根本问题：你是谁？你从哪里来？要到哪里去？这三个问题也是哲学的基本问题，关系到我们认识自己、认识世界——

我是谁：我是如何意识到自己的存在？又是如何才有“我”的认知？我之为“我”，需要什么条件？又要接受哪些规定？我又是如何区别于他者？我在整个宇宙当中究竟处在怎样的位置？我们是人，而人又如何区别于动物？

我从哪里来：是什么形成了这个“我”？我又是在怎样认知自己、认知周围的世界？我这一套认识的方式又是怎样形成的？我的身份所连带的整个社会属性，又是怎样产生的？

我要到哪里去：我应当如何存在、如何生活才算是有意义的？这种意义是如何产生、如何对我进行规定的？我又应该如何去追求我存在的这种意义？

哲学之所以出现，就是为了解决人在反思自己的存在时所遇到的这些难以回答的问题，这一点，不管是东方还是西方，情况都很相似。但是，具体如何去思考、如何去回答这些问题，东西方就各不相同了。

那么问题来了，华夏人是从什么时候开始这样的反思的呢？

其实，这场从“0”到“1”的伟大哲学突破，开端于古代哲人与巫术世界的告别。[①]

是的，在哲学发生以前，中国古代曾有过一个巫术的时代，那个时代的人们，曾用一种如今很少使用的方式，去理解自己以及所处的世界。人们以巫为信仰，以巫术为政治、军事以及日常生活的指南。这个时代持续了一两千年，甚至更长，并且深刻地影响了中华文化及其哲学的形成。

舞蹈的“巫”

巫，从字形上看，就是两个正在舞动、祝祷的人。这么理解应该接近巫最初的意思：一边跳舞一边祝祷，寻求与无形之神沟通，从而请大神降下来的通灵者。

《山海经》里就说过，大荒之中，有一座“灵山”，住着“十巫”，分别为巫咸、巫即、巫朌、巫彭、巫姑、巫真、巫礼、巫抵、巫谢、巫罗。这些巫者通过灵山的天梯登天入地，是介于人和神之间的存在。而“巫咸”更是在其他许多典籍中都有各种各样的故事，从帮黄帝、炎帝占卜[②]，到在殷商时期从天而降[③]，再

① 余英时：《论天人之际：中国古代思想起源试探》，中华书局 2014 年版。

② 见《太平御览》。

③ 见《楚辞集注》。

到春秋战国时期能知晓人的生死存亡[①]，历史上关于他的传说从未间断。

这样神一般存在的人，在当时就是最高权力、最高智慧和最高力量的代表，是统治世界的一群人。殷商以前的那些王，往往同时兼具了巫者的身份。

比如传说中建立夏朝的夏启，就是一个乘着飞龙的人，他跳着九代之舞，乘着两条大龙，手操翳环，上天入地。

当然，这只是《山海经》中的传说，据考证，这可能描述的就是夏启手操翳环，身佩玉璜的巫者形象。作为夏朝的王，夏启同时也是一位可以与神交通的大巫。

巫者之所以有如此崇高的地位，与他们所掌握的巫术分不开。古人笃信巫文化，因此也产生了复杂而繁多的各类巫术。

最常见的就是“通灵术”，俗称“跳大神”。在特殊的舞动中，巫者进入一种迷狂的状态，随之全身颤动、手足痉挛、血管胀大、口中呜咽，这说明神灵附在了巫者身上，其他人就可以与“附身”在巫者身上的神灵说话，从而实现人与神之间的交流。或者巫者通过登上高山、点一把火之类的方式，请上神降临，从而与神进行沟通。

还有预测系巫术，也就是流传至今的“卜筮之术”，用龟甲和蓍草来预测吉凶。

同样重要的，还有祈祷系巫术，巫者通过跳舞、祝祷等方式，禳灾除病，祈祷风调雨顺。比如遇到大旱时节，巫者就要一起跳“雩舞”，除去不祥之气。在以农业为主的古代中国，风调雨顺尤为重要，倘若巫者靠跳舞无法打动上天，可能就需要巫者“舍小我，为大家”了。

一直到春秋时期，这一习俗仍然保留着，到了天气实在干

① 见《庄子·应帝王》。

旱，作物需要雨水的时候，国君们总不免要与大臣商量一下：这么长时间不下雨了，要不咱烧个巫师，祭个天？

巫术的世界

形形色色的巫术以现在的视角来看，都有点“不科学”，带着荒诞不经的味道，甚至很多学者把它们当作原始社会蒙昧无知的表现。但巫术背后实则是古人看待万事万物的方式。

巫术之所以在那个时代具有如此重要的地位，原因就在于在那时人们眼中，自己与自己所在的世界是一个整体，或者说，自己就是这个世界的一部分。所以，自己与其他人可以相互沟通，自然也可以与万事万物沟通。万物都有神灵，山泽草木有神灵，天地风云有神灵，雷电水火有神灵，人死之后也会变成鬼神，当然可以相互交流。

风雨雷电、日月星辰背后是不是存在一个看不见的神灵控制着它们的运转呢？古人认为如此，他们发现万物有灵，万事万物背后都有神灵，从而形成了一个复杂多样的神灵世界。

而与这个神灵世界交流的媒介，就是巫术。

通过巫术中的降神、卜筮、祈祷，人们便能与鬼神相互沟通，同时也能从鬼神那里寻求启示与指导。正是通过巫术，那个时代的人们实现了“天人合一”（自我与周围世界的统一）。

从这个角度来说，后来的中国古人，将这个上古时代视为理想社会，并非没有道理。

巫术其实不一般

正是从这个时代开始，中国哲学中许多特质逐步显现、生发了出来。

中国古人的巫术和世界其他地区的原始巫术相比，有一个鲜明的特点：中国古人的巫术并没有太多“自然巫术”的色彩。

何为自然巫术？其实就是类似《哈利·波特》中的魔法，施法者拿着道具，念几句咒语，就可以借用自然中的神秘力量，作用于被施法对象身上。

或者像现代人观察到的太平洋上苏门答腊岛的原始部落里，如果有妇女生不出孩子，就会制作一个木偶婴儿，整天抱在膝上。他们相信，一直这么做就可以使怀孕的愿望变为现实。再或者像印第安人族群那样，做一个像仇人的小木人偶，用针扎入头或者胸部，来诅咒自己的仇敌①——这些在古代中国的主流巫术中并不常见，即使是扎小人这种“巫蛊之术”，也并不被主流的华夏人所接受。

这类自然巫术的特点，是用一种人为的力量来控制自然之力或者神灵之力，以达到自己的目的。而上古中国的巫者们，则更多是将神灵当作一个崇拜、沟通者，他们用巫术的力量，往往是为了取悦神灵，而非控制、压服神灵。

也就是在这种特点的巫术仪式中，生发了古人对待世界的神圣情感。两个极具中国哲学色彩的概念也由此萌生了，那就是“忠”“诚”。

“忠”，是一种崇敬、崇高的情感。它产生于对神灵的崇拜中，后来引申为待人忠厚，以及对待国君的忠心。

---

① 关于这些原始部族巫术的记载，可以参见英国人类学家弗雷泽的《金枝》（*The Golden Bough*）。时至今日，它仍是一部阐述巫术和宗教起源的权威之作。

“诚”，是一种无所私藏的态度。它也源自人与神灵沟通时，完全无所自私的情感态度。后来引申为诚信、诚实等美德。

巫术世界中的很多理念，后来都成了重要的哲学思想，在此后的中国哲学中大放异彩。

比如，巫者进行的巫术仪式，后来演化成了人们的丧、祭、冠、婚、朝、聘等礼仪，随之成了古代中国“礼乐”文化中极其重要的一部分。

巫者求神启示所作的卜筮之术，后来演化成了“易”，承载着中国古人的世界观、宇宙观。

最重要的则是古人对神灵的崇拜。这种“万物有灵”的思想理念，在逐步的抽象中实现了超越，从中产生了古人对至高之神“天”的信仰。而“天”这一概念，后来也成为中国哲学中始终脱离不了的重要名词。

哲学的开端：从“绝地天通”说起

为什么是天？

天是中国人心中的重要寄托，华夏人信仰的最高神“上帝”，就与天息息相关。

古人所说的“上帝”最初只是一个农业神，是华夏人自然崇拜体系中的一个普通神灵。[①] 农作物的收成仰赖天时，于是自然天象，令风令雨就成了上帝管辖的权力，因而就与天有关。而在农业部族中，能主宰风雨无疑是至关重要的能力，是以在自然众神中具有了最高地位。

但到这里为止，天还只是一个宗教意义上的概念，还不具备哲学意义。

随着人们信仰的演化，“天帝”“上帝”成了至高的主宰。此后，天不再仅仅是一个自然神，而具有了哲学上的超越意义——从一个具体的自然物，上升为具有普遍性的存在。直到现在，我们依旧在日常语言中，把天视为规律与秩序的主宰，我们常说“天网恢恢，疏而不漏”，“恶人自有天收”。这些都是留存在日常语言习惯中的文化印记。

---

① 这一说法参见陈来《古代宗教与伦理：儒家思想的根源》（北京大学出版社 2017 年版）。在殷商以前，并未将“帝”与“天”画上等号，直到西周时期，经过周人的改造，上帝才被逐渐去除人格属性，成为抽象的“天”。具体详见后文。

这里的“天”，很显然不是我们头顶的这片天空，也不仅仅是一个具有人格的天神，或者像很多现代学者所理解的“大自然”，抑或是某种规律与秩序。它是一个超越于人与万物的存在，是一种无限，甚至我们自己，也在这种超越的“天”中。此后数千年的中国哲学，始终没有脱离这个超越的“天”。钱穆先生晚年有言：“中国文化过去最伟大的贡献，在于对“天”“人”关系的研究。”[①] 旨哉斯言！

而我们的天，又是怎样从普通的自然事物、自然神，演变成为超越的“天”的呢？这就必须说到发生在巫术时代的重要事件——绝地天通。

禁止随意跳大神

关于“绝地天通”事件，主要的记载来自《尚书·吕刑》《国语·楚语下》以及《山海经·大荒西经》。

> 传说在五帝时代，“民神不杂”，人和神灵分得清清楚楚，秩序井然。但是，到了少皞氏衰败，九黎作乱后，出现了“民神杂糅”的情况，人和神混杂在一起，因为人神分不清楚，人就渐渐地不敬神了，社会也乱了。蚩尤之类开始杀戮无辜，肆意妄为，无法无天。针对这种情况，上帝[②] 双管

① 见于钱穆遗稿《中国文化对人类未来可有的贡献》。

② 这所谓的“帝”，按照《国语》的说法是颛顼，而蔡沈《书集传》中则说是舜。其实《国语》的时代距离上古也已久远，说法多有错讹。顾颉刚等学者的看法是对的，即古时的“帝”字只指“上帝”。

齐下：一方面，发用威力，下令坚决打击惩处作乱的九黎苗民；另一方面，又令重、黎二人负责“绝地天通”，断绝人界与天之间的通道，人间的诸王各自负责治理整顿，重新恢复人间的正常秩序。后来在尧、舜时代，三苗再次作乱，尧就再度启用重和黎的后人，重申了绝地天通的命令，人神间的秩序终于重新恢复。

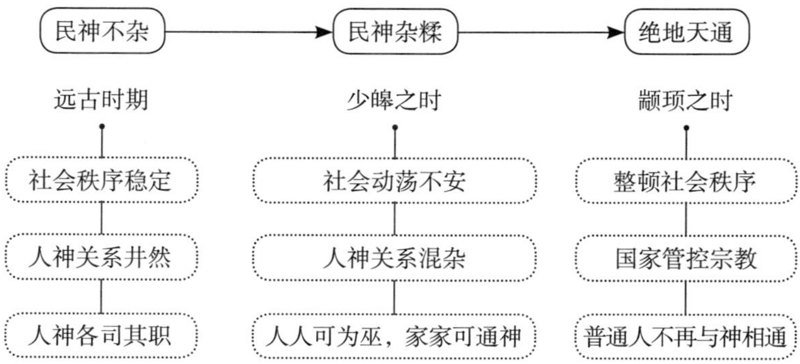

民神关系示意图

这个故事充满神话色彩，我们不禁要问，这个天地之间的通道是什么？春秋时期的楚昭王就因为听了“绝地天通”的故事后，内心充满了疑问，所以问大臣观射父：“故事里说，重、黎断绝了天地间的通道，那如果重、黎没有绝地天通的话，现在我们这些凡人就可以上天了？”

观射父回答：断绝天地的通道，并不是真的像拆一段梯子一样切断从地到天的路，这其实是一个关于巫术变革的故事。

上古时期，凡人当然不能随便上天入地，而所谓的“上天与神交流”，其实就是指通过巫者施展巫术、跳大神，实现神灵的附身。

之所以最初的时候“民神不杂”，是因为有专门的巫者来负责人神间的沟通，普通人不参与事神的活动，这就是民神异业。

可是到了后来，作为“通神管理员”的巫者管不住百姓们随意跳大神了，家家户户都有人施展巫术，家家户户都有神灵附身，而且还随意祭祀，任意通天，这就是所谓的“民神杂糅”。这种情况的结果就是，每家每户都可以宣称自己得到了神的旨意，既然获得了神的旨意，那就没有必要遵从部落社会的规则了。人人都可以沟通天神，人就渐渐没有了对神的尊敬。另一方面，家家户户拿祭品祭祀大神，家里自己用的东西也就不够了。于是，经济危机附加管理危机，最终导致社会的失序。

所以，才有了绝地天通事件。

在严令之下，扰乱公共秩序的行为被严肃处理，同时统治者也颁下禁令，禁止随意跳大神，不再允许平民和神直接沟通。众神也不能一言不合就下凡了，这就叫“罔有降格”。从此之后，那个家家户户可以施展巫术的时代过去了，重、黎二人，一个负责沟通天，一个负责管理民，重新建立起人间的秩序。

超越的天！

这个故事，与其说是一个历史事件，不如说是一个文化事件。它其实象征着中国古人思想观念变化的过程。

神话是以故事形式存在的哲学。绝地天通也是一个哲学寓言式的故事。重申了天与地，或神与人之间的绝对分际，天与地不相通，人与神也不能相通，人绝对不能与神同日而语，就此而言，天成了绝对的超越者。在过去，神还可以降临到某些巫术超群、具有特异功能的巫者身上，但在绝地天通之后，神灵降格附身已经被官方禁止。确切地说，天神不再降临到任何人身上。上帝只是要求司天的官员专心祭祀以事神，而司地的官员专管民政，两边划分得清清楚楚。

为何会如此？这是因为那个时候的华夏人已自觉意识到了“超越”的意义。

> 对于“天”“人”的关系，通俗观点往往将其理解为自然与人的关系，最典型的莫过于季羡林的表述：“我认为‘天’就是大自然，‘人’就是我们人类。天人关系是人与自然的关系。”但这种理解其实是西方思想传入中国后，自然主义宇宙观流行下所产生的误解，“故易以中国先哲之天，视为自然现象之全体，以是于天道之名，罕能得其解”（唐君毅语）。据李申先生在《四库全书》中找到的两百多条有关天人合一的材料，把天理解为自然界的，一条也没有。

面对苍天，古人意识到：人是有限的，人所能看到的万事万物也是有限的。

那么是否有一个无限的存在呢？

在这个问题面前，古人选择了相信有。他们相信，存在着一个超越于普通自然物的东西，它无所不能，无所不包；它既是承载，又是主宰。这个存在就是天，或者说上帝。

所谓“哲学突破”，就在此时发生了。正如当代学者张汝伦先生所言：“绝地天通的神话通过天人分途，不但确立了天的绝对超越者的地位，同时也强调了人对于自身事务的绝对责任。”[1] 从“绝

① 张汝伦：《绝地天通与天人合一》，载《河北学刊》，2019 年 11 月第 39 卷第 6 期。

地天通”这一大事件开始，古人开始尝试在超越的领域寻找自己存在的根源和原因，而这正是人类自我理解最重要的一环。

“绝地天通”是一起极其重要的思想事件，不仅是因为它意味着中国哲学的开端，更因为它为中国哲学打下了底色。余敦康先生曾说，并不是所有文明都能产生哲学。[①] 哲学的产生，关键在于能否提出深刻的哲学问题。在古希腊，最早的哲人泰勒斯第一个问出“什么是万物的本原”，正是因为对自然本原的惊异，成为后来西方哲学的底色。在古印度，吠陀宗教以来的哲人们痛苦思考的问题总是围绕在“如何摆脱生死轮回”上。而在“绝地天通”之后，华夏先哲们的思考，最终都是“欲以究天人之际”，思考着天人关系问题，“天人相分”只是第一步，后来的“天人合一”“天人感应”，都是将自我置身于整个宇宙存在间的终极思考。

在古代先哲们看来，有限的人，与超越的天是连为一体的，所以从此中国人也就有了敬天法祖的传统。也正因天与人的一致性，人间的秩序一旦不安宁，心怀天下的哲人们也就心忧如焚，一种“忧患意识”穿透了后来整个中国哲学史。那些伟大的中国哲人总是忧国忧民，他们无比热切地关心着自己时代所面对的危机，探寻着如何完善人间的秩序。这些独有气质，如果小心追溯，其实都能追溯到那场“绝地天通”的大事件上。

① 余敦康：《哲学导论讲记》，北京大学出版社 2018 年版。余敦康说在轴心时代，全世界只有西方、中国、印度三个地方产生了哲学突破。

癫狂的祭祀：殷商信仰中的哲学

从敬畏开始

随着哲学突破的发生，巫术的时代也走向结束。取代巫术的是向鬼神的祭祀。当代学者陈来先生认为，至晚到殷商时期，华夏人已经从巫术文化演进到了祭祀文化的阶段——虽然那时人们大行占卜之类的巫术，但是主导巫师们占卜的思想，已经是对鬼神的宗教信仰。[①]

从巫术的理念发展到祭祀的理念，其实是古人思想上的一大飞跃。

为什么？

因为这种转变意味着人对神灵敬畏心的萌生。过去人们用巫术，围着篝火跳大神，若癫若狂地让大神在自己身上显灵，让其他人直接问大神一些想知道的问题，这其实是在耍着小心思，想要利用神灵。

但是祭祀不一样，人们用牺牲贡品献祭，以求得鬼神的庇佑，这其实是讨好神灵。讨好神灵和利用神灵有着本质的区别——祭祀的人怀着敬畏心，他们相信神灵的力量，所以用力所能及的方法来谦卑地祈求神灵的启示和庇佑。

这种敬畏心，就是宗教的开端，也是哲学思考的开始。因为这时人才真正意识到自己的渺小，然后开始思考自己，思考眼前的万物。

---

① 参见陈来《古代宗教与伦理：儒家思想的根源》第四章。

瑰丽的殷商时代

从时间上而言，到了殷商时期，巫术时代基本接近尾声，而更为华丽、灿烂、诡异、奇绝的祭祀文化，则奏响了震撼人心的乐章。

如果我们稍微了解一下遥远的商朝，哪怕是看一看殷墟出土的青铜器，都会有一种莫名的恐怖的感觉。

青铜器纹饰拓片

面的纹饰透露出一种对未知神秘事物的崇敬，抑或是敬畏。

殷人生活在今冀南豫北的漳河流域，虽然土地肥沃，但是黄河泛滥，气候不定，一切都存在着不确定性。除了严酷的自然环境之外，还有山西南部的陶寺文化（可能就是历史意义上的夏人）、长江流域的良渚文化等其他异族的威胁。殷人的历史，就是一部充斥着战争的对外冲突史。从殷人发展之日起，就开始了血腥的杀俘虏祭祀的行为，也许是为了通过这种严厉的恐怖统治，震慑他们的敌人。

甚至，殷人还会在祭祀中吃掉被杀的俘虏，这是祭祀仪式的一部分。

所以，殷人精神世界里的上帝，是一个残暴而又强大、喜怒无常、深不可测的形象。因此殷人常用极为血腥的牺牲来献祭上帝和祖先，以获取鬼神的欢心。

上帝高高在上到什么程度呢？有一点可以说明，就是从现在出土的甲骨文卜辞来看，殷人的求神问卜，都不是直接问上帝的。殷商的王，只能通过求问逝去之后在上帝旁边做宾客的先王，才能问到由先王所转达的上帝旨意。

为什么不能直接问上帝？大概是殷人觉得自己不配吧。

在殷商时期，凡人是不配与上帝沟通的。就连殷商的王，尽管去世后有机会“升级”成为“帝”，跻身神灵之列，但在世时，也还是没有资格直接与上帝沟通。要想得到上帝的真实旨意，只能通过祭祀祖宗，通过向祖宗的灵魂来求神问卜一番，请他们代为向上帝询问。祖宗的灵魂再将上帝的意旨通过占卜结果“转述”给后代们，才能取得沟通成果。

这就是殷人对于世界的理解方式，也是他们在这个世界的生存方式。

向上帝献媚

在这种世界观下，殷人能做的就是近乎狂热地通过祭祀来讨好上帝、讨好鬼神。殷人对天神、地祇、人鬼的祭祀，都有不同的方式，也往往伴随着血腥的殉祭。这些我们可以从一段出土甲骨文卜辞来窥见一斑。

“王其又母戊一䜌，此受又？二䜌？卯叀羊？叀小牢？叀牛？王比受又？”[①]（甲骨片见右图）

这段殷商卜辞的辞意是：“商王将要祭祀后母戊，请问先王们，如果杀一个女奴隶来献祭的话，会得到保佑吗？杀两个女奴隶献祭怎么样？还是杀羊或者牛呢？商王这样祭祀会得到保佑吗？”

“䜌”即女奴。因为要祭祀的是商王武丁的王后母戊（那尊“后母戊鼎”也是用来祭祀母戊的），所以用女人来献祭效果更好。在殷人的眼里，女奴隶和牛、羊一样，是用来献祭的人牲，除了祭祀效果不一样之外，并没有其他差别。而女奴隶的命运取决于龟甲的裂纹，裂纹大一些，就是两条人命，裂纹小一些，就宰牛羊。

甲骨卜甲中此类卜辞比比皆是，包括但不限于异族、奴隶乃至高贵的殷人自己。对于殷人来说俘获的羌人等异族，就类比牲口，是比太牢、少牢规格更高的存在。

同时，殷人也不满足于单纯靠献祭满足上

① 出自郭沫若《殷契粹编》第380片甲骨。

后母戊鼎

帝的口腹之欲，还要为上帝及一众鬼神呈上完美的视听盛宴。

所以，巫师们也通过独特的舞蹈仪式来寻求与鬼神的心灵沟通。

那时流行着一套《桑林》[①]之舞，在这场集体的舞蹈中，参加者尽皆全身心投入，手之舞之、足之蹈之，音乐铿锵、出神入化，最终在集体的迷乱舞蹈中，产生了群体共有的神秘主义体验，这被认为是一种与鬼神沟通的方式。

从哲学的角度来阐释这些现象，我们可以看到殷人对上帝这位超越者的态度——在绝对的超越者面前，匍匐在地的人其实放弃了自我或部分自我，他们受着超越者的催逼，在幻想中等待着被拯救。从某种意义上说，在超越的上帝面前，殷人通过酒和狂舞来麻痹自己，抛却了自我意识，仿佛一个提线木偶，接受着上帝的指令，被上帝操纵着。

但是实际上，即使狂热如殷人，也在信仰中维持着人的理智。

① 传说中商汤时的乐曲名。

如何铁锅焚自己

犹太人书写的《旧约全书·创世记》之中，有一个关于人与神之间的故事。

上帝耶和华为了测试犹太先知亚伯拉罕的忠心，于是呼叫亚伯拉罕，提了一个非常残忍、不合理到极致的要求：请亚伯拉罕将爱子以撒作为牺牲，献祭给上帝。

看看吧，上古时期人类的最高神，可能面孔各有不同，但是骨子里都是相似的，那就是专断、冷酷、无情，甚至有点残暴不仁。耶和华之所以给亚伯拉罕下了这样一个不通人情的命令，其实也意味着一个理念，那就是人在绝对超越者面前，要无条件服从。

而亚伯拉罕毫不犹豫，拉上自己的儿子爬上了摩利亚山，在山顶上，把儿子带到圣坛，举起了屠刀，二话不说直接准备朝着儿子以撒砍下去。就在这千钧一发之际，上帝的使者显灵了，命令亚伯拉罕停手，并告诉亚伯拉罕，他已经通过了上帝对他的磨炼。

这就是犹太哲学中对超越者的态度——抛却自己的一切主体性，无条件地服从。

而在殷人那里，其实也有一个非常相似的故事。

相传殷商的圣王商汤在灭夏之后，中原遭遇了七年大旱。所以商汤在桑林祷于上天，“乘素车白马，着布衣，婴白茅，以身为牲，祷于桑林之野”，然后“使人积薪，剪发及爪，自洁，居柴上”，愿意以自己为牺牲，献祭上天。而当他磨去指甲，剪断头发，准备在一场献祭中自焚时，天上终于降下雨来。

这个故事，细思极恐，也从另一方面反映出了殷人对上帝的供奉态度。商汤自焚和亚伯拉罕杀子，虽然都是在向最高神献祭，但是其中有一个根本的区别，那就是商汤的献祭，是具有主体意识的。

相比之下，商汤自焚祭天，是为了祈求上帝下雨，在面对超越者之时，并不像亚伯拉罕那样无条件匍匐，而是在信仰驱使下的主动选择。

类似的，还有盘庚迁殷[①]的故事：商汤之后好几代人都在动荡之中，有时发大水，有时爆发内乱。盘庚提出来，咱们留在现在这个都城也不是办法，不如迁到殷地去吧！

但是，这个提议遭到了举国上下的反对，更可怕的是，占卜的结果也不支持盘庚的提议。占卜就像人给上帝打了个报告，请示这个决定是否可以。但是上帝回函的批示，直接把商王提议迁都的申请给否决了。如果在一个绝对神权的国度中，这样的占卜结果，近乎是宣判这个动议死刑。

对于这个占卜结果，盘庚是怎么做的呢？盘庚宣布，对占卜结果不予承认，同时声明，将商民从危局中解救出来，才是真正的“天命”，从而力排众议，下令迁都。

后来的事情，我们都知道了，盘庚迁都到殷之后，开启了后来殷商的繁荣。如今我们看到蔚为大观的殷墟文物，就是盘庚迁殷之后文明的结果。

面对那个极端强大的超越者，殷商时期的古人虔心崇拜，虽然献祭时过于血腥，祭祀时过于狂热，而且还饮酒过量、跳舞过嗨，但是，他们并没有完全抛却自己的主体性，依旧在这种狂热中保留了自我的理智。这一点人间清醒，也给后来的中国哲学染上了无法磨灭的理智色彩。

① 详见《尚书·盘庚下》。

《洪范》中的不传之秘

周人的革命

大约在公元前1046年，由武王姬发率领的周人联军突然出现在了殷商都城朝歌城外的牧野。当时殷商的纣王仓促应战，临时组织的奴隶兵团阵前倒戈，商军一溃千里。当晚，周人占领了朝歌，纣王自焚而死，殷商宣告灭亡。中国历史进入了西周时期。

殷周之间的这场政权更替，在当时被视为一场“革命”，也即天命承载者的更替。殷人始终相信，他们统治天下的权力来自他们的上帝，所以一边谦卑地祭祀着上帝和鬼神，一边骄傲地统治着殷人周围的各个部落诸侯，只要能始终取悦神灵，他们就能一直这样统治下去。

然而，周人的到来，如同一盆冷水从天而降。殷人的天命被革除了，周人取而代之，成为天下之主。

这场“革命”，居然顺利得出奇，一个泱泱大国，竟然在一次来自西部小邦的军事突袭之下，瞬间土崩瓦解了。殷人的所谓“天命”，也和这个王朝一样，说没就没了。这场“革命”革下来，蒙掉的不只是殷人，连周人自己也蒙了：咱们小邦居然有这么大能耐，把伟大的殷商王朝（大邑商）给干掉了，这究竟是什么原因？要知道，周人在殷商时只不过是一个西部偏远地区的落后势力，和创造出辉煌灿烂文明的殷商相比，无论是文化水

周武王立像

平、科技水平还是军事水平，都差得远了。

自从灭掉殷商之后，周武王姬发就夜不能寐，怵惕不已，陷入了深深的不安之中。他身上承载着周人十分可贵的反思精神，意识到了自己正处在一个十分关键的历史时刻，这个时刻将会被历史所铭记。姬发面前有一个十分重要的问题需要解决，所有人都在等着姬发将要给出的答案。而这些问题，也将会长久地困扰着这片土地上的哲人们。

这些问题就是：国家为何会灭亡？又因何而兴盛？我们应当如何治理好这个国家？

为了寻找这个问题的答案，周武王姬发决定去请教殷商著名的智者、曾经的大祭司、商纣王的叔父——箕子。

于是，就有了以下这场载入史册的对话。

箕子吐露的秘密

箕子是殷商的一位大巫。当时巫史不分，不管是卜筮之术，还是以往的文书档案，都由巫者来掌管，因此箕子这样的大巫，也就传承了历代先人的智慧。可以说，箕子是殷人中最具智慧的人之一。

但周武王想问的问题，却是箕子最难以回答的——你的国家为什么会灭亡？

周人“翦商”是一个偶然事件，但偶然背后是否有必然呢？如果没有周人，殷商是否真的不会丢掉天命？它的统治是否真的会一直延续下去？

作为一位大巫，箕子在周武王来访前，必然也经过一番痛苦而深刻的思考。殷商为何灭亡，不是一个简单的偶然事件。而且，对箕子来说难以回答的另一个原因，是他作为一个亡国之臣，要在周人面前指摘故国的不是，他在道德上和感情上难以克服。

好在周武王也是一位贤君，他理解箕子的难处，所以他以一种十分委婉的方式提出了他的问题：“呜呼，箕子！上天主宰我们，让万民共处于世，但我还不知道，是什么使他们伦常有序。”

箕子并没有直接回答周武王的问题，而是先给他讲了一个故事，一个关于古老智慧传承的故事。

> 那是传说中的上古时代，天下一度洪水滔天，群魔乱舞。一位部落首领鲧，为了治理洪水，于是四处堵塞江河，却导致万事万物一片混乱。上帝震怒，不再将那个古老智慧传授给鲧，治国的伦常秩序因此大乱。随后，鲧的统治崩盘，被舜杀死在羽山，大禹于是继承兴起。因为大禹的德行，上帝于是又重新将那个古老智慧传授给大禹，大禹按照启示而采用实施，伦常秩序因此而重新确立下来。

这个古老的智慧，就这样一代一代地传承下来，直到现在。它是治理国家的终极奥义，是人们生活安定、和谐、有秩序的基本法则。

它有一个特殊的名称——“洪范九畴”[1]。

顾名思义，“洪”的意思是“伟大”，“范”的意思是“规范”，“九畴”就是“九个要点”，“洪范九畴”的意思就是“九条大法”。自古以来的圣明君王，要治国理政，都要不折不扣地遵循九条大法。它们分别是：

第一畴，五行，也就是要用好金、木、水、火、土五个方面的事物。

第二畴，敬用五事，也就是要从貌、言、视、听、思五个方面来审察自己的行为。

第三畴，农用八政，也就是要用好食、货、祀、司空、司徒、司寇、宾、师八个职能的官员来管理好农政庶务。

第四畴，协用五纪，也就是要管好岁、月、日、星辰、历数这五个方面的天文历法。

第五畴，建用皇极，也就是要遵循“皇极之道”这一君临天下的总规范。

第六畴，乂用三德，也就是要注重正直、刚克、柔克三项统治臣民的基本方法。

第七畴，明用稽疑，也就是要明确决策军国大政及赏罚处置时的基本原则。

第八畴，念用庶征，也就是要重视日常发生的天象背后传达的征兆。

第九畴，向用五福、威用六极，也就是要凭五福鼓励臣民，凭六极警戒臣民。

遵守“洪范九畴”的大禹成了圣王，违反它的鲧则身败名裂，箕子其实是在说，商纣王的灭亡也是违反了“洪范九畴”的缘故，而未来的周王朝想要兴盛，也需要遵守这九条根本大法。

---

① 关于“洪范九畴”，详见《尚书·洪范》。

“洪范九畴”说的到底是什么意思？它有什么特殊之处？其中究竟闪耀着哪些来自上古时期的智慧？

从第五条看起

首先，我们要问的是，这“洪范九畴”，应当从哪一条看起？

你可能会说，这不是废话吗？当然是从第一条开始看。

可要是真的按照从第一到第九的顺序一条条看下来，真就辜负了《洪范》作者的这一番深意了。古人的思维和我们现在的常识思维有很大不同，他们对数字、色彩、物体，有着比现代人高得多的敏感度，因而十以内的每一个数字都被他们赋予了特殊的意义。比如“洪范九畴”的这个“九”，因为是十以内的最大数字，所以被赋予了“广大至极”这一特殊含义。

而“五”，也是一个特殊的数字。殷人崇尚“五”，五具有最崇高的地位。我们现在说的“九五之尊”，其实也来自殷人的卜筮，《周易》中的乾卦就说：“九五，飞龙在天，利见大人。”数字从一到九，五处在它们的正中，是最尊贵的位置，后来华夏人也因此称“九五”为帝王之位。

“洪范九畴”中的“九五”之位，就是它的第五畴——皇极。

而“皇极”的含义，就是“一切的正中”，恰恰对应了它的“九五”之位。可以说，“皇极”之道就是整个“洪范九畴”的总纲。箕子告诉周武王，自上古以来代代相传的智慧，最为根本的就是用皇极之道来统御万民。

皇极之道说的是什么呢？其实一个字就可以概括，那就是：中。[①]

所谓“无偏无党，王道荡荡；无党无偏，王道平平；无反无侧，王道正直；会其有极，归其有极”，皇极之道就是无偏无倚的“中”。要做好统治万民的王，就要像“王”字正中的这一竖一样，不偏不倚地居于正中，正直、亮堂、毫不偏私地处理各种事情，这样才能真正作出对的选择，并且受到万民的景仰。

对于“中”的道理，确确实实是上古时期的先贤们代代相传的根本智慧，它成了一门特殊的秘传心法，一代代地流传下来。

传说上古时期的帝尧，在年老时决定将王位禅让给虞舜，禅位之时，帝尧将自己毕生所学所悟，化成了四个字，和王位一并传授给了虞舜，这四个字就是——允执其中。帝尧告诉帝舜，在所有要决定、要处理的事情上，都要仔细拿捏，严守中道。

帝尧立像

① 对“皇极”的理解，通说将“皇”理解为“大”，“极”理解为“中”，“皇极”即“大中”。但朱熹等人持不同看法，认为“皇者，君之称也”，“极”则有“至极”“标准”之意，强调君王当“正心修身”以为天下建立标准。有关宋儒对“皇极”意涵之争论及其背后的政治原因，可参见余英时《朱熹的历史世界》（三联书店 2004 年版）。这些争论其实都带着宋儒自身的哲学思想，相较之下，还是通说更符合“洪范”的原始本意，特此注明。

这话说得非常形象，也非常容易遭人误解。我们很容易认为中道就是折中。大家一起吃火锅，有的人爱吃辣，有的人不爱吃辣，折中一下，咱点个一半辣、一半不辣的鸳鸯锅。这看起来是皆大欢喜了，但问题是，不是所有的事情都可以用“鸳鸯锅大法”来解决。比如打官司，公说公有理，婆说婆有理，诉讼双方都有各自的主张，难道所谓的“中道”，就是不去辨别是非曲直，也搞一个“鸳鸯锅”，采纳一点原告的说法，再采纳一点被告的说法，和成稀泥，就算公平正义了？

中道，应当是不带先入为主的成见，不带影响判断的立场，以正直的心态，真正客观地判断、处理问题。治国安邦用的是这个道理，立身处世用的也是这个道理。

帝舜得到帝尧传授的心法，治理国家时兢兢业业，最终成为一代圣君。等到帝舜老了之后，又将王位禅让给了治水有功的大禹。禅位之时，帝舜将帝尧当初的四个字，再融汇进自己的所学所悟，变成了十六个字秘诀，一并传授给了大禹，这十六个字是——人心惟危，道心惟微，惟精惟一，允执厥中。

其实，帝尧说的“允执其中”，和帝舜扩充成的十六字秘诀，核心意思是一样的。只不过帝舜生怕后人听不懂“允执其中”的意思，所以特地多解释了几句。而这几句，就多半带着帝舜个人的感悟。

这个感悟就是：要允执其中，真的太难了。

先贤们发现，世上最难跨过的坎，是人的心坎。人心太难预测了，十个人有十样想法，一百个人有一百样想法。小老百姓提一个需求，可能会被各种各样的人花式踢皮球；高高在上的君王下一个命令，一层一层地传下去，可能会被各种各样的人把经念歪。如果上面的命令偏一点点，下面执行起来，层层加码、曲解原意，就会和原来的意思差上十万八千里。

治理天下必须要警惕这种情况，必须力求自己做到不偏不

《大禹治水图》

倚。然而，真正要大中至正、不偏不倚，又实在是太难了。

人心惟危呀！一个人从出生起就带着立场，自然也不可避免地带着先入为主的成见。

所以，帝舜将“允执其中”四个字进一步阐发，告诉我们，要时时刻刻避免人性的弱点，追求那唯一的道心，不停地在自己的内心上下功夫，不停地打磨锤炼自己，时时保持对自己人性的警惕之心，每时每刻都因时因地，根据实际情况建立起自己内心的标准，从而基于这一符合中道的标准，来评判与处理万事万物，才能真正做到“允执其中”。

帝舜这十六字秘诀，就是对“洪范九畴”中皇极之道的最好注解。

拱卫的法则

我们理解了“洪范九畴”中最为重要的皇极之道以后，就可以再扩展去理解其他几条大法了。

皇极之道，就像是北极星，“居其所而众星拱之”，天空中的所有星星都围绕着北极星转，正如人世间的所有法则围绕着皇极之道来实施生效。“皇极”是第五畴，居于九条大法中的正中央，而第五畴前后的四条大法——第三畴“八政”、第四畴“五纪”、第六畴“三德”、第七畴“稽疑”，就是从皇极之道生发出的法则，如群星般拱卫在第五畴“皇极”的周围。

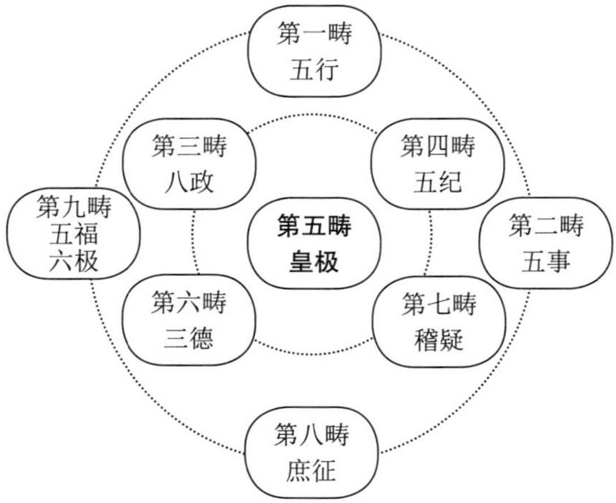

“洪范九畴”体系

“五纪”是关于天文历数的法则，分别是岁、月、日、星辰、历数。对于古人来说，何时犁地、何时播种、何时收获，都是一年中最重要的时间节点。我们如今已经忽视了头顶上的那些日月、星辰的意义，殊不知它们决定着我们的生活作息，让我们的生活节奏精确到年、月、日、时、分、秒。

“三德”是施政的三种方法，一是端正平直，二是刚强取胜，三是柔顺取胜。因为这个社会原本就是多元的，人有各种各样的性情。对于一部分性情桀骜的人，就需要用强力来“硬刚”，用刑罚来制约他们；对于另一部分性情温和的人，就需要用平和的态度去安抚他们，适当给予他们奖励。但不管是刚强还是柔顺，治理者都需要以刚正平直的态度去对待他们。这一原则与现代的管理科学是有相通之处的。

“八政”是治理社会的八个行政岗位，包括了农业生产、工商业经营、祭祀、土木工程建设、礼义教化、刑罚纠察、外事接待、军事行动等。这些职能岗位，都是与国家、社会息息相关的，即使放在现在，职能部门的设置大体也离不开“八政”这个框架。

“稽疑”指的则是君王在治国时的决策问题。在处理国家事务时，要面对极大的不确定性。在这种巨大的不确定性面前，怎么才能判断一件事情的决定做得对还是不对呢？对于相信鬼神的古人来说，求神问卜就是一种从不确定性中找到确定性的方式。

当然，中国古人自然也清楚，通过求神问卜来得到答案，其实是万万不够的，还需要真正懂得问题的专家的意见。所以，“洪范”中的“稽疑”畴中，就规定了一套决策的采纳流程。一项决策，要考虑的不仅是君王的意见，还有卿士、庶民的意见，以及通过龟卜、筮占得到的“神意”。要是一项决策，从君王到庶民，以及占卜结果都是一致的，那就皆大欢喜；如果各方面的意见不一致，那就出问题了。一般来说，要是君王、卿士、庶民、占卜中，赞同者为多数，那决策就基本可行；若是反对者为多数，那决策基本就不可行了。

从这里也可看出，那个时代的人们并不是我们想象中的那般迷信。那些求神问卜的行为，其实也只是决策过程中的一项参考因素，要真正起作用，还需要看从君王到庶民的意志。如果占卜的结果与人们的意见相左，最终还要听从人们的意志。

上面这四项，基本上规定了一个社会存续所需要的基本法度，这四项大法，是皇极之道下的总体制度规范。

从规范世界到生活世界

有了四个基本的法度，就可以齐家治国平天下了吗？看起来似乎少了点什么？在提出了“皇极”的大法和四项基本法度之后，“洪范”的法则从规范世界形而上的思考转入了对生活世界的具体探寻。正如此后中国哲学的一贯思考路径一样，那些对

“道”的研究，最终的落脚点是具体的生活世界。

在“洪范”中，第一、第二、第八、第九畴，就是从具体的方面来规定皇极之道的实施方法。

第九畴中，介绍了“五福”和“六极”，它告诉我们，人的天性都是趋利避害、求福避祸的，人们喜欢的五种福利——一是长寿，二是富足，三是安康，这和我们现在常说的“福禄寿”基本一致；但还有两种福，代表了古人对幸福更加深刻的理解：攸好德、考终命。攸好德，通俗说就是遵循美德，遵循美德对于每个人来说，不是一种负担，而是一种福利，因为时常心怀善念，本身就会感受到莫大的幸福。第五种福考终命，也就是得以善终，安详、自然地离开人世。生命原本就是一个时间过程，它的终结是其中最重要的一环。古人将善终作为五福的最后一福，也许是将它视为最高一级的幸福。

与“五福”相对的“六极”，则是人们避之不及的六种祸害：一是早年夭折，二是疾病缠身，三是终日忧愁，四是贫穷困苦，五是多行恶事，六是身败名裂。和“五福”一样，“六极”也不是生老病死这样一些直观感受上的坏事情，而是涉及更深层次精神层面上的不良状态，比如忧愁、行恶。它们虽然并不直接伤害人的肉体，也不摧残人的感官，却困扰着人的灵魂。

这才是古人在理解生命上的高明之处。

我们不要忘了，箕子回答周武王的问题，是如何做好一个王者。那“五福”和“六极”，与怎么做好王者，又有什么关系呢？

每个人都喜欢幸福，讨厌祸害，这既是人的行为动机，也是人的软肋。一个统治者要管好下属，治理好百姓，必须从每个人的心理动机和行为逻辑入手。箕子告诉周武王，治理天下也是这个道理，要用“五福”来引导人们遵守法度，用“六极”来震慑、防止人们违反禁令。

第八畴，同样也是一个具体的生活问题。“庶征”，也就是雨、晴、暖、寒、风这些天气特征。古时的人们靠天吃饭，吃不吃得饱饭，全在于是否风调雨顺。所以如果晴雨、冷热天气能有序出现，那就是好事；如果风雨无常、忽冷忽热，那就出大问题了。

箕子告诉周武王，这些天象其实都是上天的征兆，与君王的言行息息相关：你若圣明，那便风调雨顺；你若傲慢，或是施政混乱，那就风雨失调。

这就意味着君王的一言一行上天都能感应。要是君王处理不好与臣子以及普通百姓的关系，那就会被上天惩罚。这成为一项重要的治理准则，它让臣子、百姓不知不觉地将对上天的敬畏，与对君王的敬畏联系在一起；而且，这也是对君王的一种约束，让敬畏之心同样扎根在君王的心里，让他不敢随意搞破坏，以免上天惩罚。

第二畴“五事”则把关注点放在了人的行为方面。貌、言、视、听、思，这是处理事情的五个必备要素，也是治国理政的方式。君王身处权力中心，要秉持公正，最主要的方式就是依据以上“五事”作出裁断。

“五事”同样也是对君王自我修养的要求，其中的关键点就是“敬用五事”，巫术时代就已形成的“敬”的理念被运用在了行为准则上，成为人对待自身行为与超越存在应具有的规范。

五行的本义

第一畴“五行”，与第五畴“皇极”遥遥相对，展现出强烈的哲学意味。金、木、水、火、土，是我们熟悉的“五行”，万事万物，在这都可以归类于“五行”。

《洪范》中的“五行”，对应着五种特征，同时又对应着五种滋味。

金	木	水	火	土
从革	曲直	润下	炎上	稼穑
辛	酸	咸	苦	甘

其实“五行”最初的意思比较简单，就是金（青铜资源）、木（建筑资源）、水（农业灌溉资源）、火（取暖及燃烧资源）、土（耕地资源）五种主要的物质材料，但是，“五行”的意义又绝不仅是如此，在箕子的时代以前，古代哲人已将“五行”视为万物的大全，它不仅是具体的某类物质，甚至不仅是事物的全体，还包含着它们背后的整个宇宙秩序。

金、木、水、火、土本身都是最为常见的物质，古代哲人却赋予了它们更多形而上的意义。在对“五行”及其理解方面，古人已超越了事物本身，而思考它们之上的规范性。

多数现代学者认为，《洪范》中的“五行”畴只是金、木、水、火、土五种物质，与春秋战国时期逐渐形成的“五行说”含义相差甚远，尚处于“五行说”的萌芽阶段。如梁启超认为，此处的“五行”“不过将物质区为五类，言其功用及性质”而已。但正如张汝伦先生所言，古人在对“五行”的理解上，比现代学者哲学得多，深刻得多。如唐代孔颖达、宋代王安石等人都明确指出了“五行”畴的特殊性　它不可能只是简单地指“物”，而是指“天所以命万物者也”。[①]此处笔者赞同张汝伦的观点，认为“五行”有点类似西方哲学中的“作为全体的存在”，是“存在者大全”。

“五行”中的“行”，是有特殊含义的，它象征着这五种物质的变化，金、木、水、火、土，都有各自的属性——金的属性是坚硬刚强的磨砺，木的属性是或曲或直地生长，水的属性是向下滋润，火的属性是向上发热，土的属性是承载万物的生发。《尚书》也记载了有扈氏“威侮五行”悖逆天意，淆乱事物的正常秩序，所以被大禹征讨以致灭亡。所以，箕子指导武王关注“五行”中物质的变化，是要武王认清这五种事物在天地间的体性，以顺应它们的体性，因势利导，才能让这个世界运转和谐，也才能因此体会到万事万物的真实滋味。

后来，“五行”在西周以后的阴阳家手中，演变成了概括万事万物的一种公式，这是更进一步的哲学化抽象了。

① 见孔颖达《尚书注疏》及王安石《洪范传》。

无穷的可能性

“洪范九畴”如同一个巨大的思想宝藏，我们不但可以在其中学习到天人之间的关系，还可以领会人间的至理，抑或是治国理政的法门，甚至对我们日常交往、处理实际事务，都有启发。《洪范》的意义就在于它巨大的诠释空间，它是轴心时代以前上古思想的集大成者，我们从中可以看到先贤的智慧，领略它的无所不包和无穷的诠释可能性。

也是因此，周武王与箕子的这段对话被认认真真地记在了西周王朝的国家档案里，在经过西周以来无数先哲的完善和损益后，成为《尚书》中的经典篇章。它经历了秦朝毁灭性的焚书运动，跨越千百年，呈现在我们面前。

和后来其他思想著作一样，《洪范》的关注点更多地放在了实践上，着重于让个人拥有更完善的秩序，更适当的存在方式，但这不妨碍我们从中看到哲人对存在本身的关注，对超越具体事物、超越常识世界的深刻思考与追求。

正是从《洪范》开始，中国哲学开始现出了它的研究框架与雏形。

周人是一股清流

讲礼的周人

周武王完成“翦商”大业，拜访箕子之后，不久就去世了。由于周武王的嫡长子年纪尚幼，所以他在临终前请弟弟周公旦来辅政，暂时代替新的君王来行使天子的权力。

周公摄政后，主导完成了一件事情，此事对五百年后的孔子产生了深远影响，并塑造起未来三千年中国思想的基础形态。

这件事情，就是“制礼”。

礼是一种规则，规定着当时的社会规则和人际关系，也规定着人们与这个世界的交互方式。

一方面，礼规定着整个社会的运转方式。在礼的规定下，人与人之间的竞争与合作，与动物对资源的争夺和分配不同，人的行为处于意义的规定之下，是人类文明的一部分。

另一方面，礼规定着婚、丧、嫁、娶等日常生活。比如男女之事从原始时期开始就有了，原始人可能会在任一地方做此事。但是，只有成就了夫妻之礼后，这些动物性行为才成为社会性行为，从而对人自身产生了意义。

没有人会甘愿选择没有意义的生存，不是吗？

像呵护婴儿般呵护人民

根据记载，周公完成了制礼作乐，但礼显然不是周公发明的，在周公之前，华夏的先民们早已经有了礼。按照几百年后孔子的说法，殷商时期有殷礼，殷商以前的夏朝还有夏礼，周公只是在殷礼的基础上进行了增减，奠定了周礼的基础。

在周礼的教化与浸润之下，周人犹如一股清流，彻底改变了原本的精神面貌，也改变了自身思考、认识世界的方式。

其中改变得最彻底的就是周人对“天命”的理解。

我们在前文中已述及，殷人眼里的上帝，是一位至高无上的神祇，法力无边、喜怒无常，高居在天庭的帝所里，主宰着世上的一切。连人间最尊贵的商王，都没有资格直接与上帝交流。

殷人就一门心思地取悦上帝，不停地献上人牲之类的祭品，大事小事全都占卜请示神意。但纵使殷人如此虔诚，也改变不了他们被周人剪除的命运。

在这样的情形下，以周公旦为代表的周人，进行了深刻的反思，然后得出了一个结论：天命靡常，惟德是辅——上天不会一直眷顾同一拨人，天命也不是永远恒常不变，如果失德，上天就会去眷顾其他人。而殷人因为自己胡作非为，以至于失德，致使上天变心，不再眷顾于他们。

也就是说，在周人的观念中，上天不再喜怒无常，而是一个讲原则、讲道理的超然存在，也会根据人间的统治者是否依然有德，来决定是否眷顾于他们。

那么，如何判断统治者是否有德呢？

“德”最初的意思，可能是人的一种巫术能力，到了周公那个时代，“德”就演变为人自身的品质。而上帝（或者上天）通过自身在人间的眼睛来判断统治者是否有德。天与人是一体的，“天视自我民视”，上帝对君王的考核在于百姓的感受，在于统治者是否真心对待自己的臣民。君王善待人民，保护、体恤自己所统治的生灵，让他们安居乐业，这才算有德之君。有德之君，才有机会获得天命，得到上天的眷顾。

这就是周人“敬天保民”的思想内涵。在距离我们三千多年的西周时期，周人提出了他们振聋发聩的观点——善待你的人民！不要整天没完没了地折腾他们！

如果说“洪范九畴”是殷商哲人对前代思想的总结阐发，那“敬天保民”则是带有浓厚周人思想色彩的成果。在那个时代，这实在是难能可贵的理念。毕竟那个时代，大多数统治者并不把自己的臣民当人看。

从上帝到上天

时至今日，虽然我们一直“老天爷”“老天爷”地叫着，但已经很少有人真的意识到，上天才是我们民族神话中的最高神。

之所以会如此，周人功不可没。

从殷人的“上帝”到周人的“天”，华夏先民至高神的形象在不知不觉间发生了变化。周人仿佛刻意淡化了上帝原本的人格属性，在正式场合中已不常使用“帝”这个说法，而改称字面意思仅为一种自然事物的“天”，借此突出“天”的秩序意涵。

你们感受过“天”吗？像周人身处那片广袤的原野一样，去一个平坦开阔的地方，抬头感受头顶的天。阳光之下，仿佛隐隐中有一种超然的力量，在控制着云朵的模样。整片广阔无垠的天空不会和你说话，但日月星辰移动，风雨雷电交加，你可以模糊但又明确地察觉到其中的秩序。

这是一种难以用语言形容的体会，上天仿佛告诉了你一切，但又似乎什么都没说；看似空空如也，实际又包容了万象。

对天的崇高情感，成为周人信仰的起点。和殷人几近疯狂地取悦上帝相比，周人对天的敬畏并没有丝毫减少，但更加清醒，更加小心翼翼。因为他们认识了“天难谌，命靡常”的道理，所以时刻都在告诫自己：天命不易得到，“殷鉴”不远，不要让天命断送在自己的手上。

而上天也成为更加抽象，更像是一种道德规范的集成。因为“天视自我民视”，所以天也越来越成为民意的代名词。

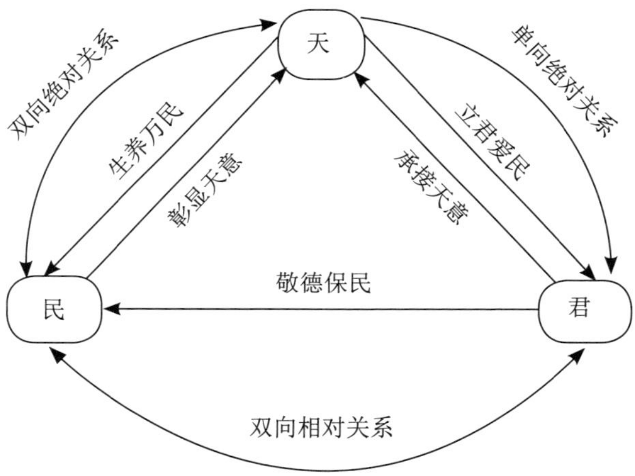

民、天、君关系图

与此同时，世界上的其他主要文明，都在经历哲学轴心时代以前的萌发时期，希伯来的先知们在《旧约全书》里要求公平，解救受欺压者；更早的古埃及学者提出要施行仁政、主持正义。对弱者的体恤是各个文明价值理性的源头，在华夏先民这里，“敬天保民”成为后来儒家仁学的滥觞，在将来会被一步步深挖其中的内涵，成为一套系统性的哲学思想。

悲天悯人的情怀，是哲学的起点，只有在对他者的悲悯中，才能看见人，看见天地，看见自己。

阴阳与卦象：古人的烧脑大比拼

卜筮之道

“周虽旧邦，其命维新”，周人理性、实用的风格，让整个文明的精神面貌焕然一新。他们高度理性的精神面貌，将中国哲学的奇幻漂流引向了一条新的湾流。

面对超越存在，周人同样会以卜筮来“稽疑”，但和爱好占卜的殷人不同，他们更喜欢的是筮占。

占卜是把龟甲扔进火里，看它龟裂后的纹路；筮占则是根据蓍草的阴阳来决定占卜的结果。相比之下，占卜的方式，更依赖于人们主观上的判断——龟甲火烧后的裂纹，纯靠自然产生，纹路的形状，被巫师们归结为许多“兆象”，比如兆象是一片山陵，或者兆象是鱼在水里游，甚至还有更玄乎的，说出现了“黄帝战于阪泉”之兆[①]，玄乎其玄。据说古人梳理出了一百二十种占卜的兆象，可能还编写了兆书，将这种解释方法固定下来。但凭什么你说这龟裂纹像山陵，而不是像海浪？答案多半全凭巫师的一张嘴。

我们从殷墟出土的甲骨文里也可看出，殷人确实是一言不合就占卜。数以万计的卜辞，写得五花八门，前后很少重复，说明殷人还没有找到一种方法，可以将兆象的吉凶类型化地表达

① 这些兆象取自《左传》中的说法。

出来。

相比之下，筮占就显得更具理性。它一开始可能也同样充满了巫师张口就来的主观判断，但因为它用数字表达的形式，所以在严谨的周人这里，筮占变得越来越有逻辑。那些纷繁复杂的占卜结果，被提炼为先天的八卦、后天的六十四卦，以及进一步的三百八十四爻。每一卦的卦象，和每一爻的爻辞，都抽象地代表了某一种类型、某一种原理。纷繁复杂的大千世界，以及它无穷无尽的变化，就被推算、抽象并且归纳成三百八十四爻。

人们称这套推演出的体系为“周易”。

据说，“周易”是周文王姬昌推演出来的，是不是周文王的成就我们姑且不论，但“周易”确确实实是推演出来的，它有着极为独特的表达方式——象。这是一套从具体的现实物象中受到启发而设计出的抽象符号系统，它不同于字母、旗帜或是其他任何抽象符号，象可以比拟某个具体事物，比如“☵”对应水，“☳”对应雷电，但象绝不等于任何具体事物，而是“通神明之德”和“类万物之情”，将天地万物的超越性法则寓于某类事物之中。由此，个别事物演变为普遍事物，经验也上升为原理。这种推演，是一个重要的理性化过程。

轴心时代来临前中国哲学的两大高峰，一个是“洪范九畴”以及五行理论，另一个就是“周易”这套思想体系，以及它所包含的太极、阴阳、四象、八卦等一系列理论。如果说《洪范》标志着中国哲学的诞生，那《周易》和其中复杂的思想体系，则标志着中国哲学的茁壮成长。

接下来，就让我们潜下心来，理解西周的先民们构建出的这个充满秩序的阴阳八卦世界。

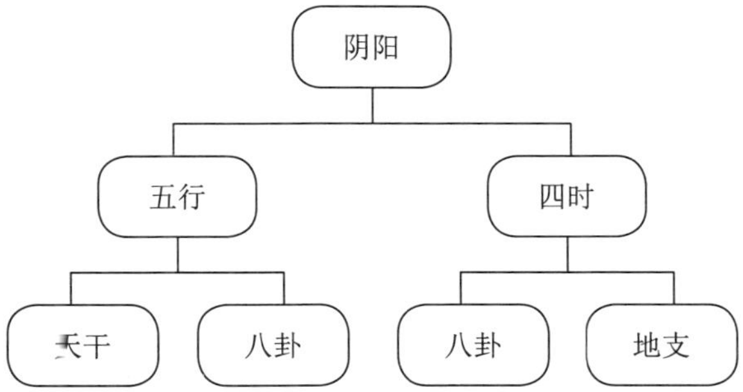

阴阳八卦世界示意图

答案是“一”

我们最开始要面对的，是这个世界的本原问题。

世界的本质是什么？在过去，我们是可以对它有各式各样理解的。比如在古希腊，智者们有的认为这个世界的本原是水，有的认为世界的本原是水、火、土、风四种元素，还有的认为世界是由原子组成的。因为科学理论还没有出现，所以大家也没法印证这些假说。

而在中国古代，周人是如何理解这个世界的本原的呢？

答案只有一个字，那就是“一”。

没错，答案就是“一”。帝舜将皇极之道传给大禹时说，要“惟精惟一”，其实就是让人们努力“专一”，不可以犯“二”。从殷人到周人，都对“一”这个数字无比地崇敬，将其奉为圭臬。

这个“一”，就是一切的整全，世上只有一个“一”，一切事物都是从这个单一的整全中演变而来的。

这个整全，还有另一个名字——太极。

太极，其实就是一切开始时的那个“一”，它从“无极”得来，就像从“0”到“1”的变化那样，从无到有，是世界创生的最初、最简、最本原的规定性，所以它又叫“太一”。当我们看到“太极”这个词，会不会觉得很眼熟，有点像“洪范九畴”最中间的那一畴——皇极？

从现存的史料来看，似乎没有明确记录介绍“太极”和“皇极”之间的关系。但“太极”的“太”，是“大”的意思；“皇极”的“皇”，也是“大”的意思，若说两者之间毫无关系，很难让人相信。其实皇极之道和太极的内在含义，也有着相通之处，皇极之道所秉持的“中”，只有从一切事物最本原的规定性里才能找到。

从某种意义上来说，皇极就是太极，太极就是皇极。

太极的宇宙，是一个混沌不分的整体，没有具体形态，也不分什么阴阳，就像下图一样，灰扑扑的一个圆。

太极图

太极生两仪

由太极，生出了两仪。

这个包容一切的混沌太极，只是一切还未生发出来的原点，从原点"一"开始，世界万物就必然有了分化，分出了阴与阳，由"一"衍生出了"二"，阴阳两种法则，就是我们所说的"两仪"。

所谓"易以道阴阳"，《周易》最主要的思想，就是从阴阳两者的演化中得来的。

阴和阳，一开始可能只是表达太阳的光照情况，阳光照射的一面叫阳面，背阴的一面叫阴面。但随着古人继续将阴阳两个概念进行抽象，它们被表达为世间万物的对立关系——光明是阳，黑暗就是阴；动是阳，静就是阴；热是阳，冷就是阴；刚强是阳，柔弱就是阴。总而言之，一切相互矛盾的关系，都可以归纳到阴阳两者的关系中。

而这一切的对立，又最终统一于太极。

如果用图像表示的话，阴阳就好比那团灰色的太极经过沉淀、阴阳聚散、阴凝阳散之后形成的一个白色大圆及一个黑色小圆。大圆就是阳，小圆就是阴，太极变成了内外两极，也就是两仪。

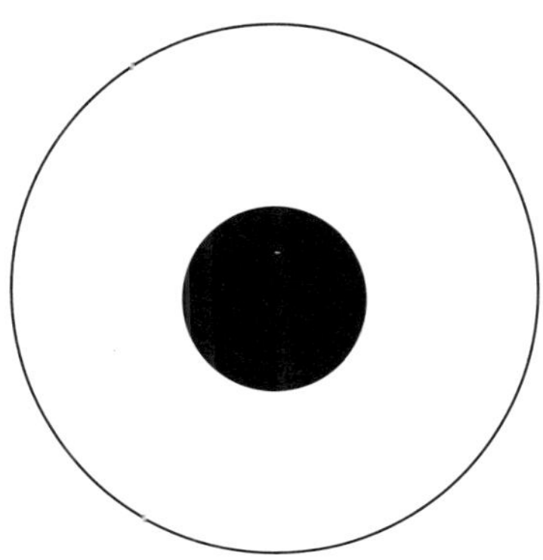

阴阳图

西周末年，末代君王周幽王继位的第二年，发生了一次巨大的地震。那时周室的大臣伯阳父就感慨道："周将亡矣！"原因就是这场地震，在伯阳父看来，天地之气也有阴阳的对立统一，天地阴阳和谐，生民万物才会有序安定。当阳伏而不能出，阴迫而不能烝，阴阳二气失去了正常秩序，便发生了地震，这预示着阴阳失调，社会失序。

由此我们看到，对于阴阳的理解，周人已经从一开始视之为自然现象，变成了视之为相对立、相统一的两个哲学范畴，成为万事万物运动变化的原因。古人开始用阴阳来解释自然现象，一些疾病也被理解为阴阳之气侵人过度所致，这一思路也成为阴阳家的渊薮。

两仪生四象

太极生两仪，这是从"1"到"2"，随后两仪生出了四象，就是从"2"到"4"。

为了表示阴阳，古人发明出了一种特殊的标记符号：阴爻（--）和阳爻（—）。这两个符号，应该也是从卜筮中保留下来的技巧。"--"表示凶，"—"表示吉，作为占筮的结果刻在龟卜上。按照抽象的太极两仪理论，那就分别对应阴阳两个。

而用阴爻和阳爻组合形成的象，可以表示万事万物，就像用"0"和"1"的二进制编码组成的代码，可以运行出整个元宇宙。

我们知道，最初的阴爻阳爻，被用来表示占卜的结果，意思是凶或吉。但是，随着古人认识世界的深入，他们也渐渐发现，世界上没有完全的阴或者阳，也没有完全的吉或者凶，总有介于两个极端情况之间的中间状态。阴之中可能包含了阴阳，阳之中也可能包含了阴阳。所以，阴爻对应了阴阳两种情况分为少阴和太阴；阳也对应着阴阳，分为了少阳和太阳。

这就是两仪生四象。

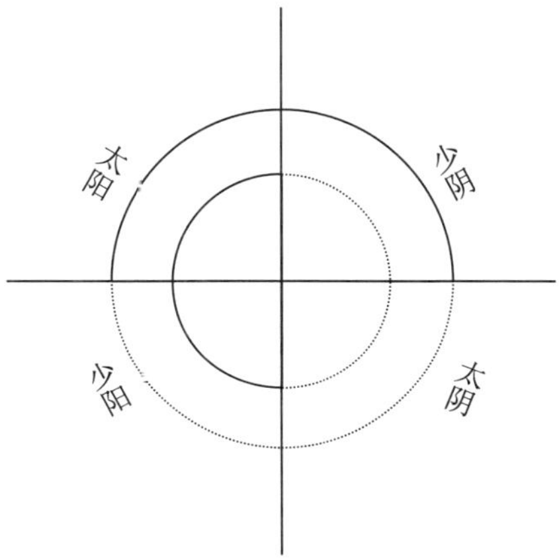

四象图

四象到八卦

四象上面，再加一爻，就变成了一个由三个爻组成的卦象，四象演变成八个排列结果，这就是四象生八卦。四象一分为二，太阳产生乾、兑，少阴产生离、震，少阳产生巽、坎，太阴产生艮、坤。到了此时，八卦就全部产生了。

从太极到两仪、四象，再到八卦，事物的推演变得越来越具体化。八卦中的乾、坤、震、巽、坎、离、艮、兑，分别代表着八种自然现象，乾为天，坤为地，震为雷，巽为风，坎为水，离为火，艮为山，兑为泽。但是，八卦有一套用阴爻阳爻组成的意义表示系统，因此它们的含义就不仅仅局限在自然现象上，而是可以用来描绘整个世界。

用八卦来表示人体的部位，完全没有问题，乾为首，坤为腹，震为足，巽为股，坎为耳，离为目，艮为手，兑为口。

用八卦来表示家庭成员，也没有问题，乾是父亲，坤是母亲，震是大哥，巽是大姐，坎是二哥，离是二姐，艮是小弟，兑是小妹。

甚至还可以用八卦来表示马牛之类的八种牲畜，这都没有问题，只要分类方式采用阴爻阳爻的意义表达体系，那就全都说得通。

本原	太极							
两仪	阳				阴			
四象	太阳		少阴		少阳		太阴	
八卦	乾	兑	离	震	巽	坎	艮	坤
象征	天	泽	火	雷	风	水	山	地
动物	马	羊	雉	龙	鸡	豕	狗	牛
人物	父	少女	中女	长男	长女	中男	少男	母
性情	健	悦	丽	动	入	陷	止	顺
肢体	首	口	目	足	股	耳	手	腹
脏器	脑	肺	胆	心	肝	肾	胃	脾
先天方位	南	东南	东	东北	西南	西	西北	北
后天方位	西北	西	南	东	东南	北	东北	西南

八卦意义表达体系示意

指数增长

据传，八卦是伏羲所创，这当然带有传说的色彩，但不可否认的是，八卦诞生在西周以前，而且运用很普遍。但是，八卦对古人来说仍然太简单，它虽然可以用来象征各类事物，但还不能完全表示万事万物，因为它缺少时间性的意义。

时间，是事物的重要属性，少女还是那个少女，但是朝如青丝暮成雪，美好芳华转瞬即逝，只有抓住了事物的演化过程，才能掌握事物的全部。所以，相传周文王对八卦进行了一次更进一步的推演，那就是八种卦象两相叠加，进行再次的排列组合。

就这样，八卦变成了六十四卦。

《周易》的主要部分，是其中的爻辞，其主要内容就是描述一个六十四卦到另一个六十四卦的演化关系。

比如，在春秋时期的《周易》卜筮中，还会发生爻变。先占出一个本卦，再变出一个之卦，这意味着六十四卦再次发生了变化，变成了 64×64，产生出 4096 种结果。《周易》所蕴含的可能性，随着指数爆炸再一次增多。

这是《周易》独有的推演方式。据说在西周到春秋这个时期，六十四卦的推演方式还有另外两种，一是《连山》，传说是夏朝时所用；二是《归藏》，传说是商朝时所用。它们和《周易》使用了同一套卦名体系，推演方式却大不相同。《连山》从艮卦开始，如山之连绵；《归藏》以坤卦为首，万物皆归藏于地。从史书记载来看，一直到春秋时期，还有很多人使用《连山》《归藏》的筮法来卜筮。

但是，唯独《周易》在后来被周代以来的哲人所发扬，被赋予了更深刻的哲学意义。

《周易》的最后两卦，是既济卦和未济卦。既济卦是一切事物都已经成就的意思，六十四卦推演到这一卦，就可以算基本走了一圈，将要大功告成；而最后一卦未济卦，却表示事物并未完全成就，《周易》在最后一卦里留下了一个缺口，这个缺口成为《周易》的点睛之笔。它意味着万事万物并没有随着这六十四卦的推演而穷尽，而是开始了新一轮六十四卦的循环。

由此，可以一直推演向无穷。

本章推荐参考书目：

孔颖达：《尚书正义》《周易正义》

李泽厚：《由巫到礼　释礼归仁》

陈来：《古代宗教与伦理：儒家思想的根源》《古代思想文化的世界：春秋时代的宗教、伦理与社会思想》

张汝伦：《〈中庸〉研究　〈中庸〉前传》

［德］卡尔·雅斯贝斯：《历史的起源与目标》

第二章

知也罪也，
都从孔子开始

一个陬邑少年的求学之路

路口的怪事

公元前535年，鲁昭公七年，在鲁国国都曲阜城外的五父衢，一个来自陬邑的乡下少年，将他母亲的灵柩停放在了路边。

五父衢是曲阜东南郊外的一处重要交通枢纽，经常举行一些集体政治活动。这个乡下少年身材魁伟（身高约一米九）。他将母亲的灵柩停在路边，别人问起原因，则回答自己想将亡母与父亲合葬，但是不知道父亲的坟在什么地方。

此事立刻引起了路人的围观。有人认识这个陬邑少年，说他是颜氏女颜徵的孩子，名叫“丘”。据说，阿丘的父亲曾是一位以勇武出名的士，叫作叔梁纥（“叔梁”是字，“纥”是名），他与颜氏女成婚后，于城邑之外“野居”，生下了这个少年。只是在阿丘出生后，叔梁纥就去世了。

孔子为叔梁纥与颜氏“野合”而生，以及颜氏死后孔子为其“殡五父之衢”，在《礼记》《史记》《孔子家语》等诸多文献中记载得清清楚楚。关于“野合”究竟何意历来众说纷纭。2015 年海昏侯墓出土的衣镜框背板上有墨书记载叔梁纥与颜氏女“野居”而生孔子，当知“野”的意思是“城邑之外”。但为何孔子要在五父衢停灵，同样众说纷纭。王夫之认为，这是因为孔氏在鲁国家世不显赫，以至于孔子不知道父亲的墓在何处，谨慎起见才殡于此处，求访墓地的位置。

叔梁纥去世后颜氏女带着阿丘如何度日？这个问题后人已经无法考证，既然叔梁纥生前与颜氏女就住在城外，那他死后，颜氏女与阿丘大概率住不进孔氏家里。阿丘也许是因为这个而在五父衢停灵，寻访父亲坟墓的位置。

后来的经过，各种文献记载寥寥。我们只知道，通过一位陬邑老乡的介绍，颜氏的棺木下葬在了防山，与叔梁纥合葬。这次合葬，应当也得到了叔梁纥家族的认可，叔梁纥的家族是孔氏，也许阿丘在此之后得到了孔氏的承认，冠上了士君子的姓氏，名叫孔丘，还像其他士大夫一样有了表字，因为他是叔梁纥的次子，所以孔丘字“仲尼”。

在此前的岁月里，这个平民少年和所有普通平民一样，从事着粗重的体力劳动，也没有什么机会接受教育。如果不曾获得士的身份，他也许就会和绝大多数同时代的平民一样，日出而作，日入而息，年复一年重复着单调的生活，过完这一生。

很多年后，鲁国的太宰疑惑地问孔丘的门人子贡说：“孔老夫子难道是天生的圣才吗？怎么他什么技能都会？”孔丘听闻后，似乎是回忆起了往事，带着若有若无的伤感感慨道：“太宰懂我吧？我年少时身份低微，所以会很多鄙事。”末了，孔丘补充了一句：“若是一个出身高贵的君子，需要掌握这么多技能吗？大概是不需要的吧！”①

获得士的身份，改变了孔丘一生的轨迹，也改变了华夏文明演进的轨迹。

陬邑来的少年

后来孔丘回忆，自己在十五岁开始有志于学，那时他还在颜氏家中，并没有机会直接窥见殷周以来形成的礼乐文化，只能根据传言，拿着俎、豆等礼器，模仿某些礼仪。

孔氏出自殷商之后，祖上曾经是宋国的公族。但是孔丘这一支家道中衰，被迫移民到了鲁国，依附在鲁国大贵族孟孙氏之下过日子，逐渐没落。但即使是这样，孔氏依旧是个士君子家庭，过着与平民截然不同的生活。

那是一个讲出身、论等级的时代。天子、诸侯、大夫、士以及庶民，一层一层等级分明。诸侯之所以是诸侯，是因为他父亲以上祖祖辈辈都是诸侯；大夫之所以是大夫，同样也是因为他父亲以上祖祖辈辈都是大夫。甚至每一项职业都是世袭的，比如世代管理史册文件的太史，世代为国君驾车的太仆，连工商业从业人员也是世代承袭的。

而孔丘作为一个“少也贱”的边缘士人，很可能成了一个异

① 《论语·子罕》：“太宰问于子贡曰：‘夫子圣者与？何其多能也？’子贡曰：‘固天纵之将圣，又多能也。’子闻之，曰：‘太宰知我乎？吾少也贱，故多能鄙事。君子多乎哉？不多也。’”

类。鲁国的贵族圈从一开始就带着一丝不屑的态度，隐隐约约将孔丘排斥在外。

少年孔丘马上触碰到了冰冷的社会现实。

孔丘第一次碰壁，是在他为母服丧期间参加季孙氏的一次宴请时。当时鲁国的权力被季孙氏、孟孙氏、叔孙氏三个国君亲族把持，季孙氏（又称“季氏”）是其中最强的，财大气粗，宴会广邀鲁国的文学之士。孔丘作为士，欣然参加。也就是这一次，他遇上了一生中最重要的对手——阳虎。

阳虎出身于孟孙氏的一个旁支，当时的身份是季孙氏的家臣。他对孔子说：“季氏招待的是士，可不是你这样的人！”一句话就把孔丘给拦了回去。那时的孔丘没有什么社会经验，只好悻悻而归。

一个人少年时期的屈辱，会深深地烙印在记忆里，甚至有人毕其一生，都在弥补早年的伤痛。孔丘后来成为一个顶天立地的君子，这屈辱的经历，成了对他的鞭策。但鞭策之外还有什么别的影响，或许只有孔丘自己知道。我们所知道的是，孔丘毕生都在倡导“有教无类”的理念，不会因为一个人出身贫贱而轻易将其看轻，这在那时实在是难能可贵的。在后来孔丘的门徒中，有不少出身寒微的人，最后他们也都被孔丘教育、培养成了真正的君子。

“好学”有什么大不了

我们了解到的孔丘言行，主要来自《论语》——那本孔丘的学生们记录老师言行的语录集。在那本书里，孔丘是令人尊敬的孔子，学问渊博，人格完美，一言一行都合乎礼法。

但是，孔丘不是神仙，只不过他从一个出身寒微的乡下孩子，成长为人人尊敬的孔夫子，这段经历过于传奇了，以至于让我们产生错觉，仿佛他的那些智慧是生来就有的。当然事实不是这样，孔丘是一个和我们一样的凡人。正像孔丘自己所说的那样，他没什么神奇的地方，“十室之邑，必有忠信如丘者焉”，只是他们相比孔丘，缺少一个重要品质，那就是“好学”。[①]

好学，是孔丘第一看重的品质。后来他的学生们在整理出的《论语》中，记录的第一句话就是：“子曰：‘学而时习之，不亦说乎！’”可以想见，这样的话，孔丘在平时一定经常念叨。

现代人很难理解，“好学”有什么大不了的？学习认真刻苦不是很普遍吗？但是，孔丘几十年教育经历，培养出了大量优秀弟子，他只承认过一个弟子“好学”，那就是他最欣赏的学生颜回。自从颜回去世之后，孔丘再也没有找到真正“好学”的人。

是他的学生们不努力，不刻苦，不爱学习吗？自然不是。只是孔丘所谓的“好学”，远比我们理解的要意味深长。

“好学”的三层意思

怎样才算“好学”？孔丘后来解释过，那就是“君子食无求饱，居无求安，敏于事而慎于言，就有道而正焉”，这才算得上是“好学”。[②]

这句话，至少有三层意思。

第一层就是，如果你整天想的都是吃得香、住得好，那就永

---

①《论语·公冶长》：“子曰：‘十室之邑，必有忠信如丘者焉，不如丘之好学也。’”

②《论语·学而》：“子曰：‘君子食无求饱，居无求安，敏于事而慎于言，就有道而正焉，可谓好学也已。’”

远算不上“好学”。这么说的意思，自然不是说你要好好学习，就不能吃好穿好、住大房子了，而是说，吃穿住用不应当成为生活的目的，也不应当是快乐的来源。使你内心愉悦的，应当是“为学”。只有真正将为学这件事情作为生命的一部分，全身心地投入进去，才会在学的同时，从内心里感觉到愉悦。这才算是“好”学。

第二层就是，永远保持对万事万物的醒觉。只有保持这种醒觉，才能“敏于事而慎于言”，才能通过“学”来掌握更多的实践之知。

孔丘的学生子贡，是古今公认的大聪明人，但是他也承认，和孔丘认定为“好学”的颜回相比，自己实在自愧不如。为何不如呢？同样是听说了一条信息，子贡可以思考分析得到至少两个有用的结论（这已经很了不起了），而颜回却可以得出至少十个。[1]

其实，孔丘自己也是靠着这种惊人的学习能力，很快就从一个近乎文盲的乡下少年，成为一个博学多能的人。我们都知道，他有句被后来人说烂了的名言，那就是“三人行，必有我师”，这其实就是他求学之路上的经验之谈。他发愤忘食，寻找任何可能的学习机会，然后虚心求教。任何人都有可能成为他的老师，关键就在于，孔丘自身对求学的敏感度。也许有些人漫不经心的谈话，就能将他的疑惑解开。

也正是如此，孔丘的学问才有了突飞猛进的变化。

而这第三层意思，则更体现了孔丘的思想深度——“好学”为的是什么？“学”的终极目的，就是要永无止境地完善自己，向那个最高的“道”无限接近。也就是说，学是“为己”之学，是要实现自我的完善、完成。

---

① 《论语·公冶长》：“回也闻一以知十，赐也闻一以知二。”

真正的求学，始终是为了自己。不管你是从文献、书籍中学习知识，还是在工地、农场里学习技能，最终都是完善自身。

更重要的是，孔丘认为求学的过程，就是在不停地接近于“道”——这个超越于自身的至高之理。

在这里，我们终于明白孔丘为什么如此重视“好学”了。每个人都有局限性，是一个有限的个体，只有通过“学”，不断地提升自己，才能打破这种局限，寻求通往超越存在的道路。人只有具备了“好学”的品质，才算是踏上了成道之路。

学的快乐

在成长的道路上，孔丘通过很多方式求学，如向鲁国的史官、师者请教，还向出使鲁国的外国友人请教，他有意识地收集和整理过去的文献，还做过季孙氏下面管理仓库的委吏，做过管理畜牧的乘田，还成了管理工程的司空。一步一步，既是在工作

职司委吏（选自《孔子圣迹图》）

谋生，也是在为学。

在孔丘眼里，学是无止境的，他的“学”，不仅包含了读书、学习，还有社会经验、实践的累积，除此之外，还具有寻求超越等更为广泛的意义。学的过程，本身就包含了变化、成长乃至突破的可能性。

我们之前也说过，“哲学的突破”在于思想家们意识到了人在宇宙、世界中的位置和意义。而在孔丘这里，人发现自己、突破自己，体验超越的存在，这个过程就被称为“学”。

经过“绝地天通”以来的思想演变，普通人与“超越存在”（周人称之为“天”）之间被设置了重重界限，天道靡，人道迩，和超越存在通过巫术等进行沟通交流的方式渐渐减少了，人要自己来面对现实世界中的苦难。但是，在孔丘看来，人们仍有一种方式来实现自身的超越，那就是“下学而上达”——“不怨天，不尤人”，通过“学”来穷究真理，最终真正领悟到性与天道的真谛。①

就像孔丘自己那样，笃信好学，守死善道。在他这里，中国哲学真正实现了“哲学的突破”。

---

① 见《论语·宪问》。

成为君子：一个写给普通人的童话

最初的学生们

在孔丘还是季孙氏门下的一个乘田小吏的时候，便有了第一批学生。

这些学生，其实大多都是孔丘过去在陬邑时交往的街坊邻居。有些人甚至没有“国人”[①]的身份，只是一些乡间的“野人”而已。其中有些学生，就是孔丘母亲颜氏家族的人。颜回的父亲颜路，还有同为颜氏姻亲的冉耕兄弟，都与孔丘年岁相去无多。这些人没有机会得到教育，孔丘是他们认识的少有的有文化的人，“多能鄙事”，杂七杂八的东西都会一点，所以就一起合计，请孔丘来教导他们。

他们大多数家庭条件都不好，能给的不多，差不多也就十条干肉而已。孔丘并没有因为学生们提供的拜师礼少而嫌弃他们，反而始终尽心尽力地加以教导。

这些学生最初拜孔丘为师，目的大抵都比较现实，不外乎是要学几门手艺或者知识，比如庄稼的种植技巧、母猪的产后护理

---

①“国人”是西周、春秋时对居住于国都之人的通称，国人有参与议论国事的权利。春秋时各国国君和大臣常召国人“询国危”“询国迁”“询立君”。国君的废立、卿大夫间内讧的胜负，常由国人的向背而决定。国人也有服军役和纳军赋的义务。

（孔丘曾管过畜牧）、仓库存货的盘点管理、宅基地建设的实用窍门，抑或是学一些士这一阶层的婚、丧、嫁、娶仪礼，以便日后有机会做贵族家庭的傧相、司仪，拓展拓展就业渠道。这些都是无可厚非的事情，毕竟这些学生的出身并不好，学成之后，也只能做这些活计。

但是孔丘要教给他们的，远远不止这些谋生的手段。他要教自己的学生，如何成为一个顶天立地的君子。

成人的童话

从孔丘对“学”的理解中，能看到他试图“学究天人”，通过“学”来贯通人与超越存在的雄心。但是，能达到“好学”这一标准的人少之又少，孔丘也没有办法强求他们真正好学。所以，孔丘为这些学生设立了一个小一些的目标，那就是——做君子。

可对这些学生来说，让他们做君子，已经不是个小目标了，更近乎天方夜谭。

如何才能做君子？孔丘告诉他的学生：如果你们具有了美好的德行，那你们就可以成为君子！

君子，原本是指君王的儿子，因为公侯、大夫的父亲，一般也都是公侯、大夫，所以君子也就泛指封建之下的贵族。比如《诗经》中有句诗，“彼君子兮，不素餐兮”，意思就是：那些贵族老爷呦，从来不白吃干饭呦！

和君子相对的，就是小人，即普普通通，没有什么身份地位的平民。一个平民要成为君子，除非是像孔丘这样幸运，否则实在太难了。比如孔丘在刚开始教书时收的学生们，祖祖辈辈都是差不多的身份，基本没有什么希望实现人生的阶层跃升。在这样的环境下，孔丘要把那些学生培养成君子，实在太勉强了。

可孔丘，他偏要勉强。

他对学生们说，在他的门下，如果要学庄稼的种植技巧，还不如和老农民去学；要学花卉的种植技巧，还不如和老园丁去学。[①] 要跟着他学，就要学习如何做一个君子。所以，孔丘教学生们学礼、学乐、学射箭、学驾车、学文书写作、学数学知识，将一整套原本应当教育贵族的知识，毫无偏私地传给了他的学生们。

君子与小人

什么样的人才算是君子？什么样的人才算是小人？这两个问题，孔丘有自己的回答。

在行为取向上，君子的所作所为都是出于道义，而小人的所作所为都是出于自己的利益。[②] 在行为结果上，君子与人为善助人为乐，成人之美，不成人之恶；小人则与人为恶，害人为乐，成人之恶，不成人之美。在内心境界上，君子坦坦荡荡，内心敞亮；而小人常怀戚戚，内心狭隘。在与人交往上，君子是“和而不同”，平和待人，但坚持各自的立场；小人是“同而不和”，到处吵吵闹闹，但又毫无立场。在行为举止上，君子始终以安详的面貌待人，从来没有什么骄傲之气；而小人则是盛气凌人，毫无安详的气质。[③]

尤其是在立身处世上，更能看出君子与小人的差别——“人

①《论语·子路》：“樊迟请学稼。子曰：‘吾不如老农。’请学为圃。曰：‘吾不如老圃。’”

②《论语·里仁》：“君子喻于义，小人喻于利。”

③《论语·子路》：“子曰：‘君子泰而不骄，小人骄而不泰。’”

不知而不愠，不亦君子乎？”君子因为能够有意识地保持自己的人格与心志处在良好的状态上，因此能够始终让自己的内心乐在其中，无一日之忧。就像颜回那样，就算穷得叮当响，眼前只有一筐粗饭、一瓢水，外部生活条件已经到了常人难以忍受的程度，但是颜回依旧不改其乐，维持着内心的安宁与愉悦。

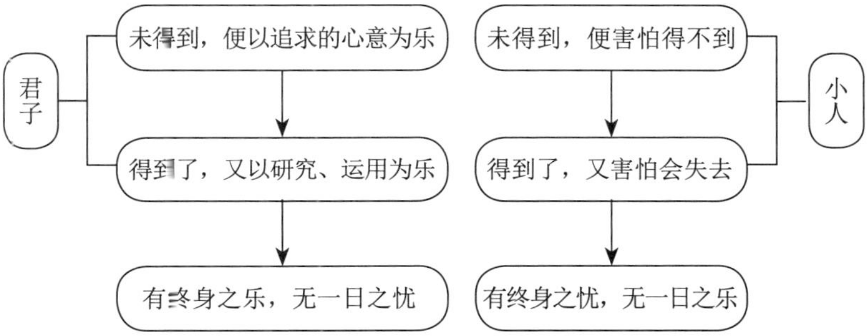

君子与小人的对比

每次孔丘将君子与小人作比较时，都强调他们在德行、境界、追求上的区别，拿着这一标准来区分君子与小人，而从来不去提两者在血统、身份、地位上的差异。似乎身份、地位只是成为君子之后的结果，而要成为一个君子，最主要的是应当具备君子的德行。他的潜台词就是——就算你是君王之子，但是你平时表现得活脱脱是个小人，那你就不配做一个君子！

这实在是个振聋发聩的观点，孔丘实际上重新定义了什么是君子，什么是小人。自今而后，任何高居上位的人，时不时就得反思一下自己的所作所为究竟配不配得上被称为“君子”，要是配不上，那他即使掌握极大的权势，也将被大家视为小人。

而剩下的半句，孔丘没有亲口说过，但是该说的意思都已经清楚了。既然君子与小人之分在于德行、境界、追求，那么具备了这些要求的普通人，凭什么不能成为堂堂正正的君子？

君子的关键不在于他们的身份，而在于他们自身的精神力量。君子必须堂堂正正，他们坚持着道义，不与这个险恶的世界妥协。一个所有人都认可的好人不能算是君子，而只是一个无法坚持原则的乡愿罢了。君子要坚持道义，势必会与那些戕害道义的人相对立，他也许会不容于周围堕落的环境，但这些都不是问题。只有在险恶的环境中，才能真正显出君子的高贵！

这样的想法，是孔丘在自己的求学之路上得出的结论，他清醒地意识到，既然每个人都在同样地通过“学”来寻求超越的存在，那么他们在实现自我的路上，应当也是平等的，不应当因为身份的高低贵贱而有所不同。如果将成为君子视为自我实现的一种方式，那就要重新定义君子！

重新定义君子，是孔丘送给天下人的一个童话。在那个等级严格、出身至上的春秋时期，孔丘提出了振聋发聩的宣言：要是你博学于文，约之以礼，遵循了君子之道，那你就可以成为君子！

当然，这个观点当初只停留在他的学说当中，只在孔丘的社交范围内流传。真正要实现这一理想，还要面临重重阻碍。

所幸，孔丘最后成功了。

如何教好一个问题青年

孔丘初次遇见仲由的时候，仲由还是一个来自卞邑的问题青年。他出身不详，姓氏也不详，是个没有国人身份的“野人”，性情粗鄙，推崇勇力，但志性高直，像是一块未经雕琢的璞玉。

那时孔丘三十岁左右，在学识方面已经颇有些名气，而仲由比孔丘年轻九岁，年方二十出头，年轻气盛，听闻孔丘的名望，决定要好好教训教训他。所以，仲由戴着雄鸡羽毛做的帽子，佩着野猪皮装饰的刀，在道旁拦住了孔丘。

那次他们发生了怎样精彩绝伦的冲突，我们现在已经无从得知了，《史记》上只是说孔丘“设礼”折服了仲由。但是，以此时仲由性格的粗鄙，真的会被一些优雅而烦琐的礼节所折服？这要打上一个问号了。不过，“礼仪三百，威仪三千”，威仪也是一种礼，孔丘不是什么文弱书生，而是一个身高一米九，攻击力、防御力、智力值全高的“六边形战士”，他在折服仲由的过程中，应该用了不少“威仪”吧。

我们后来知道的是，孔丘在仲由孔武的外貌之下发现了他精神上蕴含的巨大能量，于是为仲由指出了一个更高的目标——成为君子，一个值得用一生去努力的目标。仲由也对孔丘心服口服，于是脱掉了武人的服装，换上儒服，拜孔丘为师。

仲由的表字是“子路”，后来他成为《论语》中出镜率最高的学生，频频出现在各种对话、问答中。

子路

仲由曾问孔丘：“究竟如何成为一名君子呢？”

孔丘回答：“修养自己，让自己保持‘敬’的状态。”[①]

这句话，不仅仅是说给仲由听的，也是说给所有有志于成为君子之人听的。孔丘在很多场合都将君子之道与“恭敬”联系在一起——恭是谦逊，一种外在的行为表现；敬是谨恪，一种内在的心理状态。这种心

① 《论语・宪问》：“子路问君子。子曰：‘修己以敬。’”

理状态，和上古哲学的智慧是一脉相承的。舜教给禹的十六字秘诀里就说“人心惟危，道心惟微”，人在超越者面前是平凡而弱小的，内心往往会受到种种因素的干扰，无法坚持正确的原则，难免会犯错，所以，必须杜绝内心时不时泛起的傲慢，保持一颗敬畏之心。

这种“敬”，包含着信仰的成分。孔丘常说，“君子有三畏：畏天命，畏大人，畏圣人之言”。天命代表的是神圣的宇宙秩序，大人（也就是尊贵之人）代表的是人间的社会秩序，圣人之言则代表经验和智慧的真理。对这三者的敬畏，就是伦常道德的基础和来源。

君子势必要遵守道德，遵守礼制、秩序，而这种遵守的前提，就是要对这些秩序怀着敬畏之心，并且保持谦逊的态度，否则就是虚伪。一个虚伪的道德家，无论如何都是有违君子之道的。

听了孔丘的解释，仲由似乎还意犹未尽，于是追问了一句：“仅仅做到‘修己以敬’，便可以了吗？”

孔丘回答：“做好自己的事情，去实现他人的安定。”①

做好自己，怎么能够实现他人的安定？但现实确实就是如此。当个人的能力不足以实现他人的安定，如果光顾着管理别人，却连自己都管理不好，反倒会带来更多的混乱；而当个人的能力大到足够实现他人安定的时候，更应该注意如何做好自己，这既是为了能更好地安定他人，也是为了防止个人手中的权力被滥用。当上位者不好好修养自身，做好自己分内的事情，就会带来更多的不安定。

一般人听到这里，大概都会若有所思地去好好消化理解了也只有仲由这样率直的学生，才打破砂锅璺到底地继续追问道：

① 《论语·宪问》：“曰：‘如斯而已乎？’曰：‘修己以安人。’”

“做到‘修己以安人’，便可以了吗？”

“那就进一步做好自己的事情，去实现天下百姓的安定。”随后顿了顿，孔丘继续说道，“这一点，就算是尧、舜这样的圣王，恐怕也难以真正做到吧！”[①] 言下之意就是：这不是你子路能做到的。

这里我们也可以看到孔丘在君子之道上埋下的伏笔。他的哲学，就是推己及人，一步步由己向外推扩，先修养好自己再保护身边的人，然后是更多的人；至于圣王，则要保护好天下所有人。后来的儒家就此总结出的“修身—齐家—治国—平天下”这一套思想，从根本上就是来自孔丘所主张的君子之道。

穷苦孩子终成君子

多年以后，孔丘的学生们也成了独当一面的君子。

那个过去戴着鸡冠帽游荡街头的仲由，成了令人尊敬的子路，先是做了鲁国季孙氏的家宰，后来又成了卫国执政大夫孔悝的蒲邑宰，负责治理一方百姓。

还有贫苦出身的冉耕、冉雍、冉有等人，后来也都成了列国诸侯的重臣，也是令人尊敬的君子。

他们回想起老夫子当年的教诲，一定会心怀感动吧。

老师不仅告诉他们，虽然他们出身平凡，但是一样可以成为君子，还教给了他们更重要的东西，那就是让他们明白，人立身在这个世上，应当做什么，应当成为什么样的人，应当如何成为这样的人。

---

①《论语·宪问》：“曰：‘如斯而已乎？’曰：‘修己以安百姓。修己以安百姓，尧、舜其犹病诸。’”

他们的老师不是一个迂腐的道德家，不会整天像个复读机一样重复那些陈词滥调，孔老夫子从来不用那些君子之道来苛求普通人，而是告诉那些有志于道的年轻人，如果他们要做更好的自己，那就请用君子之道来约束自己。他是一个革命者，带领这些学生，试图突破旧时代的桎梏，建立一个由有德君子主宰的世界，在那个世界里，评价一个人的好坏，是看这个人本身的德行与成就，而不是看他的爸爸妈妈是何方神圣。

就算是高高在上的肉食者，诸侯抑或大夫，也要乖乖地做个好人，按照礼法来约束自己。

而权力只有受到约束，才会收起它的傲慢，被用于做更好的事情。

重新发现“人”

周礼不在周

鲁昭公二十四年，公元前518年，孔丘三十四岁了，这一年，孔丘以孟孙氏家庭教师兼随行家臣的身份，陪同学生孟懿子、南宫敬叔来到了雒邑——周天子的都城。

后来孔丘说自己“三十而立”，就是说他三十岁左右的时候成为孟孙氏陪臣，才算真正有了立身的家底。

这次他前往雒邑还配了一乘专车、两匹马、一个随从。

孔丘向来对这个礼崩乐坏的时代怀着深深的忧虑，认为只有恢复周代的礼乐秩序，才能解决这个时代的问题。而礼乐文化保存的地方，除了鲁国以外，就属周天子所在的雒邑最完备齐全。

在严密复杂的周礼面前，孔丘就是一个谦虚好学的学生。当初他第一次前往鲁国太庙，事事都要先询问请教，就是要保证自己的一言一行都合乎礼法。如今孔丘的学问与阅历见长，自然不需要每件事情都去请教，但还是有许多要学习的地方。正好雒邑的守藏室（相当于国家档案馆）保存着当世最为完备的文献资料。而这里的守藏史，就是大名鼎鼎的老聃。

但是，亲临成周[①]之后，孔丘更多的是失望。后来他再也没有去过雒邑，甚至都很少谈到雒邑的那位周天子。

那一年的雒邑，周王室正处于动荡之中。在位多年的周景王在两年前过世，但没有留下正式册立的太子。于是，一场王子之间的王位争夺战爆发了。随后，发生了一连串的杀兄篡位、兵刃相向的残酷斗争。最后是诸侯中的霸主晋国出兵，赶跑了得位不正的王子朝，扶持王子匄即位，是为周敬王，动乱才终于平息。但是，这场动乱揭示了周王室注定要衰微的宿命，因其已经腐朽如槁木。这场内乱只是周王室命运的一个缩影，从这场内乱中可以看出，作为礼乐秩序的最顶层，周王室已经不再对这个秩序保持敬畏，他们任意破坏礼乐秩序，也就是在衰微、消亡的路上狂奔。

雒邑看似保留着很多礼器、文章，但当人们不再信奉它们，那么礼本身，就是一副没有生命的空壳。

向老聃学习

虽然这次前往雒邑的旅行，让孔丘对周天子失望了，但他并不是毫无收获。

此次雒邑之行，孔丘拜访了周王室的守藏史——老聃。

老聃作为守藏史，是周王室里负责文书的大夫，也是一个富有学问的人。有人认为他就是后来大名鼎鼎的老子、经典著作

① 古城名。故址在今河南洛阳市东郊白马寺之东，汉魏雒（洛）阳城故址一带。为周成王时周公所筑，迁殷民居此。公元前 516 年因王子朝之乱，周敬王由王城迁都于此。赧王又还都王城。战国时改名雒阳。一说成周城乃王城外城，在今洛阳市王城公园一带，无敬王自王城迁都成周城之事。

孔子问礼（选自《孔子圣迹图》）

《老子》的作者，其实未必如此。从《老子》的内容，以及思想内涵看，它应当是一百来年以后的著作。孔丘所拜见的老聃，大抵没有写过这本书。

从多年以后孔丘与学生们的交谈中，我们可以看出来，孔丘师从于老聃后获益匪浅，并且始终保持着对老聃的敬意。

那么，孔丘在老聃这里学习的是什么呢？

简单说，就是“礼”，而且主要是“丧礼”。孔丘跟着老聃一起，为雒邑的一家姬姓宗室办丧事，老聃在前面做，孔丘在后面看。这也是孔丘后来教育自己学生的做法——通过实践行为来言传身教。

在送葬的路上，晴朗的天空忽然阴暗下来，日食发生了，天完全变黑，只能看到星星的闪光。老聃于是下令，停止前进，将灵柩停在路边，送葬队伍停止哭丧，等待日食结束。葬礼结束后，老聃向疑惑的孔丘解释了这么一个道理：送葬一定要在白昼进行，不能披星戴月。发生日食，如果再继续前行，无异于夜间送葬，这是罪人才有的做法。[①]

孔丘是个“好学”的人，听了老聃的解释，一定会有所领悟。这一次，他听懂了其中的“礼”，也听懂了“礼”背后更深一层的意义。那就是“事死如事生”，对待死者的态度，就和他在世时一样，这是发自内心的认真态度，是一种更加高尚、真诚的复杂情感。

关于丧礼的思考与研究，后来成了孔丘学说中极为重要的一部分，而且还关系到他的学说中的最高标准——“仁”。

“仁”字不简单

“仁”这个概念，在孔丘以前就已经是人们口中的一种美德，主要用来评价某人行为厚道、有爱心。就像我们现在一些地区的方言一样，夸一个人“仁义”，即指这个人有情有义，做事妥帖。这种“仁”，其实就是“智”“勇”“忠”“孝”等各种美德中的一种。要获得“仁”这种品质，就要有爱心，能体贴他人。

在《左传》《国语》中，可以看到孔丘以前的先贤们试图找到一个更高、更有普遍性的“德”来涵盖各种美德，“仁”曾在考虑的范围里，但先贤们更多地延续着传统思维，把注意力放在“敬”上，“仁”尚没有被赋予高于诸德的特殊地位。[②]但是在孔丘这里，“仁”已不单单是君子各项美德中的一项而已，它是一切礼乐秩序的基础。

---

① 这个故事，见于《礼记·曾子问》中孔子与曾参的对话。根据这个记载，杨伯峻先生推测孔子见老聃一事发生在公元前 518 年 4 月 9 日的日环食不久前。

② 白奚：《从〈左传〉〈国语〉的“仁”观念看孔子对“仁”的价值提升》，载《首都师范大学学报（社会科学版）》2007 年第 4 期，总第 177 期。

我们说的“礼”，难道就是各种礼节仪式上的那些器物、玉帛吗？我们说的“乐”，难道就是宫廷乐队用钟鼓演奏出的交响乐吗？[①] 自然不是。在孔丘看来，人如果不“仁”的话，那礼和乐，以及它们背后的那一套秩序，都只是没有真实意义的空洞形式，只是一些程式化的空壳而已。[②]

这一思考，应该是受了老聃在丧礼时的那些教育的影响，而要真正理解“仁”的内涵，还确实得从丧礼开始。

“仁”这个字，是一个“人”加一个“二”。但是，“仁”字的古义却是与“尸”有关。[③] 这个“尸”，不是指人的尸体。在当时的祭祀中，要由死者在世的后代扮演死者，作为“尸”来代表祖先接受祭祀礼品。这个扮演者“尸”，就是祭祀者哀思的寄托，是一个假想的替身。[④]

“仁”的字体演变

面对往生的逝者，人们的心中会泛起种种复杂的感情——虔诚、敬重、不忍、悲悯、哀伤等。就像孔丘当初从老聃那里体会到的“事死如事生”的道理一样，人们在祭礼、丧礼中极尽敬重的态度，发自一种真诚而自然的心性。“仁”即来源于这种情感，

---

①《论语·阳货》：“子曰：‘礼云礼云，玉帛云乎哉？乐云乐云，钟鼓云乎哉？’”

②《论语·八佾》：“子曰：‘人而不仁，如礼何？人而不仁，如乐何？’”

③ 段玉裁《说文解字注》中说：“古文仁或从尸。”

④ 这个习俗到现在还保留在潮汕等部分地区。每当一些大的日子，就有人打扮得花枝招展来扮演祖先，接受祭拜。

是人内心自发的情感表达。

“仁”就是人在面对超自然的存在时，心中所怀有的那一份悲悯。正是这份悲悯之心，成为一切崇高情怀的发端。不管是面对生死时的那份决绝，还是面对弱者时的那份怜惜，抑或是以天下兴亡为己任的那份责任感，还有虽九死而未悔的信念感，如果追溯这些情感，都可以从“仁”这里找到源头。

伟大的人之所以伟大，也在于有一颗仁心，也就是悲天悯人的胸怀，对真理有着超越功利的热爱，并且不断地完善自己、修养自己的人格。

而一个真正的君子，不会在须臾之间违背仁，纵然颠沛，纵然流离，纵然造次，纵然困苦，纵然在紧要危急关头，都不会改变自己坚守的“仁”。[①]

> 李泽厚先生将孔子“释礼归仁”视为古代思想发展史上的关键一步。孔子以“仁”来解释“礼”，强调“礼”不只是一种外在形式，必须要有内在的心理情感作为基础，这种情感来源于上古巫术礼仪中的敬、畏、忠、诚，体现于在礼中所保持的“神圣的内心情感状态”。孔子将这种状态理性化，名之为“仁”。[②]

千人千面的“仁”

对孔丘来说，“仁”是一个丰富而复杂的概念。刚才我们的分析，其实仅仅回答了“仁”的本源与本质问题，我们给它定了

① 《论语·里仁》：“君子无终食之间违仁，造次必于是，颠沛必于是。”

② 见李泽厚《说巫史传统》一文。

性，但是它丰富的内涵，还没有完全展现在我们的面前。正因为它的复杂，所以我们很难给它下一个定义，正如我们无法真正清楚地解释什么是红色、什么是对与错。其实，一些概念越是基础，越是平常，我们就越是难以用语言来形容它。

但是，由于“仁”这个概念太过重要，所以孔丘的学生们总是会请教孔丘，究竟什么才是“仁”。

对于学生们的问题，孔丘自然是耐心解答。但是考虑到学生的资质水平、消化和吸收能力，孔丘总是将回答保持在提问学生能理解的范围内。所以孔丘总是对仁作出不同的解释，有时候说，仁是“恭、宽、信、敏、惠”五种德行[①]；有时候又说，刚、毅、木、讷近于仁[②]；甚至对那些花言巧语的人说，仁就是别那么多嘴。

这其实就如同向不同的人描述什么是“光”，你可以用很多方式去描述，这些说法都对，只不过并非光的整全。

学生中最喜欢请教“仁”这一问题的，就是樊迟了。樊迟是个十分勤奋刻苦又非常现实的普通学生，之前请孔丘教他种田、种花的，就是樊迟。而当他请教孔丘何为“仁”的时候，孔丘回答他：“仁就是爱他人。”[③]

这是个最浅显的解释，“仁”当然是一种爱。但世上没有毫无缘由的爱，这种情感的产生需要有一个意义上的来源。“仁”的来源是什么？孔丘考虑到樊迟的心性资质，并没有和他说清楚。和古希腊的苏格拉底类似，孔丘很注意谈论哲学的对象，在

---

①《论语·阳货》：“子张问仁于孔子。孔子曰：‘能行五者于天下，为仁矣。’‘请问之。’曰：‘恭，宽，信，敏，惠。恭则不侮，宽则得众，信则人任焉，敏则有功，惠则足以使人。’”

②《论语·子路》：“子曰：‘刚、毅、木、讷，近仁。’”

③《论语·颜渊》：“樊迟问仁。子曰：‘爱人。’”

讨论更形而上的问题时非常谨慎。对于樊迟，如果把“仁”的本源问题说清了，反而对他有害。

孔丘给他定了具体的实践目标：“仁就是起居时端庄恭敬，办事情时严肃认真，对待他人时真诚忠心。纵然身居夷狄，也不可偏废这些原则。”①

又过了一段时间，樊迟又去请教老师了——老师一会儿把“仁”说成是“爱人”这么简单，一会儿又在日常行为中提了这么多要求，那究竟什么是“仁”呢？到底怎样才能成为一个仁者？

这一次，孔丘终于给出了一个带有哲学意蕴的回答：“真正的仁者，要先经历困难险阻，然后才计较收获！”

正如孔丘对樊迟所言，仁者的面前是一条充满艰辛的道路，只有抛弃功利之心，甘愿承受身心的痛苦，才能达到仁的境界。

仁的真谛

在孔丘关于“仁”的言说中，最值得重视的，就是他和颜回的探讨了。毕竟颜回是他心中最好学、禀赋最高的学生，所以在面对颜回时，孔丘可以不用说一些“仁者爱人”这样浅显的道理，而是与颜回一起尝试进入更深的层面，探讨“仁”的内核。

孔丘的话很明确，也很浅显易懂：“克己复礼为仁。一日克己复礼，天下归仁焉。为仁由己，而由人乎哉？”——战胜自己、恢复礼法，这就是仁。一旦做到了它，那天下的一切就都可以朝着“仁”的方向进发！实践“仁”之道，全由自己，难道还能由

① 《论语·子路》：“樊迟问仁。子曰：‘居处恭，执事敬，与人忠。虽之夷狄，不可弃也。’”

别人来让你成仁吗？

以往，孔丘一般会和学生探讨“仁”是什么，怎样才算是“仁”。但要真正能“成仁”，那实在是难上加难。要是强行给学生们提出不符合他们能力的要求，只会适得其反。所以，孔丘极少告诉学生“怎么做到仁”，只有在和颜回这个层次的人在一起时，才会掏心窝子地把“成仁”的那一套心得体会吐露出来。

“克己”，就是战胜自己。[①] 即让主动的“自己”战胜被动的“自己”，让自己能够真正主导、控制全部的自己。

这也就是孔丘后面解释的“为仁由己”——成仁，必然是让自己掌握主动，而非被他人所主导。否则，就是“不由自主”地成仁。

不由自主地做一个好人，难道不是很常见的事吗？一个人即使具备了“恭、宽、信、敏、惠”这些仁的外在表现，假如他的仁德之举，只不过是碍于社会规则的规定才不得不这么做，那这个人就是“不由己”的，不能算仁者；或者他只是因为表现得有仁德就会得到社会的赞誉，并给他带来各种各样的好处，那此人同样不能算仁者，充其量只是虚伪的善人罢了。

用现在的话来说，不由己的仁，本身是不自由的[②]，这样的人的行为看似出于本人的想法，实际上这些行为是被动的。孔丘认为，这样的人算不上仁者。

由此可见，仁必须是人的主动性的体现，仁者就是充分实现了个人主动性的人。

那么，什么才是真正的主动性呢？

这就是摆脱自己行为中被一个个偶然想法所左右的状态，让每一个行为都由自我做出决定，这些行为就成了本应如此的结

---

① 朱熹、王阳明均以“胜”来解释“克”字。

②“自由”不是中国传统思想中的概念，但本书取其中“自由”的含义。

果，个人的一言一行就成了一种必然。

这种必然，意味着人的一举一动都具有规定意义的行为方式，这种行为方式就是孔丘所说的“礼”。所以在战胜自己的同时，也要让自己的行为恢复到礼的规定之中。可能出于继续向颜回解释“仁”之内涵的需要，孔丘后来还向颜回补充说：仁，就是“非礼勿视，非礼勿听，非礼勿言，非礼勿动”。战胜自己的最终结果，就是让自己的言行都合乎礼所规定的那种必然性。[①]

这和我们现在的法律及伦理道德都不同。我们在遵守法律规定时，它们是外在于我们的一种强制方式。但“礼”不是，礼是我们在自我主动性下形成的一种必然行为，或者说，它就是“仁”的外在表现形式。

所以，孔丘说“一日克己复礼，天下归仁”，当我们达到了克己复礼的状态，那么世间的一切形式，就自然是恰当而得宜的。

这里可以看出孔丘对“仁”的看重，也能看出真正达到“仁”这一境界的难度之大。但孔丘的话总是言简意赅，并没有说清楚人要怎么在“克己复礼”中保持主动性。

从此以后，孔丘就为后人留下了两个命题：如何成为一个仁者？如何在克己复礼中实现自身的主动性？这就引出了一条不断探索自我修养功夫的道路。后来两千多年的中国哲学，将有无数人在这些问题上伤透脑筋，然后提出各自的回答。

① 宋明儒学尤其注重“克己复礼为仁”这一句，本书采纳了朱熹、王阳明等宋明儒者的理解，认为这一概念的背后不仅是狭义的道德修养要求，更是将道理进一步扩展到宇宙的大化流行。参见郭园兰《朱熹“克己复礼为仁”诠释研究：以理学体系建构为视角》及向世陵《从“天地之心”到“恻隐之心”——基于“克己复礼为仁”的体用关系》等。

重新解释礼

孔丘在重新定义“仁”的同时，实际上也重新解释了“礼”。

以往的礼，其实就是千百年来积累下来的习惯法。据说最早有夏礼，殷商之后有殷礼，而后到了武王、周公的时候，就形成了周礼。这些礼制没有形成固定的文字，而是在天子、诸侯日常的行为活动中被有意识地遵守。

和我们现在想象的不太一样，春秋时期是个礼崩乐坏的时代，但诸侯大夫们反倒非常强调礼的重要性，极大地抬高礼的地位。比孔丘早一代的郑国大夫子产就曾说过，礼是天地运行的法则，是人民生而就要遵守的规范。[1]在这些人的遵奉下，礼被普遍化、绝对化，泛化成了某种一般性规律，而且是一成不变的固定规则。之所以如此，其实是因为在这个周王室衰微、天子权威逐渐消亡、社会秩序逐步瓦解的时代，重新确立礼的权威，才能继续维护他们的统治。所以子产随后就铸了刑鼎，将礼中有关惩罚的规定全都刻在鼎上，以礼为工具，强化自己的统治。

这样的做法，孔丘是很不以为然的。因为它看似是在推崇礼，是在维护社会秩序，实际上却是在消解礼本身的真实意义。像子产这样的贵族，看似是在尊崇礼，但其实是把礼引向另一个危机，让礼变成了一种形式化的规范，而消灭了其中的内在价值。长此以往，礼就会渐渐变成无情的禁令、烦琐的程序、空洞的教条以及毫无意义的繁文缛节。

所以，孔丘清楚明白地否定了把礼当作不变的宇宙规律的倾

---

① 《左传·昭公二十五年》中记载，子大叔见赵简子，简子问：“何谓礼？”子大叔回答说：“吉也闻诸先大夫子产曰：‘夫礼，天之经也，地之义也，民之行也。’天地之经，而民实则之。”“礼，上下之纪，天地之经纬也，民之所以生也”。

向，他主张，礼会随着时代的变迁而不停变革、损益。[①]

据说夏人讲究忠诚，所以他们的秩序就是简洁明了的王命，或是一些占卜得出的结果，这就导致了国人变成只知道听命他人、内心却毫无敬意的应声虫，粗鄙而愚蠢。

后来，殷人为了解救这种愚蠢，以敬神来教化人民，遵循鬼神的意志来发号施令。刚开始这样的礼法秩序是有效果的，但渐渐地人民只想着取悦鬼神，而不懂得节制，于是人民就变得宣淫放荡，没有羞耻之心。

周人"翦商"之后，便以文教来解救这种弊端，弱化鬼神的存在。周公制定的礼法通达人情，细腻且等级严密，这种礼制让人觉得亲近，但弱化了权力背后的神圣感。所以当天子的权力衰弱后，人就变得贪利取巧、善于文饰，礼制就变成了相互蒙骗的幌子。[②]

夏礼、殷礼、周礼所出现的问题，其根源就在于随着社会的变迁，礼在人们日常实践中失去了敬、畏、忠、诚等情感与价值的来源，沦为没有灵魂的外在形式。当礼崩坏之后，就会进一步侵蚀人性，让人变得更加坏。对此，就要重新调整礼，损益礼的外在形式，让礼重新变得适合于当下时代及其社会习惯，找到它所凭借的价值本源。

华夏人已经从那个充满鬼神的巫术时代走出，呈现出理性而节制的精神色彩，而孔丘要做的，就是为社会秩序进一步找到更

① 《论语·为政》："子张问：'十世可知也？'子曰：'殷因于夏礼，所损益可知也；周因于殷礼，所损益可知也。其或继周者，虽百世可知也。'"

② 《礼记·表记》："子曰：'夏道尊命，事鬼敬神而远之，近人而忠焉，先禄而后威，先赏而后罚，亲而不尊；其民之敝：蠢而愚，乔而野，朴而不文。殷人尊神，率民以事神，先鬼而后礼，先罚而后赏，尊而不亲；其民之敝：荡而不静，胜而无耻。周人尊礼尚施，事鬼敬神而远之，近人而忠焉，其赏罚用爵列，亲而不尊；其民之敝：利而巧，文而不惭，贼而蔽。'"

加理性化的基础——“仁”。孔丘认为，礼的内在价值，就是仁。礼的依据不应追溯到外面的鬼神或天命，而应该源自人的内在自觉。“仁”本身蕴含着更超越的存在，由这种超越性而生发的敬、畏、忠、诚之情，最终为“礼”的存续提供了新的生命动力。

这是一个“释礼归仁”的过程，这在中国哲学的发展史上具有划时代的意义。孔丘之后，哲人们大多都把思考的着眼点放在了对内在世界的探求上。[①]

孔丘的哲学，是一种实践哲学，不管是成为君子，还是成为仁者，明白这些大道理还不够，更重要的是去实践它们。一个仁者，重要的是“己欲立而立人，己欲达而达人”[②]。——不仅要成就自己，还要推己及人，在自己能力范围内成就他人，因为在“克己复礼”的公心之下，原本就不存在单单只想成就自己的私心。更何况，每个人的自我实现，本身就包含了人在社会当中的实现（他人的自我实现）。他人得到实现，其实最终也就是实现了自己。

所以，孔丘怀着这颗仁者之心，势必要跨前一步，走上兼济天下的道路。

而这条道路，势必是一条颠沛流离而崎岖坎坷的路。

① 李泽厚：《由巫到礼　释礼归仁》，人民文学出版社 2022 年版。

② 见《论语·雍也》。

不可得闻的天命

不惑的境界

在五十岁的时候，孔丘知晓了自己身负的天命，这也成了孔丘人生中的重要转折。

过去的五十年，他发愤忘食，乐以忘忧，从来没有停止过通过“学”来提升自己，在他四十岁前后，思想终于大成，达到了“不惑”的境界，形成了一套划时代的思想体系——“不惑”的意思，就是谁也难不倒他，他已经将仁作为自己的使命，再也没有什么东西能干扰他的信念了。

此后十年，孔丘在鲁国招收弟子，培养更多的君子。于是他的学术声誉和门人弟子的数量迅速增长，很多资质聪颖的士大夫子弟，都投到他的门下。

而这十年，鲁国的焦点人物不是孔丘，而是另一位具有传奇色彩的政坛新星——阳虎。

在历史上，阳虎常常被视为小人，但如果我们抛弃千百年来的成见，就会发现，他真的是一个和孔丘极为相似的人——不只是在外貌上，他们出身差不多（都不高，孔丘是个三流小贵族，而阳虎则是一流大贵族孟孙氏里的三流小旁支），心气也差不多（都是那种不愿意屈从于命运安排的人）。阳虎以季孙氏陪臣的身份一步步在鲁国崭露头角，随后一举夺权，控制了季桓子，执掌了季孙氏的大权，成为整个鲁国最有权势的人。

这一年是鲁定公五年（前 505），孔丘四十七岁。对于阳虎的执政，孔丘的心情非常复杂：既带有一种惺惺相惜的感情，又不认同阳虎的施政方式。

政治的关键

之所以不认同阳虎的施政方式，是因为在孔丘看来，为政的关键在于“正”字。施政本身，就是在正当的名义下用正确的方式来匡正人民的行为。施政者只有自己行得端、坐得正，才能自上而下用一套规范体系来引导人们行端坐正。

而要匡正天下，首先就要“正名”[①]，让所有人和事物都回归其该有的样子——所有人都按照礼所规定的方式做自己应当做的事情，礼本身也发挥自己应当发挥的规范作用。只有这样，政治失序和社会秩序才有确定的依据，天下才能治理得好。

治理者需要做的事情，孔丘归纳为“礼乐征伐”，用我们现在的话说，就是“内政外交”，所有人的政治生活，其实就是这些“礼乐征伐”：参加典礼仪式、出席各类国内会议或国际会晤、参与对外战争等。这些内政外交的大事，最好由天子来决策，这样才能引导出各种正当的政治行为，天下才能治理得好。如若治理崩坏了，就会出现诸侯主持礼乐征伐的情况，甚至再崩坏下去，就会有很多大夫跳出来负责礼乐征伐。[②]

在孔丘的时代，“礼乐征伐”由大夫来掌管，已经是司空见

---

①《论语·子路》：“子路曰：‘卫君待子而为政，子将奚先？’子曰：‘必也正名乎！’”

②《论语·季氏》：“孔子曰：‘天下有道，则礼乐征伐自天子出；天下无道，则礼乐征伐自诸侯出。’”

惯的事情，不仅鲁国有以季孙氏为首的“三桓”执政，齐国、晋国等也都有类似的情况。这样发展下去，不出五代人，政治就会全面崩坏，甚至出现“陪臣执国命”的现象。①

而阳虎，就是那个执掌国命的陪臣。他的施政从一开始，就带着名不正言不顺的“原罪”。虽然阳虎有管理能力，有办事魄力，但他越是强大，就越容易搞乱原本的治理秩序。等到阳虎老去，换成别人来治理，再来收拾这摊残局，那就难上加难了。

再看孔丘，他有一整套施政的理论和实践体系，但是在得不到施展抱负的机会时，也只能安心在文化领域做传承与开拓工作，以“仁”为中心，点亮华夏的思想殿堂。他以彭祖、老聃自比，潜心搞理论，将周人留下的诗、书、礼、乐，系统地整理了一遍。同时又给自己画了一条清楚的边界，对礼乐文章，仅仅是记录与整理，而不进行制定与创作。②

这就是他“述而不作”的原则，毕竟“作礼乐”本身是天子之事，他并没有这个权限。

那时，达巷党人曾经啧啧叹息说：“孔子真是太伟大了！如此博学，可惜没有相应的名位！”③他为孔丘虽有能力但没有相匹配的名位、无法施展抱负而可惜。

孔丘听闻之后，只是不置可否。

说来讽刺，阳虎是鲁国前前后后的当权者中最欣赏孔丘的一个，他看出了孔丘的才华与抱负，又因出身相似，更有一种惺

---

①《论语·季氏》：“自诸侯出，盖十世希不失矣；自大夫出，五世希不失矣；陪臣执国命，三世希不失矣。”

②《论语·述而》：“子曰：‘述而不作，信而好古，窃比于我老彭。’”

③《论语·子罕》：“达巷党人曰：‘大哉孔子！博学而无所成名。’子闻之，谓门弟子曰：‘吾何执？执御乎？执射乎？吾执御矣。’”这话在很多解释中都要理解为孔子对自己的专长究竟是射箭还是驾车的探讨，但事实上，“射”和“御”都是一辆驷马战车中的角色，应当将其放在一起理解。

惺相惜之感。所以，阳虎前所未有地开诚布公，希望能与孔丘合作，还给孔丘送来了一头猪作为礼物。

对于阳虎抛来的橄榄枝，孔丘持谨慎态度。他不认同阳虎的施政方式，故而不愿意依附阳虎。但知礼如孔丘，又不得不向这位执掌鲁国大权的陪臣尽到必要的礼数。既然阳虎送来了礼物，孔丘理当回访拜谢，权衡之下，孔丘选择在阳虎外出的时候前往拜见，这样他既尽了礼节，又婉拒了阳虎的合作邀请。

但不巧，孔丘在回来的路上，迎头遇上了阳虎。两人四目相对，气氛一时有些尴尬。

阳虎停下马车，主动打招呼，豪迈地说："来，我跟你说话！"孔丘奉命行事，两人拉下车上的伞盖，并排在路上。阳虎对孔丘说："敢问，有人怀着一身本事，却坐看国家混乱，这能算得上'仁'吗？"

"不能。"孔丘答道。

"那有人想要有一番作为，却老是错过时机，这能算得上'智'吗？"阳虎又问。

"不能。"

"时光飞逝，岁月不饶人啊！"阳虎看着孔丘说道。

二人表面上看起来闹得很僵，但在心底却始终相互欣赏。阳虎和达巷党人一样，都不愿意看到孔丘的大才埋没于世，所以委婉地劝诫孔丘，希望他能站出来，在鲁国担任更重要的职位。而孔丘自己又何尝不在心中可惜呢？"君子疾没世而名不称焉"，作为一个君子，寻求自己的社会价值，原本就是理所应当的事情。只是一直以来，他还没有更合适的时机而已。所以孔丘答谢阳虎说："是的！我会出仕为官了！"①

① 故事见于《论语·阳货》。

体悟天命

阳虎在鲁国的统治终究名不正而言不顺，转眼就遇到了危机。鲁定公八年（前 502），鲁国又爆发了一次政变，在三桓势力的反攻下，阳虎终于垮台了，被迫流亡到了齐国，他在鲁国的执政前后仅仅三年时间。

而孔丘在答应阳虎出仕之后，虽然没有正式获得任命，可是他和阳虎走得近也是有目共睹的，鲁国人都知道这两个长相酷似的人曾一起在马路上说悄悄话。所以，孔丘在鲁国的处境也变得微妙起来。

这年孔丘五十岁，经历了一段极为紧张的时间，重新掌权的三桓正在对阳虎的残余势力秋后算账，清算随时都有可能落在孔丘的身上。孔丘承受着巨大的压力，甚至一度觉得自己已经没有机会再施展宏图，有了坐船流亡海外的念头。

在这巨大的精神压力之下，孔丘幡然而悟，所谓“五十而知天命”。

这是一种特殊而带有神秘色彩的体验，如同佛陀释迦牟尼在菩提树下的顿悟，摩西在西奈山顶上领受“十诫”，柏拉图透过洞穴的光看到世界的本原……只是，孔丘此后对“怪力乱神”之事绝口不提，所以没有人知道他体悟天命的过程。或许这和他五十岁开始潜心研究《周易》有关，又或许是他不断地学习而终于达到了更高的层次，不管怎样，从真正认识到天命开始，孔丘对所见所闻都有了不一样的体验和更为深切的理解。

天，是至高的存在。而天命就是至高存在者的命令，后来一般指上天授予王者君临天下的使命。自从“绝地天通”之后，人也就失去了与上天交流的途径，人们只能通过其他方式来理解上天的命令，所以才有《尚书》中“天难谌，命靡常”的感叹。天命只降临在掌管天下的君王身上，而君王只有敬德才能永享天命，否则天命也会随着王德的衰微而转移到别人头上。

但是，天命却通过某种方式，让一个并没有王位甚至官位的孔丘得以理解。这意味着什么？

那个时代，故老便有一个缥缈的关于文明复兴的预言——五百年便有王者兴，自夏禹到商汤，自商汤到周文王，每五百年都有一个圣王出来，领受天命，张扬天道。[①] 周文王之后，到孔丘的时代已经五百年了，这个领受天命的“圣人”，差不多也该出来了。

多年以前，在孔丘学问尚未大成时，孟孙氏前代家主孟僖子临终前曾说：“我听闻将有达知天命之人，叫作孔丘，他是圣人商汤之后。”[②] 孟僖子为何这么说，我们已不得而知，但随着孔丘的思想逐渐大成，越来越多的人意识到了孔丘的不平凡。

五十岁，在那个时代已经是一只脚踏进棺材的年纪，而在《周易》中，五十又是“大衍之数”，象征着一个全新生命周期的开始。孔丘最终在五十岁这年，在困厄中真正感通于天命，确认了自己要将大道施行于世的使命。

从此以后，孔丘开始了更为艰难坎坷的从政之路。但这条路上孔丘并不孤独，因为有上天能真正理解他。

“知我者其天乎？”孔丘时常这么感慨。不论他的言行是否被当时的世人所理解，他始终坚信，上天是懂他的，因此他也能更加无惧无畏地施展自己的抱负。

---

① 关于这个说法，详见胡适的《说儒》。

②《左传·昭公七年》里明确记载孟僖子临终遗言：“吾闻将有达者曰孔丘，圣人之后也，而灭于宋。……臧孙纥有言曰：‘圣人有明德者，若不当世，其后必有达人。’今其将在孔丘乎？”

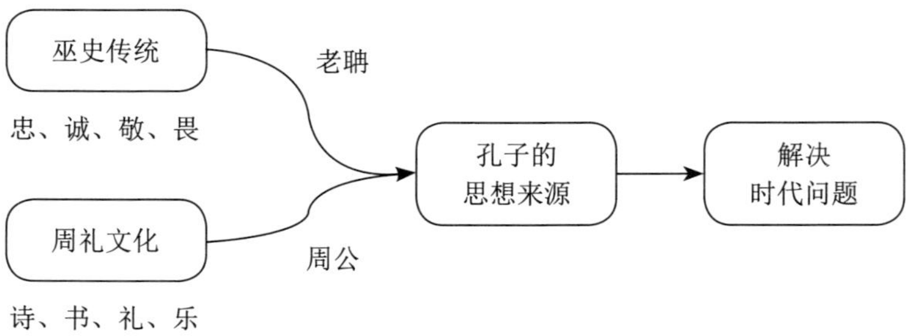

孔子思想来源示意图

不一样的选择

“知天命”之后的孔丘，开始在自己的人生中作出与以往截然不同的选择。

经过了阳虎的风波后，鲁国的当权者——三桓，也发现了孔丘的重要性。鲁国需要一个有能力的人来主持大局，放眼望去，最合适的人，就是声名远扬的孔丘。随后孔丘就任中都宰（国都曲阜的执行城主），不到一年，又被提拔为小司空，随后又升任大司寇，正式进入了鲁国的权力中枢。

大司寇是鲁国上卿之一，孔丘经过短时间的飞速提升，拥有了大夫的爵位，这是几年前的阳虎都没有做到的。孔丘也第一次有机会实施他的治国理念。这套治国理念，说简单也简单，那就是“君君臣臣父父子子”——君要像个君，臣要像个臣，君臣各自遵照“礼”的秩序，尽好各自的责任，做自己该做的事情。

前面也说过，施政的首要任务就是“正名”，将国家里各个角色的权责给明确下来，让政令从它应当发出的地方发出来，并且发挥应有的作用。

对鲁国来说，这也是一剂良药。一个阳虎被打跑了，还有更多的阳虎——那些尾大不掉的陪臣们——盘踞在鲁国的各个城臣。鲁国失政，君权衰落，三桓权力也旁落在了陪臣们的手上，各个城邑实际都由它们的邑宰控制着，就像公山不狃依然盘踞在季孙氏的费邑，三桓对此无可奈何。所以，孔丘治理鲁国，首先需要“正名”，即在这个失序的国家重新树立起政治权威。

孔丘的改革最终失败了，但他的“正名”举措一度取得了巨大的成效。比如他的“堕三都”行动（拆除三桓各自城邑里超越礼制的城墙，此时这些地方多被三桓陪臣所控制）得到了三桓的一致支持，孔丘随即平定公山不狃等陪臣的反扑，打击僭越的陪臣势力，极大厘清了鲁国的政局。孔丘也在五十六岁这年升职成为“大司寇行摄相事”，但就在形势一片大好之际，三桓开始忌惮孔丘的强大力量。他们忽然发现，这时孔丘的影响力已经延伸到了整个鲁国，他当初的许多门人弟子，一部分原本就是鲁国的重要士大夫，而那些出身不高、能力很强的平民，也渐渐身居高位，比如子路就成了季孙氏的宰（季孙氏的大管家），把整个季孙氏都控制了。

面对这样的强者，三桓也开始恐慌了。公伯寮曾是孔丘的学生，此时由于立场不同，站到了孔丘的对立面，开始向季孙氏诋毁子路。孔丘的另一位学生子服景伯将这件事情告诉了孔丘，说公伯寮太过分了，只要夫子一句话，自己就能立刻诛杀他。

此时的孔丘感觉到了自己面前敌意的增加，三桓的态度也日益暧昧，鲁国的旧势力太过复杂，不是他能独力应对的。更何况，他也不主张因为公伯寮进谗言，就用暴力解决问题，所以拒绝了子服景伯的提议，对他说道：“大道将行，是天命；大道将废，同样也是天命。区区公伯寮，能奈何得了天命吗？”话里既有对自己身负天命的自信，也有大道难以在鲁国施行的无奈。

那一年，赶走了阳虎重新掌控权力的季孙氏家主季桓子引进了一个庞大的歌舞团，足足有八行八列，每天让这个大型歌舞团在庭中歌舞。这就是广为人知的“八佾舞于庭”，是严重违背礼制的行为。①

对于孔丘来说，违背礼制还是其一，更让人失望的是，在孔丘全力帮助之下重新掌握大权的季桓子，非但没有励精图治，反而只求声色娱乐，这伤透了孔丘的心。所以孔丘终于发飙了：“是可忍也，孰不可忍也！”

在这年的年度大祭之后，祭肉按照惯例要分给主要的卿大夫们。但是等了好几天，孔丘也没有等到该给自己送来的那块肉。季桓子的态度已经很明确了，孔丘终于做了决定，他要离开鲁国，去别的诸侯国，寻求实现天命的机会。

一段颠沛的旅程，就此开始。

造次必于是，颠沛必于是

离开鲁国后，孔丘去了齐国，又去了卫国，都受到了国君极高规格的接待，但是在当时这些诸侯国的政治秩序下，并没有什么施展才能的机会。

孔丘之后还去了宋国、曹国、郑国，同样停留不久便再次离开。

孔丘已经是快六十岁的老人家了，但凡他只是想要谋求生计，或者找个安定一点的住处，这些国家的国君都会二话不说提供给他。但孔丘志不在此，他要做的是践行自己的天命，并不是谋求个人的幸福。所以当他看到一个国家政治混乱，或者君王无

① 《论语·八佾》：“孔子谓季氏：‘八佾舞于庭，是可忍也，孰不可忍也！’”佾，乐舞的行列。八佾，古代天子用的一种乐舞，排列成行，纵横都是八人，共六十四人。按照礼的规定，天子用八佾，诸侯用六佾，大夫用四佾。季氏为大夫，只能用四佾的乐舞队伍，他用八佾，就是破坏礼制。

道，他的抱负不能施展，便毅然决然地离开，重新开始下一站的旅行。

所幸他的很多学生都一路追随，死心塌地地跟着他。比如子路、冉有、子羔等人，都抛弃了各自在鲁国原有的工作、生活，跟在孔丘的身边。不要小瞧这些学生，跟随孔丘出来的弟子们，有德行良好的颜回、闵子骞，有擅长外交工作的宰我、子贡，有擅长处理政务的子路、冉有，还有通晓文献典籍的子游、子夏，组合起来，俨然是一个治理天下的团队班底。

这些学生是孔丘政治上的羽翼，使君王自然而然地对他极为敬重；同时他们也让其他当权贵族忌恨孔丘，由是这些当权贵族想出种种方法来排挤孔丘这个外来者。

几年后，孔丘离开卫国，在前往宋国的路上，经过陈国一个叫作匡的地方，忽然被一群当地的人给拦住，羁押了起来。原来，这些匡人见到鲁国的车马，加上孔丘极具辨识度的高大个子，一下就把孔丘认成了当年欺负过他们的阳虎。只能怪阳虎当时在匡人这里结仇太深，孔丘又和阳虎长得确实有些相似，这时孔丘一行落在了匡人手里，匡人就磨刀霍霍，准备手刃他们的大仇人。

这是孔丘一生当中最凶险的时刻，匡人的集体仇恨随时都会以暴力的方式宣泄出来，孔丘和学生们随时都有可能被当场杀戮。学生们都以为，他们真的要毕命于此了。这时的孔丘却依然没有丧失信念，他对学生们说："文王之道衰微后，礼义文教的精神不就在我们这里吗？若上天要让这精神灭亡，那我们的后人就得不到它了；但若是上天不要这精神灭亡，匡人能奈我何？"[①]

他坚信，如果天命真的寄托在自己身上，那一定不会让他半

① 《论语·子罕》："子畏于匡，曰：'文王既没，文不在兹乎？天之将丧斯文也，后死者不得与于斯文也；天之未丧斯文也，匡人其如予何？'"

匡人围孔（选自《孔子圣迹图》）

途而亡。

八年后，孔丘一行在陈、蔡两国的边境上，恰巧遇到了吴、楚两国打仗，滞留在了荒郊野岭，因为走得匆忙，不多久便断了粮。

孔丘一行人，在陈、蔡之间被困了整整七天，只能靠一锅不放任何粮食的野菜汤维持生命，大家饿得无法站立，很多人都病倒了。

在这样的处境下，连一向达观的子路都绝望了，他大发了一顿脾气，说："一个笃行善道的君子，也会有穷途末路的时候吗？"——老师您不是有天命在身吗？怎么到现在越混越差，过得还不如那些小人？

孔丘大概也是饿得没力气了，回答比较简单："君子固然有穷困之时，但仍固守其心，不失节操，而小人穷困了，那就什么事情都干得出来。"①

① 《论语·卫灵公》："在陈绝粮，从者病，莫能兴。子路愠见曰：'君子亦有穷乎？'子曰：'君子固穷，小人穷斯滥矣！'"

在陈绝粮（选自《孔子圣迹图》）

在这样的困境之下，孔丘依旧抚琴而歌。唱的是《诗经·小雅》中一首名叫《何草不黄》的诗，这首诗以一个西周末年出征之人的口吻，歌唱自己所见到的周王朝崩溃后的萧条景象，充满了无奈与苦楚。

“匪兕匪虎，率彼旷野（那不是犀牛不是老虎的野兽，穿行旷野不停步）。”唱到这句诗时，那曾经发生过的文明崩溃、率兽食人的景象浮现在眼前，更让他触景生情。孔丘停了下来，叫来子路问道：“我主张的道难道错了吗？否则我为何沦落到这种地步。”

“大概是我们的道行还不够，所以大家还不相信我们。”子路试着回答道。这个回答过于率直，且经不起推敲，马上就被孔丘驳倒了。子路告退后，孔丘叫来子贡问了同样的问题。子贡说：“老师的道大到了极致，所以天下都容不下。老师也许可以做一些天下容得下的事情？”可是，要自贬才能被世人接受，孔丘不会也不愿意如此。

面对这样的提问，颜回则说：“老师的道大到了极致，所以天下都容不下。虽则如此，那又有什么问题？容不下又怎样？容不下才能看出真君子的本性。”不愧是孔丘最优秀的学生，这样的回答，最终得到了孔丘喟然长叹后的称许。①

其实，孔丘并非不知道这个时代对什么样的学说感兴趣，他对人性有充分的了解，知道大家对仁义道德的兴趣远远比不上对美色或者娱乐的兴趣，但即使对这些清清楚楚，孔丘也照样要坚持他真正认为对的事情。像颜回说的那样，这才是孔丘思想当中可贵的地方。

真正伟大的思想，往往不被时代所理解。大思想家的哲学，无法在他的时代被接受，古今中外都是常有的事。苏格拉底不见容于雅典，被集体投票判处了死刑；耶稣的拯救之道被犹太人仇视，然后被钉死在十字架上；还有伽利略等人的学问，也都被他们当时所处的时代所不容。但是，时间会证明一切，事物会在发展演化中一步步证明大思想家们当初的正确。

这，或许就是孔丘始终坚持自己的底气。

---

①《史记·孔子世家》：“子路出，子贡入见。孔子曰：‘赐，《诗》云：“匪兕匪虎，率彼旷野。”吾道非邪？吾何为于此？’子贡曰：‘夫子之道至大也，故天下莫能容夫子。夫子盖少贬焉？’孔子曰：‘赐，良农能稼而不能为穑，良工能巧而不能为顺。君子能修其道，纲而纪之，统而理之，而不能为容。今尔不修尔道而求为容。赐，而志不远矣！’子贡出，颜回入见。孔子曰：‘回，《诗》云：“匪兕匪虎，率彼旷野。”吾道非邪？吾何为于此？’颜回曰：‘夫子之道至大，故天下莫能容。虽然，夫子推而行之，不容何病，不容然后见君子！夫道之不修也，是吾丑也。夫道既已大修而不用，是有国者之丑也。不容何病，不容然后见君子！’孔子欣然而笑曰：‘有是哉颜氏之子！使尔多财，吾为尔宰。’”

叶公不喜欢真龙

十多年时间，孔丘都在各国之间游历，但最终没有找到能施行其思想的国家。大多数时候，各国的国君看起来对孔丘的思想非常感兴趣，可是等到孔丘真的来到了，却又害怕起来，对孔丘又忌惮又猜疑。就像“叶公好龙”的故事所说，叶公看似好龙，当真龙到了却吓得面如土色。

孔丘的大道，始终没有施展的地方。

人们都说，孔夫子嘛，不就是那个明知不可为，却偏要去做的人吗？[①] 甚至有时候看到孔丘狼狈的样子，还将他比作一条丧家之犬。

对于这些嘲讽，孔丘都淡然处之。

世人并不理解孔丘，他们只是目睹着孔丘四处求官，然后四处碰壁，像是一个在和风车作战的骑士，徒劳地做着一件显然不可能做到的事情。他们不知道，孔丘这么费尽心力去谋求官位，不是为了自己，而是为了天下，他要恪守他所相信的天命，拯救这个失序的时代。

就像他困厄于陈、蔡之间时，反复念诵的那句诗所描绘的文明崩溃的场景，在这个大争的时代，人们相互征伐，道义逐渐废弛，人与人之间剩下的只有利益，此时，人与禽兽又有什么分别？人的意义又是什么？

十九世纪的德国大哲学家黑格尔，就对孔丘的思想很不以为然。他认为，孔丘的学说不过是一种“常识道德”。这种常识道德，在现实生活中随处可见，总是能够找到很多满口仁义道德的

---

①《论语·宪问》：“子路宿于石门。晨门曰：‘奚自？’子路曰：‘自孔氏。’曰：‘是知其不可而为之者与？’”

大聪明，实在是一种“毫无出色之点的东西”，从孔丘的思想中，根本找不到什么特殊的东西。

黑格尔由于并不理解孔丘思想的精神，以至于下了较为武断的结论。但这种看法，其实代表了大部分人的想法，甚至在孔丘那个时代，也有很多人这样认为，甚至还到处毁谤孔丘。

鲁国三桓之一的叔孙武叔就是孔丘的一个“黑粉”，常常说孔丘的坏话。而子贡直接就驳斥说：“你还是行行好吧，收起你这徒劳的做法。仲尼之贤，犹如日月一般，难道你还想伤及日月吗？只不过是徒劳的不自量力而已。”[①]

天何言哉？

鲁哀公十一年（前 484），这年孔丘六十八岁了。在学生们的努力下，季孙氏的新家主季康子终于正式邀请孔丘回归鲁国。孔丘长达十四年的周游列国终于就此结束。

此时的孔丘，对于名利看得更淡，对于自身肩负的天命，也有了更为深刻而圆融的理解。

有一天，学生子路、冉有、公西华、曾皙四人陪着孔丘一块儿坐坐。四位学生如今已经在鲁国各自担任要职，是有头有脸的人了。孔丘看着四人，提了一个问题：要是你们受到知遇，你们打算做什么？

子路马上回答，他会让一个小国在三年内成为一个免受大国

---

① 《论语·子张》：“叔孙武叔毁仲尼。子贡曰：‘无以为也！仲尼不可毁也。他人之贤者，丘陵也，犹可逾也；仲尼，日月也，无得而逾焉。人虽欲自绝，其何伤于日月乎？多见其不知量也。’”

欺凌的军事强国。

孔丘不由一笑。

冉有说，他会让一个中等规模的小城邑，在三年内实现百姓安居乐业。至于礼乐教化，那就等像孔丘这样的君子来指导了。

公西华则说，他愿意潜心学习国家重要礼仪，在重要典礼上成为一个好司仪。

这三位学生，其实是分别从军事、内政、外交三个方面来讲述他们的志向。而他们的话里似乎都有一个言外之意，那就是有朝一日，如果孔丘再度成为执政，他们也能做这三个方面的重要帮手。

没有说话的，只有一直在鼓瑟的曾皙。当孔丘询问曾皙的志向时，曾皙的瑟音渐疏，忽然铿锵一声后，他放下瑟，说出了那段著名的话："我与他们都不同。说到我的志向，那是在暮春之际，春天的新服已经置办好，然后与五六个青年，六七个少年，在沂水旁沐浴，然后登上舞雩台，举行祈雨的雩祭仪式，咏唱一番，然后归家。"

听了曾皙的话，孔丘喟然叹道："我还是赞同曾皙的想法啊！"

孔丘之所以肯定曾皙，很大程度是因为曾皙描绘的这种风乎舞雩的场景，已经超越了现实的功利目的，进入一种充满诗意的境界。

关键其实还在于，四人的回答中唯一涉及天人关系的，就是曾皙的答案。在沂水之畔的高台上，举行祈雨的雩祭，其实就是在与上天沟通。真正让孔丘心折的，或许就是在这种阴阳交合相谐的时节里，天下安宁之际，能与上天进行庄重的交流。在这场交流中，礼中之乐、礼中之仁，都在这天人共通的情境里得到体现。"仁"之所生，"天命"之所系，都处在这种无法言说的境界。[①]

天命对于此时的孔丘来说，已经不仅仅象征着一种君临天下的要求，更是我们在不断寻求自身的超越过程中，最终所能洞悉到的事物之整全。包括人在内，一切事物的本质倾向，都源自天命的变化与生发。我们在天命中明白了上天对于我们的要求，同时也体悟到了自己应有的样子，以及众生应有的样子。

天何言哉？头顶的苍穹，它始终对我们沉默，但如果你看看那春夏秋冬四季流转，飞潜动植万物孳息，就会觉得它没有说什么，却又告诉了我们一切。[②]

---

① 朱熹以后的学者从曾晳之志中看到了天理流行的意味："曾点之学，盖有以见夫人欲尽处，天理流行，随处充满，无少欠阙。故其动静之际，从容如此。而其言志，则又不过即其所居之位，乐其日用之常，初无舍己为人之意。而其胸次悠然，直与天地万物上下同流，各得其所之妙，隐然自见于言外。视三子之规规于事为之末者，其气象不侔矣，故夫子叹息而深许之。""曾点见得事事物物上皆是天理流行。良辰美景，与几个好朋友行乐。他看那几个说底功名事业，都不是了。他看见日用之间，莫非天理，在在处处，莫非可乐。他自见得那'春服既成，冠者五六人，童子六七人，浴乎沂，风乎舞雩，咏而归'处，此是可乐天理。"

②《论语·阳货》："子曰：'予欲无言。'子贡曰：'子如不言，则小子何述焉？'子曰：'天何言哉？四时行焉，百物生焉，天何言哉？'"

《春秋》中的密码

微不足道的一年

鲁哀公十四年，公元前 481 年，在人类史上是普通的一年。

此时，中原列国的争霸陷入低潮，大国们试图在东南那些不起眼的小国那里寻找压倒对方的突破口，列国争霸的局势变得沉闷无聊。

但对孔丘来说，这是不平凡的一年。他在三年前结束了漫长的周游列国，从卫国返回鲁国，虽然获得礼遇，但是始终不被任用。如今，却有三件事情，给了他沉痛的打击。

第一件事，是齐国发生内乱。田常，一个落难避乱于齐国的陈国公子后代，在这一年弑杀了齐简公，随后全面掌控了齐国的政局。如此明目张胆的弑君之举，在孔丘看来，是绝对不能容忍的，于是他梳洗穿戴整齐，庄重地朝见鲁国国君，请求鲁国讨伐齐国，但是当时主政的三桓最终没有允许。这件事情，彻底断绝了孔丘改变政局的念头。[①]

第二件事，是孔丘最欣赏的弟子颜回，在这一年去世了。孔

---

①《论语·宪问》："陈成子弑简公。孔子沐浴而朝，告于哀公曰：'陈恒弑其君，请讨之。'公曰：'告夫三子。'孔子曰：'以吾从大夫之后，不敢不告也。君曰"告夫三子"者！'之三子告，不可。孔子曰：'以吾从大夫之后，不敢不告也。'"

丘的儿子孔鲤已经在两年前离开了人世，颜回之死，更是让他伤心。孔丘恸号着，说天要亡他。

孔丘的学生们有些错愕，就算颜回是他最得意的弟子，并且也许已经把颜回视为自己的衣钵传人，但应该不至于超过君子喜怒哀乐的限度，而到了哀且伤的地步。

事实上，孔丘并没有因为颜回的死而失去自己的礼。在颜回出葬时，他以不合礼为由，拒绝拿出自己的车来载颜回的灵柩，这在两千多年后被很多不懂的人诟病，认为是一种可笑的做法。也许只有孔丘自己明白，他真正伤心的，是意义层面上颜回的死。意义层面上，颜回就像是孔丘本人，颜回的死亡在孔丘看来，仿佛是上天给他的暗示。

晚年的孔丘，思想越来越深不可测，以至于学生们疑惑地在课堂笔记上吐槽了一句："老师真的很少谈论'仁''天命'这类事情啊。"学生们不知道的是，孔丘很少提这些，是因为天命之理微，而仁之道大。更重要的是，天命与仁，都是很难用语言或文字来言说的。

只有颜回，孔丘会毫无保留地同他谈论天道与天命，颜回也有足够的智慧，理解孔丘的意思。颜回之死，意味着孔丘陷入了更深层次的灵魂孤独，也意味着，眼前没有能继承他思想意志的人了。

第三件事情，则看似是一件不相干的小事。

这一年，在鲁国一年一度的大型狩猎活动中，叔孙氏的一个年轻人猎获了一只奇怪的野兽，害怕不吉利，所以请鲁国最博学的孔夫子来看看。孔丘看过之后，告诉大家："这是麟。"[①]

麟，或者说麒麟，可能是类似麇鹿的动物，在当时很罕见。

① 《史记·孔子世家》："鲁哀公十四年春，狩大野。叔孙氏车子鉏商获兽，以为不祥。仲尼视之，曰：'麟也。'"

据说麒麟出现，便代表着王道昌明。那么王者是谁？自然是身负天命之人了。上天将天命降在了孔丘身上，却没有让孔丘最终实现王道之治。麒麟出现了，但出现在了错误的时代、错误的地点，最终被错误的人所捕获。

孔丘把一切都看在眼里，所以长叹道："吾道穷矣！"所有的预兆都告诉他，他这一生，是不可能将自己的大道施行于世了。

然而，他真的甘心让自己的大道被埋没吗？他不愿意，因为他就是这样一个敏而好学、守死善道的人。要是有一天，能够听说自己的大道得以推行，即便让他当天夜里就身死也心甘情愿。[①]

所以，孔丘做了一个大胆的决定，他要用另一种方式来实现自己的道。那就是重新编写《春秋》。孔丘要通过"作《春秋》"来完成自己未竟的天命。

夫子泣麟（选自《孔子圣迹图》）

① 《论语·里仁》："子曰：'朝闻道，夕死可矣。'"

《春秋》的开篇

《春秋》，其实就是鲁国的官方历史记录，类似于现在的“年度重要事件汇编”，就是把一年里鲁国内外的一些重要大事记录下来。这件事情主要由史官来完成，整理好之后存放在档案库里。华夏人有一个冠绝世界的优良传统——记录历史，商周以来，那些负责巫术的巫者逐渐转变为史官，工作内容从记录占卜结果变成了记录国家大事，春秋时期的诸侯国，都保留了大量官方的“史记”。

而孔丘，则对鲁国的史记资料进行了新编，选取了鲁隐公元年（前 722）到西狩获麟的鲁哀公十四年（前 481），十二代国君，两百四十二年间的历史，将堆得像山一样高的史册化零为整，变成了总共一万八千字的《春秋》。[①]

一万八千字，平均到每年，只有七十来个字，一年发生的大事，几十个字就概括了，而且，它们还要承载孔丘关于人类社会基本秩序的构想。所以，《春秋》中的每一段话，每一个字，都可谓“微言大义”。

比如，《春秋》的开篇，是大家耳熟能详的“郑庄公如何一步步打败妈妈和弟弟”的故事，我们中学课本里都有——郑庄公郑寤生，是他妈妈的大儿子，妈妈因为生他时不顺，所以后来对他百般嫌弃，对小儿子叔段则宠爱有加。但郑寤生是嫡长子，后来顺利继位。他妈因为喜欢小儿子，所以总是来找郑寤生求情，今天帮小儿子要封地，明天帮小儿子要兵马，使得叔段的不臣之心越来越明显。但是郑寤生始终沉住气，隐忍地等待叔段自己露出马脚的那天。终于，叔段自我感觉极好，准备造反了，还让他

① 关于《春秋》的作者问题，一般公认是孔子，参见冯时《孔子修作〈春秋〉考》，载《中国文化》第四十六期。

妈在国都做内应。而郑寤生早有准备，立刻组织反击围剿，将叔段打得落花流水，成功平息了叛乱。这样，郑寤生终于解决了自己的心腹之患，开始过上了幸福美好的生活。

这个故事，展开讲可以写几千字，但在《春秋》里，只有区区六个字"郑伯克段于鄢"。

这六个字，每个字都有讲究。为什么叫"郑伯"（也就是"郑老大"），不按照一般的习惯叫他"郑侯"？是因为要强调郑寤生是叔段的大哥，讥讽郑寤生的所作所为完全不是一个哥哥应该有的样子，以显示出这场内乱的可笑。两个同父同母的兄弟之间的矛盾，不去好好化解，最后竟然同室操戈，自己打了起来。

说郑寤生"战胜（克）"了叔段，而不说是平叛，或者剿灭，这是把寤生和叔段放在对等的地位上看，不管他们名义上的君臣关系。两方的火并实际上就如同两国之间的交战。这就是在讥刺寤生和叔段之间君不君、臣不臣的关系，寤生干的不是国君的事情，仿佛就是在一步步引导自己的臣子作乱；叔段干的也不是臣子干的事，整天窝在家里憋大招想造反。两边都不是东西。

说郑伯克了"段"，而不说这是他弟弟叔段，也正是在指斥这兄弟二人拔刀相向，完全抛开了兄弟之情。

说郑伯克段"于鄢"，增加了一个事件发生的地点，这在惜字如金的《春秋》中也是有意如此的。鄢在离郑国国都很远的地方，说明郑寤生是追着兮弟叔段，死咬着不放，追到鄢这个地方才交上火。就像两个流氓打架，一个流氓跑了，正常人也就收手回家，可另一个流氓愣是追了三四里地之后将对方揍了一顿，这种吃相，看起来就过于难看了点。

而这件兄弟间的破事，就记载在《春秋》的第一章，这一家子被辛辣而讥刺的语言，钉死在了历史的看台前，供后人观摩了两千多年。

春秋笔法

西周结束、天下的体系崩溃以后的近三百年，是一个逐渐礼崩乐坏的过程。郑庄公和弟弟这种兄弟间尔虞我诈、钩心斗角乃至同室操戈的事情，在一开始还令人惊诧，可这还是春秋初年的事情，随着秩序的持续崩坏，大家的道德下限逐渐变低，最终变成见怪不怪的事情了。

《春秋》所记录的这两百四十二年里，兄弟相争、手足相残不计其数，国君被手下赶跑、大国灭亡小国之事不可胜举，连最挑战道德底线的弑君事件，都发生了足足三十六起之多。而整部《春秋》，讲的就是诸侯大夫们如何一步步失去节操，失去下限，所做的坏事情越来越过分的过程。

但是，做这些坏事的人，遭到应有的惩罚了吗？很遗憾，并没有，这些人反倒成了最后的赢家。用阴谋干掉自己弟弟的郑庄公后来成了中原诸侯中的领袖，打败哥哥夺得君位的齐桓公后来变成了九合诸侯的头号霸主。当做了坏事不会得到应有的惩罚，那就会有更多人发现做坏事的好处，就会效仿，乃至做出更坏的事情来。为了获得更大的成功、更多的利益，自然会有人无所不用其极。

而孔丘所作的《春秋》，就是用微言大义的方式，将两百多年来诸侯大夫们的好事坏事，明明白白地写在史书上。对好事，不吝惜赞美；对丑事，不保留批评。一切是否公允，都在《春秋》里写清楚，让子孙后代看个明白。时间是最好的法官，人的所作所为，最终将由历史来审判，给出最公正的评价。

此前，史官们也有秉笔直书的传统。崔杼杀了齐庄公后，齐国史官就在史书上写下“崔杼弑其君”，死也不愿意改。崔杼杀了这个史官，下一个史官还是照原样写，又杀了，继任者还是照做。附近的史官们听说了这事，抱着简牍就想往齐国跑，准备接替被杀的史官，继续秉笔直书。

只是在孔丘作《春秋》以前，史书终究是藏在档案库里的内部资料，而且史官组织也是传承比较封闭的系统，要是继续这样杀下去，史官也就不够用了。

孔丘将历史公开化了，史书成为广为流传的公开读物。从此之后，掌权者要动用权力“任性”的时候，就要掂量掂量，自己的行为会不会被挂在史书上，遭受后代的永久耻笑。

“孔子成《春秋》，而乱臣贼子惧。”这就是孔丘修作《春秋》的结果。

春秋的法则

修作《春秋》，凝聚了孔丘毕生的心血，也是孔丘一生中做的最出格的事情。所以孔丘常说，后世知丘者以《春秋》，而罪丘者亦以《春秋》。①

孔丘之所以会担心后人怪罪，是因为《春秋》夹带了孔丘太多的“私货”。修著国史，原本是天子诸侯应当做的事情，并不是随便一个人在家里就可以做的。严格来说，孔丘是没有资格修著历史的。孔丘虽然知晓天命，但不在其位，不谋其政，直接就编了一部《春秋》出来，其实不太妥当。

然而，和这种资格的有无相比，孔丘认为《春秋》能给天下带来的意义更为重要。

因为《春秋》当中融汇的孔丘的整套政治理念，可以成为百世通行的法则。

① 《孟子·滕文公下》：“是故孔子曰：‘知我者其惟《春秋》乎！罪我者其惟《春秋》乎！’”

褒贬历史中的人物或者人物行为，为其定性，其实就跟法官审理案件一样。法官审案子，背后总要有一套审判规则来支撑，否则就是瞎断案。像英国的普通法，就是根据法官在审理案件时积累下的一个个判例、原则，最后形成的一套完备的法律体系。《春秋》当中对历史人物和行为的褒贬，自然也需要有相应法则的支撑——那就是孔丘对于正义的理解，以及他依照天命所立的法则。

在《春秋》中，孔丘搭建了一个属于他的权力王国。两百四十二年间的历史人物是这个历史王国中的臣民，他们的一举一动，都要接受法官的审判。而审判依据，就是礼法。这礼法不是夏、商、周任何一代的礼法，而是由孔丘在夏礼、殷礼、周礼的基础上损益后的新法则。这套法则包括了对仁义的尊崇，对变革的称许，对复仇的鼓励，对战伐的贬低……这些综合起来，就是“春秋大义”。[①]

这么多年来，孔丘一直说自己要“述而不作”，也就是只转述古代圣王们的礼法，不去自己新定一些礼法或者规则。但是在《春秋》当中，孔丘终究还是将他所立之法，隐藏在这一万八千字之间。

孔丘去世三百多年后，这个国度最终施行了他当年所立的法

---

① 这就是公羊学派主张的“孔子以《春秋》作新王”，即孔子借史书而行褒贬。《春秋》在缺少如尧、舜之类明王的时代，起一道德理论上的“王”的作用。后来，公羊学派更进一步提出了“《春秋》王鲁”及“孔子素王”，被汉儒推崇。可参见曾亦、郭晓东《春秋公羊学史》，华东师范大学出版社 2017 年版。

则，并且一度以《春秋》作为法官审案判案的依据。[①]这或许也是对孔丘这一生的慰藉。

君子如何面对死亡

在孔子生命的尽头，他意识到，他已经很久没有在梦境中见到自己的老朋友了。

周公是一直出现在孔丘梦境中的古人，他们时常在梦境中进行深层次的交流。对于孔丘来说，上天的形象似乎渺不可测，但周公是活生生地在与他交流，许多关于天命的知识，或许就是周公通过梦境告知孔丘的。[②]

然而，晚年的孔丘再也梦不见周公了，这是上天抛弃他的意思吗？

孔丘七十二岁这年，他的学生子路死在了卫国。据说子路抗击兴兵作乱的蒯聩，虽然孤身面对一众敌军，依然大义凛然。最后时刻，子路扶正自己被击落的冠缨，说："一个君子即使临死，也要衣冠整齐。"随后被一拥而上的敌军剁成了肉酱。

---

① 汉武帝时期采用了春秋公羊学家董仲舒的建议，独尊儒术，并以《春秋》来决断案件，即"春秋决狱"。以董仲舒为代表的公羊学派极为看重《春秋》的意义，认为孔子是"以《春秋》作新王"，"王鲁、绌夏、新周、故宋"，作为"素王"构建了一套新的政治秩序。汉代以来，春秋公羊学一直有很大影响，如清末民初的康有为就是其中的代表，他为维新运动而作的《孔子改制考》，正是基于公羊学派的观点。

② 孔子谈梦的内容被后世哲人们广泛关注。《吕氏春秋·博志》也提到了孔子的梦："盖闻孔丘、墨翟，昼日讽诵习业，夜亲见文王、周公旦而问焉。用志如此其精也，何事而不达？何为而不成？故曰精而熟之，鬼将告之。非鬼告之也，精而熟之也。"

听闻消息后，孔丘再也没有碰过肉酱。

子路只比孔丘小了九岁，基本算得上是同龄人，这么多年一直和孔丘日常拌嘴，但始终是孔丘最信任的学生之一，周游列国时，子路总是负责开路或者断后，干最难最累的活。子路死后，和孔丘同时代的人，已经几乎全部凋零了。

子路曾经问过孔丘，死究竟是什么？

这是一个好问题，也是千百年来一个极为重要的哲学命题。但孔丘当时希望子路能把自己的精力更多地放在此岸世界的修行上，以后再关注彼岸，所以对子路说："你还不知道此生之事，又何必要纠结身后之事呢？"①

如果让孔丘认真回答这个问题，他或许会说：你要在生命的历程中始终保持"学"的状态，力图向着道的境界去求索，真正做到笃信好学、克己复礼，那么你在面对死亡时，才会真正从容。死是生命的完成，从一个人的死，可以看到他如何生。

至于死之后的那个鬼神世界，就是另外一回事了。

最后的梦境

虽然平时很少有意识地谈论，但孔丘自然是相信鬼神的。他对鬼神始终保持着基本的敬意②，还曾经一次次地向着鬼神祈祷。

当孔子的肉体生命还有七天就要结束时，他做了一个梦，梦醒之时，他对守在自己身边的子贡说："夏人死后，灵柩要停放在东面的台阶上，周人停灵于西面的台阶上，殷人则停灵于□

① 《论语·先进》："季路问事鬼神。子曰：'未能事人，焉能事鬼？'曰'敢问死。'曰：'未知生，焉知死？'"

② 这个"敬"，其实就是最初巫术时代所形成的，详见第一章。

门两柱之间。昨夜我梦见自己停灵于两柱之间，我的祖先是殷人呀！”[①]

他在此时，通过梦境的神秘体验最后确认了自己内心的精神面貌依旧是一个殷人的后代。

殷人的鬼神世界瑰丽而神秘，深受影响的孔丘在临终之际，不禁流露出这种情感来。但是，在思想的演变过程中，神秘力量的色彩逐渐在这个世界褪去，华夏人已经经历了一个祛魅的过程，天帝与鬼神虽然仍旧保留着不可测的神秘色彩，但是不再像以往那样混沌不可知，而被赋予了规范的意义。孔丘自己开创的思想革命，更是为这场延续数百年的哲学突破完成了临门一脚，奠定了未来中国哲学的基调。在他的身后，是一个属于诸子百家的黄金时代。

孔丘逝世于鲁哀公十六年（前479），临终前，他拄着拐杖，倚靠在门前，与子贡遥遥相望。随后，他吟唱起了一首晦涩难懂的歌：

泰山其颓乎？（泰山将要崩塌了吗？）
梁木其坏乎？（梁柱将要朽断了吗？）
哲人其萎乎？（哲人将要凋零了吗？）

随后，流下了最后的泪水。

大思想家的内心深处，往往都留着最深刻的悲观，他了解，人终究是有限的，具有种种缺点，不可能成为完人。所以人类注定不可能建立完美的制度、完美的国家、完美的世界。所有制度

① 《史记·孔子世家》：“谓子贡曰：‘天下无道久矣，莫能宗予。夏人殡于东阶，周人于西阶，殷人两柱间。昨暮予梦坐奠两柱之间，予始殷人也。’后七日卒。”

都有瓦解的时候，所有国家都有崩坏的那天。但纵然如此，他依然坚信人的主动性，相信可以通过设立法则，让人不断完善。

此后两千多年的中国哲学史，不管是哪一派、哪一家，都绕不开孔子的学说。正如古人说的那样，“天不生仲尼，万古如长夜”。这样说虽然有些夸张，不过在孔老夫子的心里，一定对自己的学说与道义无比自信，并且坚信它能持续地流传下去。

当他某一天立于川上，望着迅疾奔流的河水，心里感叹的是，自己的意志会像这奔流不息的河水，不舍昼夜地一直流淌。①

本章推荐参考书目：

朱熹：《四书章句集注》
杨伯峻：《论语译注》
钱穆：《论语新解》《孔子与论语》《孔子传》
余英时：《论天人之际：中国古代思想起源试探》
李泽厚：《由巫到礼　释礼归仁》
郭沂：《郭店竹简与先秦学术思想》
曾亦、郭晓东：《春秋公羊学史》

①《论语·子罕》：“子在川上曰：‘逝者如斯夫！不舍昼夜。’”

第三章

儒家弟子们的歧途

巨人离去的背影

孔门的矛盾

孔老夫子去世后，孔门学子打算推选他们学派新的领袖。

此时孔子老一代的学生们，很多都已经去世，比如颜回、子路、曾皙等。还在世的，也往往在列国做了大官，践行着君子的使命，已无暇顾及学派的内部事务。所以，支撑起学派的重担就落在了新一代的学生身上，比如子游、子夏、子张、有若、曾参等，就是其中的出类拔萃者。这些新一代的学生，虽然是孔子老年才收的学生，如今也各自招了许多徒子徒孙，孔子的学派前所未有地人丁兴旺。只是如果少了孔子这一核心与灵魂，这一大家子人很快就会散了。

那么问题来了，这群学生真的可以自己推选出一个领袖吗？

这么做是很成问题的。因为孔子从来没有宣称过自己是哪个学派或者组织的领袖，他的身份一直都是“孔氏之门”的家主，而学生们也都是“孔氏之门”的成员。学生们拜师时，经过了一套效忠仪式（叫作“策名委质”），孔子与学生之间，不仅有师生之名，也有君臣之实。比如冉有、子路做了季孙氏的家宰，在季孙氏那里开完朝会之后，做的第一件事情就是回来向孔子汇报，接受孔子的批评指导。

孔氏之门的领袖根本不需要谁来推选，按照宗法制度由嫡长子继承就可以了。只不过孔子的嫡长子孔鲤先于孔子去世，而且孙年纪尚轻，学识也不足以镇住孔子这帮骄傲的学生。

和早期的学生认真实践孔子思想的严谨风格不同，子夏、子张、子游等学生因为没有那么多跟在孔子身边接受言传身教的机会，主要学习的还是孔子当年编写的《诗》《书》《礼》《乐》《易》等，所以学问更多、知识更丰富，加上他们天资聪颖，思路敏捷，又出身贵族，自然有骄傲的资本。这些学生身上存在"狂简"的问题，学习了孔子的思想和礼乐知识后，就有了"知识的傲慢"，却不知道用"仁"这一心法来端正自己、修习心性。[①]

于是，新一代的学生之间或多或少有了一些思想上的分歧甚至矛盾。

子游嘲笑子夏只教学生们一些日常扫地洒水、回答长辈之类的基础礼仪知识，却不知道教学生们"礼"的本质，学生学起来根本就不知所谓。子夏也针锋相对说子游好高骛远，说话过分，不知道循序渐进的道理，其实是在诋毁圣人之道。[②]

孔子晚年教出的另一位高才生——子张，则更加狂傲。几乎把其他弟子都得罪了个遍。连出了名的忠厚老实人曾参都忍不住评价子张："子张一直都是这么一副敞亮而又锋芒毕露的样子，实在很难和他一起共事于仁道！"[③]

这么多能搞事情的学生凑在一起，确实把孔氏之门搞得矛盾重重，要是真没有一个有道之人出来主持大局，恐怕不需要多久，子张和子夏、子游的门人弟子们就会一言不合打起来。

---

①《论语·公冶长》："子在陈，曰：'归与归与！吾党之小子狂简，斐然成章，不知所以裁之。'"

②《论语·子张》："子游曰：'子夏之门人小子，当洒扫、应对、进退，则可矣，抑末也，本之则无，如之何？'子夏闻之，曰：'噫！言游过矣！君子之道，孰先传焉？孰后倦焉？譬诸草木，区以别矣。君子之道，焉可诬也？有始有卒者，其惟圣人乎？'"

③《论语·子张》："曾子曰：'堂堂乎张也，难与并为仁矣。'"

子贡沉默了

首先出来主持大局的，是孔子当年的爱徒——子贡。

子贡在孔子的在世学生中辈分较高，而且以聪慧过人而闻名，他几度成为鲁国、卫国的国相，且早年经商，赚得盆满钵满，因此他在孔氏之门中拥有极高的威望。而且，他几年前还在孔子的授意下，只身在齐国、晋国、吴国、越国等地转了一圈，不仅将一场齐国伐鲁的战争化解于无形，还靠着三寸不烂之舌，挑动鲁国周边的吴国、齐国、晋国打得不可开交，达成了“存鲁、乱齐、破吴、强晋、霸越”的战绩，风头一时无两。以至于当时一度有人觉得子贡比孔子还要贤能（叔孙武叔在鲁国朝中说“子贡贤于仲尼”）。[1]

子贡

孔子临终前几天，子贡回到孔子身边，陪老师度过最后时刻。孔子去世之后，子贡为孔子主持丧礼，带领着从四面八方赶来的门人弟子们，按照给亲生父亲治丧的规格，为孔子守了足足三年的丧。三年丧期满后，那些在各国担任官职的早期门人都要各自回去，于是纷纷向子贡辞

① 子贡在儒门之中的地位往往被低估，陆象山曾有言：“子贡在夫子之门，其才最高。”

别，各自哭了一场，随后离开。[1]

这些人里，有宰我、公西华、原宪、冉有、仲弓等《论语》中的熟面孔。这一别，很多人以后恐怕再也不会相见了。

子贡留了下来，但他并没有继续主持孔氏之门的事务，而是独自在孔子墓旁结庐而居了三年。

子贡应该是最懂得孔子心意的学生之一，他在孔子临终时陪在榻前，孔子并没有提到将来由谁继承自己的大道，他的意思应该很清楚了。孔子并不认为如今的弟子中有谁可以真正继承自己，即使是子贡，恐怕也不行。孔子真正能传衣钵的弟子颜回，早已经先他一步而去了。

对于仍然留在孔氏之门的学生们来说，子贡用行动表明无心参与门内事务。子贡远远守望孔氏之门三年，这是他能为孔氏之

治任别归（选自《孔子圣迹图》）

① 此节事迹见《史记·孔子世家》。全祖望《经史问答》也解释了为何由子贡主持孔子丧事："孔子之卒，高弟盖多不在……而三年治任，入揖子贡，是子贡之年最长。其长于子贡而尚在者，惟高柴。以哀十七年尚见于蒙之会。又冉有亦尚仕季氏。盖皆以居官不在庐墓之列。"

门所尽的最后心意了。三年之后，子贡在孔子墓前哭了一场，终于离开了孔氏之门。

于是，子夏、子游、子张等人推举出了一位主持门内事务的候选人——有若。

孔子的替代者

之所以选有若，是因为有若最像孔子，是字面意思上孔子的“替代者”。

孔子是个骨骼清奇的人，有若在相貌上自然和孔子长得完全不一样。不过在新一辈的出色弟子中，有若相对最为年长，而且言行最符合孔子温和而严肃、有威严但不凶猛、恭敬但安详的气质。①

到了晚年，孔子精力衰退，亲自教诲学生的时间自然不如往日了，子夏、子游、子张入门时的学问，也许就是有若这位师兄代教的，有若就相当于后期孔氏之门的代课老师。有若的一言一行，也和孔子非常相似，比如有若常说，对父母、兄长的“孝悌”之心，是践行“仁”的本源。这其实就和孔子关于“仁”的思想一脉相承，孔子认为，“仁”发自面对先辈时内心生发出的崇敬，而在生活中，这种崇敬之心最常出现在每个人面对自己的父母兄长时。一个人如果对父母兄长有“孝悌”之心，那内心是

① 汉代司马迁、王充等人认为，“有若似孔子”是指有若的体形像孔子，赵岐认为是指有若的外貌像孔子。但这些观点多被后人驳斥，如顾炎武等。宋代以后，朱熹、黄震以及钱穆、王钧林等多认为，有若之似孔子在于其言行气象，被多数学者赞同。当然，宋明以来也有学者认为有若与孔子是“道相似”，也有其道理，故列作参考。

具有了最原初的“仁”，自然不会喜欢干那些犯上作乱的事情。[①]

有若

因为这样的原因，子夏等人才提出，请有若来继承孔子，担任孔氏之门的宗师。他们请有若坐在孔子的位子上，像之前对待孔子那样向有若行礼，尊称有若为“有子”。这个后来被称为“儒家”的学派，有了第二位掌门人，也是最后一位正式的掌门人。

从某种意义上说，经历数千年流传至今的儒家，是从有若被推选为宗师才开始真正形成的。它不再是以孔子与门人的“师生一君臣”关系为纽带的家族型组织，而成了一个修习君子之业、仁礼之道的社会学术团体，一个“儒者之家”。

但是，这样一个有组织、有领袖的儒家组织，在历史上只存在了短短的一瞬间。

有若担任宗师，并未获得孔氏之门所有弟子的支持。其中最主要的反对者是曾参，曾参对有若这样一位“代课老师”是无感的，毕竟他爹是曾皙，入门的学问不需要有若来传授。曾皙本身就是大儒，还曾因为谈了自己“在沂水河边洗澡”的志向，而得到孔夫子的喟然赞叹。有若虽然有才，可那点才华，和曾皙比可能还是不太够看的。

所以对于有若被奉为宗师这件事，曾参进行了暴风骤雨般的

---

①《论语·学而》：“有子曰：‘其为人也孝弟，而好犯上者，鲜矣；不好犯上，而好作乱者，未之有也。君子务本，本立而道生。孝弟也者，其为仁之本与！’”

吐槽："这怎么行呢？因为和孔夫子相似，就可以拿来做代替品？一样是水，寻常之水和浩浩江汉能比吗？一样是光，寻常的光和秋日暖阳能比吗？我们在孔夫子的思想里洗涤自己，在孔夫子学说的阳光下得到照耀，别的人，一概不能比。"①

这是很重的话了。曾参在儒家的影响力很大，自己带了一批徒弟，周围有一大帮亲友故老，曾参的观点，也代表了很大一批儒家门人的想法。

有若担任宗师的一段时间里，主要工作就是组织大家一起编纂孔夫子在世时的言行记录，这就是后来传世的《论语》。当然，编纂孔夫子语录的同时，夹带了"私货"，将有若、子张、子游、子夏、曾参等人的一些语录也编了进去。但是，孔氏之门的人心散了，队伍已经不好带了。在一次师生会面中，有若回答不出门人们提出的刁钻问题，于是遭到了罢课待遇。门人们站起来对着有若起哄说："有子快从宗师的座位上下来！这不是你应该坐的座位！"

有若不能带领儒家，儒家找不到也推举不出一位更合适、思想与言行更贴近孔子的人来带领他们。

如何才能印证哪个人的学术思想更贴近孔子呢？要知道，孔子留给学生们的，只是根据已有文献编写好的六经，也就是《诗》《书》《礼》《乐》《易》《春秋》，相当于古典文化的学习教材。但是六经内容博大，学生们顶多只能学通其中的几部，能学三部已经很了不起了。再加上孔子因材施教的特殊方式，相同的问题，孔子可能给予不同的学生不同的回答，这就更是增加了把握孔子思想的难度。

①《孟子·滕文公上》："他日，子夏、子张、子游以有若似圣人，欲以所事孔子事之，强曾子。曾子曰：'不可。江、汉以濯之，秋阳以暴之，皓皓乎不可尚已！'"

而孔子更加幽微而高深的性、命、仁的思想，平时又很少与学生们言说，颜回死后，恐怕已经没有人能真正理解了。

儒家终于在此时发生了分裂，弟子们都觉得自己的学术更贴合孔子的原意，谁也无法真正地说服谁。

新风气的开启

一个巨人离去，身后总是拖着长长的背影。直到多年以后我们才发现，孔子是轴心时代古代中国的第一位思想家，也是开启整个诸子百家黄金时代的先行者。

从孔子改变"述而不作"的态度，开始修作《春秋》开始，他就已经自觉尝试着用思想来改变这个世界，用自己的学说主张去解决这个时代所面临的种种问题。虽然孔子的尝试并没有成功，却开启了整个时代的风气。先是孔子的学生们耳濡目染，继而影响力扩及他们的后学、晚辈、晚辈的晚辈……每一代人里最杰出的头脑，都在学着像孔子那样审视眼前的问题，并针对这些问题提出系统的思想主张。

在后来春秋战国思想家们的著作中，孔子恐怕是出镜率最高的人物之一，在种种寓言故事里客串嘉宾。他在《列子》里观看两小儿辩日，在《庄子》里寻访盗跖，在其他思想家的言谈中，孔子总是绕不开的高山。他们或许不赞同孔子的思想，却总是在跟随着孔子的脚步，指点江山、激扬文字，在思想中把握自己所在的时代。

一个"处士横议"的思潮，就此拉开了帷幕。

分家三兄弟：子张、子游和子夏

子张氏之儒

第一个离开孔氏之门的，是子张。这也好理解，子张和儒门里其他主要弟子都有或多或少的矛盾，所以当子张与子夏、子游公推的有若被呛下台后，子张就索性自己别出一枝，另立门庭，创立了“子张氏之儒”一派，不再是“孔氏之儒”。

子张虽然处朋友处得不怎么行，但是思想上确实还是有些分量的。他最主要的关注点，是孔子的为政之道，也就是如何更好地治理一个国家。在孔子为政之道的基础上，子张进一步发扬了“居敬行简”的思想，以这一原则来对待自己的人民。

子张

居敬，就是要求一个从政的君子要时刻在仪容仪表、行为举止上保持应有的“威仪”。在《论语》中子张向孔子请教的问题很多都围绕如何做到“居敬”展开。通过更具有仪式感的政治生活，来使自己保持端正而郑重的心态。所以，对于政治生活来说，不管是服装的标准、活动的排场、场所的规格，还是从政者的容貌、目光、表情、说话语气，都是仪式感的一部分。

仪式感对政治生活的重要性，子张及其门人十分关注。当从政者保持自己的“威仪”（庄严肃穆的仪式感），也就等于在保持自己对政务的“敬”，让自己始终处于小心谨慎的状态，不使内心倦怠。

居敬的目的就是“行简”，即清楚、敞亮、处事精简。在这一点上，子张是受孔子教诲最多的，孔子对子张提点得最多的两个字是“忠信”，“忠信”即为“行简”的核心原则。

我们现在总认为，儒家喜欢强调“忠君爱国”那一套，这当然不算说错。但是在孔子、子张这里，更强调的不是普通人要如何效忠于君王，而是君王自己要忠于所治理的人民。“忠”并非后人所说的“效忠”之意，而是“要以诚心对待，时时将其放在心上”的意思。统治者只有真正把人民放在心上，治理国家时才会时刻想着去听一听他们的意见，不以个人的好恶来随意做决策，不整天搞一些没有意义的事情来折腾自己的人民。

由于子张氏之儒留存下来的研究文献实在不多，一直以来人们都不知道他们的思想到底和当初孔子说的为政之道有什么区别。直到1994年，上海博物馆从香港文物市场淘到了一大批战国时期的楚国竹简（现在被称为“上博简”），其中有一篇名叫《从政》，被认为是子张氏之儒的作品。[①]我们从这批残缺的竹简中可以看到子张和他的学生们对为政之道的进一步阐发。

子张氏之儒认为，从政的君子要想百姓不生怨气，在治理中就不能对每个案子敷衍应付。不仅在日常政治生活中要有仪式感，在对老百姓日常诉讼的审理、判决中也要有仪式感，端正心态去面对。老百姓关注执法、司法的结果，也关心执法、司法的

---

① 参见宋立林《由新出简帛〈忠信之道〉〈从政〉看子张与子思之师承关系》，载《哲学研究》2011年第7期；王春《孔门弟子思想分化研究》，山东大学博士学位论文。

过程，从政者如果对程序怠慢了，那也是对恶势力的助长。[①]

礼乐教化的目的，归根结底是实现一种以人为根本的社会秩序。用暴力去震慑不良分子，用刑罚去惩治犯罪行为，这都是在维护社会秩序时不得已而使用的手段，更重要的是让社会秩序深入人心。要让社会秩序深入人心，那就要由统治者自己身体力行，遵守礼乐秩序。[②]

子张氏这一派的儒者们，虽然过度关注从政做官，而忽视了对更高层次的超越存在的追求，以至于后来被儒门的同行们批判为对精神生活缺乏关心的“贱儒”，但是在子张氏建立社会秩序的设想中，从未像后来有些学派那样，视人民为只配被惩罚、管教的“低端人口”，而始终强调统治者应以忠信对待人民，这是他们这一派的可贵之处。

子游氏之儒

子张另立门户，可能在儒家内部引发了多米诺骨牌效应。子张的同辈子游、子夏也纷纷出走，建立起了自己的新宗派。[③]

子游回到了他的大本营武城，在担任武城宰的同时开堂授课，收授弟子，成了学生们尊敬的“言子”（子游名叫言偃）。后来，子游又按照孔子生前“吾道其南”的意愿，回到家乡吴地传

---

①《上博简·从政》：“兴邦家、治政教，从命则政不劳；壅戒先匿，则自己始；显訪（力？）劝信，则伪不章，毋占民睑，则同；不肤法赢恶，则民不怨。”

②《郭店楚墓竹简·成之闻之》中有一段也与子张氏的思想接近：“君子之于教也，其道民也不浸，则其淳也弗深矣。是故亡乎其身而存乎其词，虽厚其命，民弗从之矣。是故畏服刑罚之屡行也，由上之弗身也。昔者君子有言曰：戒与刑人，君子之述德也。是故上苟身服之，则民必有甚焉者。”

③ 这一问题参见吴龙辉的《“儒分为八”别解》（《文献》1994 年第 3 期）

道讲学。

子游

或许是来自蛮夷之地吴国的缘故，子游对礼乐学得尤其努力，尤其精深，整个孔氏之门里，除了孔子之外，恐怕就属子游最精通礼乐了，连学礼学得同样深入的曾参，也自叹子游比他更懂礼。子游不仅自己学习礼乐，还践行了用礼乐教化百姓的治理之道。

孔子晚年来到子游担任邑宰的武城，发现区区一座小城，竟然是音乐之乡，到处都能听见弦乐之声。原来，子游在武城就身体力行，提倡以礼乐为教，让老百姓也学习诗歌乐曲，陶冶情操。孔子大为惊讶，说了一句："杀鸡焉用牛刀？"

常言道，"礼不下庶人"，礼乐是有一定门槛的，礼乐的适用对象是贵族，不是所有人都能欣赏礼乐之美，何况经常奏乐也需要成本，寻常百姓未必能负担得起。

子游引用了孔子曾说的"君子学道则爱人，小人学道则易使"来解释，得到了孔子的肯定。音乐本身就有陶冶人心的作用，也是人类情感的良好辅助。在一个小小的武城，到处飘扬着优美和谐的音乐，会让人油然生出一种愉悦的心情，那些作奸犯科的小心思自然就消失了。

子游的这种治理思路，背后体现的是他思想上的倾向——对人的情感的重视。

1993 年出土的郭店楚简里，有一篇题为《性自命出》的文章，现在考证认为是子游或者子游氏门人的作品。[①] 其中对于人的情感，就给予了极高的关注。

关于“性”，或者说“本性”（人的本质属性），孔子极少谈论，只是约略地讲了一句，人们“性相近，习相远”，说人的本性是相近的，只是由于习惯不同而差别越来越大。至于人的天性是善是恶，是好是坏，他并没有多说。子游氏则在孔子只言片语的基础上，从人的情感出发，对人性进行了研究。

子游认为，人的本性，归根结底是一种内在情感上的倾向，比如喜欢或者厌恶。人会天然喜欢一件东西，或者讨厌一件东西，这种情感倾向，来自一个人的“命”，而“命”是天生就如此的。当人的本性（内在情感倾向）表现出来的时候，那些喜怒哀乐之气就变成了人情，而人情是一切事物生长发展的起源。真情流露，就是这种万物秩序（也就是“道”）的展开。[②]

从天到命，从命到性，人的内在情感倾向都是由比我们更高的超越者决定的，既然如此，又是什么造就了人与人之间的区别？答案就是“心”。

这是他的老师孔子不曾提出的一个概念！如果说人性是一种潜能，是一种可能性，那心就是激活这种潜能的动力。人的情感，只有在心的激发之下，才能释放出来，实现各种各样的可能性。但是，心本身是不给人指引方向的，它只管走路，不管指路，就像没有轨道的火车头，想往哪里开就往哪里开，极端情况下，它甚至可以不受控制一直把人往沟里带。只有经过了教化、

① 对于《性自命出》的作者，学界大体上认为有四种可能：子思、子游、世硕、公孙尼子。从这篇文章对情感的关注来看，笔者更倾向于其属于子游氏之儒的手笔，其中的情感哲学，尤其是关于“乐教”的论述，或多或少与子游的观点相近。

②《郭店楚墓竹简·性自命出》：“好恶，性也。所好所恶，物也。”“性自命出，命自天降。道始于情，情生于性。始者近情，终者近义。”

教育，人心才能奠定自己的方向，火车头才有了自己的轨道。①

这就是礼乐教化的作用，它能让人的情感有合理的方式去抒发，而不是变成任意泛滥的汪洋。

子游将人的情感抬升到了极高的位置，等同于将礼乐教化的地位抬高了。只有教育才能够规范人的情感，让人“发乎情，止乎礼”。

同时，也正因为“道始于情”，所以大道实现之时，必然是所有人情都得到了合理抒发，所有人各得其所的时候。子张借孔子之口，描绘了一幅“大道之行”时的美妙画面——那个时候，天下人行事都将出于公心。选取贤者，奖励能者，讲求信义，关系和睦。人不只是亲爱自己的亲人，也不唯独爱护自己的子女，一切弱者都得到了照顾，一切美好都得到了发挥，这就是天下大同的样子，也是人情良善到极致的样子。②

当然，子游氏这一系的儒者，后来因为太过注重礼乐中精美的那一部分，过早地想要实现“大同社会”的那套形式，逐渐演变成了追求浮华却没有长远精神追求的饱食之辈③，这也是子游当初所无法预料的。不管怎样，子游氏的思想，使他在孔子与孟子、荀子群星照耀之间，仍然不失自己的光亮。

---

①《郭店楚墓竹简·性自命出》：“凡人虽有性，心亡奠志，待物而后作，待悦而后行，待习而后奠。”

②《礼记·礼运》：“孔子曰：‘大道之行也，与三代之英，丘未之逮也，而有志焉。大道之行也，天下为公，选贤与能，讲信修睦。故人不独亲其亲，不独子其子。使老有所终，壮有所用，幼有所长，矜寡孤独废疾者，皆有所养。男有分，女有归。货恶其弃于地也，不必藏于己；力恶其不出于身也，不必为己。是故谋闭而不兴，盗窃乱贼而不作。故外户而不闭。是谓大同。’”这段话一般认为是孔门后学中子游的弟子承述孔子之意而以孔子口吻所说的。

③ 这也就是《荀子·非十二子》中所批评的：“偷儒惮事，无廉耻而耆饮食，必曰君子固不用力，是子游氏之贱儒也。”

子夏氏之儒

孔子曾经将后期的两位爱徒子夏、子张放在一起来评价：子张好高骛远，关注了太多仁、道这些形而上的思想；子夏拘谨严密，关注更多的是礼乐方面具体而微的细节。这两个人，一个过了头，一个还不够，属于“半斤八两”。

从这里可以看出子夏的学问风格，那就是一个妥妥的“细节狂魔”。不管是做学问还是研究礼义，子夏总是做得扎实到极致。孔子的门人中，六经里掌握三种的已经是凤毛麟角，而子夏，他和孔子谈论过《尚书》，为《诗经》作过序，为《易经》《仪礼》作过传，还参与了《春秋》的编纂和传播，“春秋三传”中的《公羊传》《穀梁传》就是出自子夏氏一门。可以说，子夏氏是儒家的百科全书式人物。

子夏

子夏名叫卜商，孔子去世后，子夏守丧三年，便移居到了西河（济水、黄河间）讲学，儒学于是在西河发扬了起来。甚至连当时的魏文侯，都成了子夏的学生。连战国七雄之一的霸主都成了儒家的学生，这简直是一块金字招牌，儒家立刻受到了各国的关注。可以说，儒家是在子夏这里才成为“显学”。

对于为学，子夏也颇有心得。在子夏这个

“细节狂魔”看来，就像百工匠人们在加工场里做出各种各样的工具，一个有志的君子，也要终身在“学”中求得所需的道。[①]“道”需要通过“学”来求得，这是一个循序渐进、日积月累、不断增进的过程。一个好学的人，要每天都知道自己缺少什么，每个月都不忘记自己已掌握的，不停地进行广泛的学习，坚定自己的心志，不停追问求索并且保持思考。[②]

“仁”就藏在我们不断学习的过程中。

然而，子夏的问题，也一样藏在他抠细节一般的学习过程中。

孔子所说的“好学”，不仅是学知识，更重要的是修养自身，就这一点来说，子夏与孔子对“好学”的理解是不同的。“学”是不断完善自己以接近“道”的过程，是人的超越之路。但是到了子夏这里，虽然也认为要通过“学”来达到“道”，但是这个“学”的过程过于注重在章句训诂、名物考索这些具体的细节上下功夫，而不能潜心反思，充实生命的气象。[③]而且，不管学的是礼乐还是“道”，子夏总是隐隐地把它们当作是一项知识去掌握，而非将“道”和礼乐视为自己本身的一部分，有时会忘记，学的本质是寻求自我的超越（修身）。[④]

子夏提出的“仕而优则学，学而优则仕”的观点[⑤]，其实就是

---

①《论语·子张》：“子夏曰：‘百工居肆以成其事，君子学以致其道。’”

②《论语·子张》：“子夏曰：‘博学而笃志，切问而近思，仁在其中矣。’”

③ 对这一点，朱熹批评道：“盖子夏为人不及，其质亦弱，夫子亦每提他，如‘汝为君子儒，无为小人儒’‘无欲速，无见小利’之类。子夏亦自知之，故每亦要做夹细工夫。只这子细，便是他病处。徐彦章以子夏为狷介，只是把论交处说。子夏岂是狷介，只是弱耳！”

④《礼记》中载曾参批评子夏“离群索居”（就是沉浸在外在的学问考索之中，不问世事）。参见张晚林、杜燕《论子夏之学及其在后世的影响与流变》，载《管子学刊》2022 年第 1 期。

⑤《论语·子张》：“子夏曰：‘仕而优则学，学而优则仕。’”

企图打通为学和做官之间的通道，想要将认识世界与改造世界贯通起来。但是，做官所能得到的利益，对人心的诱惑力实在不可低估，要是直接把为学和做官连接起来，那就很容易让“学”的目的偏离儒家的原本主张。对后人来说，“学”的目的可能就不再是为了做一个更好的自己，而只是为了改善生活处境。很不幸的是，从子夏到现在，大多数人都落入了通过学习来谋取利益的窠臼。

孔子曾告诫子夏，要做“君子儒”，而非“小人儒”，意在警示子夏，不要沉湎于所学的表面，要透过表面，看到知识背后更具有超越意义的“道”。

“君子不器”，意指君子要在学中全面了解自己、完善自己，不要做只发挥某些具体功能作用的“工具人”。

和君子儒不一样，小人儒就是工具人，他们皓首穷经，终身研究文献，最终目的是为人所用，成为一块好材料。就像一把称手的斧头，只需要一根斧柄，一口利刃，别的全都不需要，工具人也只需要掌握一些雇主用得上的技能，别的品质、优点同样全不需要。

可惜，子夏最终没能完全明白孔子的告诫，他的学派成为振兴魏国的工具，他的学生李悝、吴起也成为魏文侯振兴魏国的优秀工具人。子夏氏之儒，既是儒家得以兴旺的重要推动力，也是儒家逐渐陷入堕落的推手。

儒家的分裂

孔子去世后，儒家开始分裂，每一派都自称儒家的正统，认为自己是根正苗红的孔子继承者。这其实是哲学发展中的正常现象。正如金岳霖先生所说，哲学是说出一个道理来的成见，每个思想者总是有更关注的问题和对问题的独特理解，从而相互启发，催生对哲学问题更深刻的思考。

子张氏、子游氏、子夏氏这三兄弟分家出去之后，孔氏之门里就由曾参主持局面了（有若去向不明，大概这一脉往后就消失在浩如烟海的历史中了）。曾参被尊称为“曾子”，不过他的角色更像是为孔氏后人守好祖业的看门人。孔子的嫡孙子思逐渐成长，也拜曾参为师，由曾参传道授业。但曾参、子思师徒的这一支，仍旧被称为“子思氏之儒”。

颜氏的学脉也在流传着。毕竟颜回才是孔子唯一钦点过的继承者，颜回虽然早逝，但颜回的弟子们也仍旧认为自己才是正宗。更何况颜氏也是孔子他老母亲的族人，颜家和孔家一直挂着亲，孔氏之门里出自颜氏的门人一定不少。所以，颜氏之儒也成了儒家在后来的一个重要分支。[①]

仲弓

除此之外，还有澹台灭明的澹台氏之儒，冉雍的仲弓氏之儒，同样在战国时期活跃于历史舞台。

仲弓氏之儒里后来还出了一个著名的支派，其代表人物叫荀况，后人称他为“荀子”。[②]

儒家就这样彻底分裂了，各

① 参见刘光胜《“儒分为八”与早期儒家分化趋势的生成》，载《清华大学学报（哲学社会科学版）》2015 年第 2 期；另参见吴龙辉的 《“儒分为八”别解》。

② 参见宋立林《仲弓之儒的思想特征及学术史地位》，载《现代哲学》2012 年第 3 期。

派儒家都固守着孔子思想当中的某个方面，一边深入挖掘，一边以孔子为基础创造新的学说。

就像大海里的鲸死后沉入海底，遗骸之上会形成叫作“鲸落”的小生态圈，并在海底深处维持很长一段时间。

大思想家之所以伟大，也就在于其提出的问题异常深刻，涉及的方面异常广泛，思想上所达到的深度和广度，成为一个时代的上限。当大思想家故去之后，他的学生们就在老师无比深广的思想世界里迷失了方向，只能各执一端，固守在各自的领域里。

但泰山虽崩，群山依旧巍峨。哲人虽萎，哲人之后的一代代新人依旧枝繁叶茂。

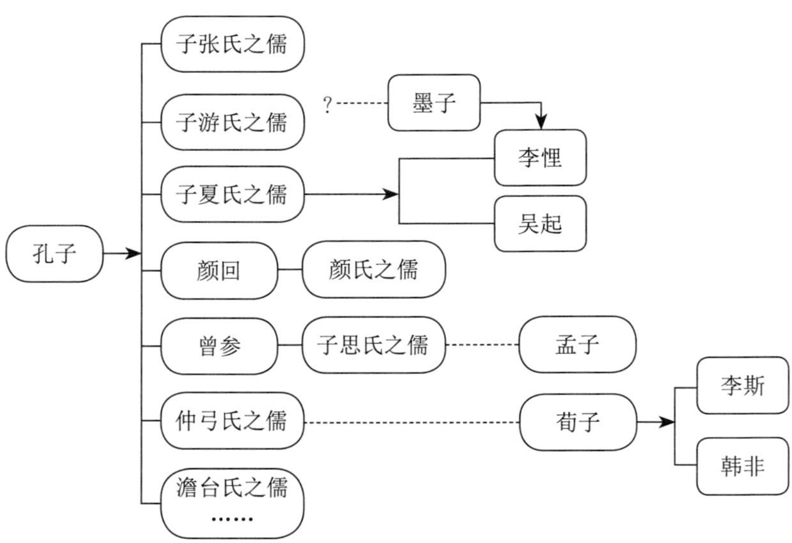

孔子及其门人传承渊源

曾参的自我修养

大孝子曾参

曾参是曾皙的儿子，但是父子两人的性情、气质截然不同。从曾皙和孔子聊天时一边鼓瑟一边耍帅的模样看，多少有一点狂狷的风格。但是，曾参就不一样了，他没有父亲的那股聪明劲，反倒看起来傻傻的，用一个字描述就是“鲁”，对别人说的话总是反应迟钝。

孔子曾说“刚、毅、木、讷，近仁”，因为人只有坚毅质朴，才难以为困厄与威势所屈服，坚持自己坚信的道。曾参就是这样刚毅木讷的人。

不过，聪明惯了的曾皙多半不太喜欢曾参这个样子，总是呵斥这个笨儿子，曾参也不生气，父亲骂他的时候，他就恭敬地听着。

曾参

《孔子家语》中有一段不知真假的记载。有一次，曾参种瓜的时候不小心把瓜的根给锄掉了，曾皙看到了，气不打一处来，抄起一根大杖劈头盖脸地把儿子毒打了一顿，将曾参打昏了过去。

曾参醒来之后，依旧神色如常，还再次去向父亲道歉。为了让父亲知道自己被打之后没事，曾参还在父亲房间隔壁抚琴唱起歌来，以表示自己的身体并无大碍，请父亲放心。

当时这事情闹得还挺大，传到了孔子耳朵里，孔子当时就将曾参给训了一通，说："你挨父亲的打，自己心里好受，觉得是在尽孝道，但是你要是被你父亲给打死了，这难道不是陷你父亲于不义吗？你应该像舜对待其父那样，你父亲用小棍子打你，你姑且就受着也罢；要是用大棍子揍你，你就应该逃走啊！"

慎终追远

这个故事里，虽然孔子将曾参骂了一顿，但是有一点孔子也承认，那就是曾参作为儿子，不可以违逆父亲的意志。父亲要揍曾参，尽管已威胁到他的人身安全，但曾参要是硬着头皮据理力争，抑或是"没收凶器"，夺过他爹的大棍子，那就不合适了。这和君子对待国君的方式是完全不同的，对待国君，孔子提倡的是在不欺瞒的前提下，据理力争，犯颜直谏。要是曾参跟他爹犯颜直谏，说为了一个瓜至于把我往死里打吗，孔子也未必会认可这种行为。

归根到底，对父母的"孝"，是有别于对君上的"忠"的。

孔子曾对孟懿子（孟孙氏家主，身份比较特殊）说，孝就是"无违"。这种"无违"，就是在父母在世时，以礼来对待他们；父母去世后，以礼来安葬他们。礼是"仁"的外在表现，一切对待父母的礼，都是发自仁心，不是简单供给他们衣食，而是要以"仁"为内在，以礼为表现，给予爱的供养。否则的话，牛马也会反哺，像养牛马一样养父母，人和这些动物又有什么区别？

在孔子看来，孝的行为生发于个体的仁心，是"仁"外在的情感流露。我们要让自己心安，就必须做到对父母孝顺。所以，对那个觉得为父母守丧三年时间太长，只需要守一年即可的宰我，孔子没有批评他“不孝”，而是批评他“不仁”。[①]

而在曾参这里，他又进一步提高了“孝”的重要性，“孝”成为人一切行为的支点，是每个人的立身之本，是人自身行为的出发点和基本原则。至于仁、义、忠、信等美德，全都要以孝为本，都是“孝”的辅助。[②]

这种变化，其实是曾参对孔子思想有意识的改造。对普通人来说，孔子的“仁”，理解起来实在比较难，你可以把它解释成“爱人”，但是又不仅仅如此，它是一种比普通的相亲相爱更为高级的情感，是一种悲天悯人的胸怀。这是孔子思想中最为高深的部分，即使曾参能说得清楚，他所面对的听众们也不一定能理解。可“仁”又是礼义道德的本源，道德的本源是一个大家都说不清楚的东西，那可怎么办？

“夫子之道至大也，故天下莫能容。”孔子思想在现实中面临的问题就是，这套伦理体系无法像宗教那样让普通百姓共情。儒家在后世面临的重重困境，多少与此有关系。

说“仁”大家不明白，好！那就改一改！改成讨论一种世界上所有人共通的感情，让人人都能感同身受，激发起他们的道德

---

①《论语·阳货》：“宰我问：‘三年之丧，期已久矣！君子三年不为礼，礼必坏；三年不为乐，乐必崩。旧谷既没，新谷既升，钻燧改火，期可已矣。’子曰：‘食夫稻，衣夫锦，于女安乎？’曰：‘安！’‘女安则为之！夫君子之居丧，食旨不甘，闻乐不乐，居处不安，故不为也。今女安，则为之！’宰我出，子曰：‘予之不仁也！子生三年，然后免于父母之怀。夫三年之丧，天下之通丧也，予也有三年之爱于其父母乎！’”

②《大戴礼记·曾子大孝》：“夫仁者，仁此者也；义者，宜此者也；忠者，忠此者也；信者，信此者也；礼者，体此者也；行者，行此者也；强者，强此者也。乐自顺此生，刑自反此作。夫孝者，天下之大经也。”

情怀。这是什么感情呢？不是友爱，有的人没朋友；不是情爱，有的人没爱人；也不是对子女的爱，有的人没有子女。答案只有一个，那就是对父母的感情。所有人都是父母生的，每个人的生命都是父母给的，对父母的爱，是全人类共通的情感。

人都是父母血脉和精神的延续，同时人也是社会动物，人在社会中的身份、知识、人际关系，也都来自父母。对父母的孝，本身也意味着对父母行事方式、生活智慧的传承。父辈去世之后，仍然不改变父辈原有的做事方式，也意味着继承父辈的理想。

所以，曾参之所以看重孝，是看重它背后“慎终追远”的情怀。他要我们慎重地对待长辈生命的终结，因为长辈的生命虽然终结了，但他们存在的意义并没有终结，他们的精神生命将通过我们的孝行而在未来得到延续，在对先人的缅怀中，先人的存在价值也不会随着时间的流逝而被遗忘。当我们在“慎终追远”的时候，血脉相承的记忆也在时间中沉淀下来，使我们满怀深厚而悠远的敬重之情。[1]这种敬重之情，和仁者悲天悯人时的那种敬重非常相似。

就这样，曾参通过“孝”，找到了孔子所说的“仁”的“平替”，并把孝作为一切道德情感的源头。我们对上级的忠、对兄长的悌、对朋友的亲，都被载入了“孝”的内核。进而言之，正因为“孝”要求我们不能辱没了父母的声名，所以我们更要好好做自己——做人不够庄重，可能会导致不孝；工作不积极卖力可能会导致不孝；对朋友言而无信，可能会导致不孝；甚至在外

①《论语·学而》：“曾子曰：‘慎终追远，民德归厚矣。’”

面打仗的时候不够勇敢，也可能会导致不孝。[①] 总而言之，我们要具备各种各样的美德，才能真正达到“孝”的标准。

一个孩子出生之后，不需要引导培养，就天然地对父母产生亲情。这是“孝”的天然来源，可以说，“孝”是我们先天拥有的道德品质。而由“孝”连带产生的仁、义、忠、信等道德品质，乃至礼乐制度，也都有了“孝”这一先天的来源，成了人生来就应当具备的品德，而非外界强加给我们要我们遵守的行为守则。

可以说，曾参终于为人的道德找到了一个更直观的根源。

但是，“孝”终究是子女与父母之间的关系，把种种道德的根源，建基于不能让父母失望或者名声受损的“孝”，难道不能为了自己而做个好人吗？我们要做个好人，难道只是因为要为父母好？人的道德主体性又在哪里？

曾参用“孝”来代替“仁”，终究还是没能完美地解决个体的伦理问题。

内省的哲学

曾参以“孝”为道德伦理的源头，并没有仅仅将视野放在家庭伦理关系上，而是从家庭伦理出发，将关注点一步步指向更广阔的社会人伦。

家庭之中，只有父母、兄弟、夫妻等紧密的关系，当我们从家庭走向社会，就会面临一个更加庞大、更加复杂的社会关系。

---

①《大戴礼记·曾子大孝》：“故居处不庄，非孝也；事君不忠，非孝也；莅官不敬，非孝也；朋友不信，非孝也；战陈无勇，非孝也。五者不遂，灾及乎身，敢不敬乎！”

如何在纷繁复杂的社会里调整好各自的关系，这是几千年来思想家们都需要面对的问题。

现代社会对这个问题的处理方式就是：设定好各自的权利和义务，大家都在自己的范围内行使权利，履行义务，谁也别侵犯谁。这是两千多年来西方社会积累下来的经验，由权利和义务构成的法律体系支撑起复杂的商业社会。但是这个体系未必没有问题——你有你的权利，我有我的权利，可你的权利就是别人的义务，每个人都希望自己的权利更多，义务更少，所以就会出现权利冲突，人与人就常常处于紧张的关系当中。

儒家对这个问题，有自己的回答。孔子提出了一个字，那就是“恕”，展开了讲，就是“己所不欲，勿施于人”。自己不想做的事情，就不要强加给他人。如果每个人都避免把自己不喜欢的事情强加给别人，那世界就规范在每一个“自己”当中，也就不会有那么多无谓的冲突了。

“己所不欲，勿施于人”为我们提供了一个与权利义务体系具有本质区别的人际关系处理方式。它既简单又符合共通的人性。所以，在 1993 年的世界宗教会议宣言中，就将“己所不欲，勿施于人”确认为世界伦理的金律。

但是，这个原则有一个问题——你怎么知道你不喜欢的事情别人也不喜欢？你怎么知道你喜欢的事情别人也一样喜欢？比如说，你不喜欢被施舍，不喜欢被人怜悯，那你遇到了一个极度需要给予经济帮助的可怜人，是不是只要说一句，我不喜欢被施舍、被怜悯，我不能把这种感觉施加给他，就可以无所谓地离开？

当然不能如此理解。

“恕”不只是机械地套用“己所不欲，勿施于人”这一原则，它是一种同理心，是自己站在另一个“自己”的欲求、情感、主观立场上想问题。这时候的“自己”不能想当然，而是要以己度人，将心比心，时时刻刻带着同理心去反思自己的行为究竟会不会给他人带来影响。

所以到了曾参这里，进一步强调了“恕”中的反思成分，明确提出，这种反思是一种修养自己的重要方式。

曾参每天都会再三地反省自己：一是为他人谋划事情时是否尽心？二是在与朋友的交往中是否诚信？三是在接受老师和前人的传授之后是否充分温习？①

这三件事情，是对自己所处社会关系的整体反思。对事业尽责，对他人尽责，这是外在的要求；对自我提升尽责，则是内在的要求。在社会中，每个人都具有道德义务。在再三的反思之中，自我通过对他人的关切，确认自己是否完成了在社会中应当承担的责任。

在进行这种反思的同时，自我也在做着修养功夫，实现了自我的提升。

孔子曾对曾参说，自己的思想里有一条基本原则“一以贯之”。曾参后来对此做了解释：“孔夫子的思想，主要就是‘忠’和‘恕’这两点而已。”②

孔子的学问自然是有一条基本原则的，那就是“仁”。而曾参一直小心地避开这个“知识难点”，用“忠”和“恕”来解释孔子的思想。忠，要求对人尽心尽责；恕，要求对人有同理心，“己所不欲，勿施于人”。他一直以来就在反思自己是否做到了“忠”和“恕”。这两点，基本涵盖了一个人身处社会时应当践行的原则。

---

①《论语·学而》：“曾子曰：‘吾日三省吾身：为人谋而不忠乎？与朋友交而不信乎？传不习乎？’”

②《论语·里仁》：“子曰：‘参乎！吾道一以贯之。’曾子曰：‘唯。’子出。门人问曰：‘何谓也？’曾子曰：‘夫子之道，忠恕而已矣！’”

但是“忠”和“恕”加起来，真的就是“仁”吗？这倒未必。只不过，孔子思想中那片广大而精微的天人理论，已经被曾参小心避开了。

大学之道

遵守孝道，是君子应有的自我修养。

自我反思，也是君子应有的自我修养。

曾参在“修身”这个项目上，打开了一条路，一条我们只要跟着抄作业就可以找到的路。

曾参和他的门人们为此确定了一套完善的修身操作步骤，即后来成为四书之一的《大学》。说到底，这就是一本简明实用的“君子自我养成操作手册”。古时候的士人从八岁开始读“小学”，学一些基本的语文、算数知识或者其他基本技能。到了十五岁，要把头发梳成发髻的时候，就该上“大学”了。在“大学”里，学的是更广大的学问，学习如何通晓万物的本性，如何通晓与人相处的道理，如何朝着最高的善进行探索、攀登。①

明白了这些，才能成为一个真正的人、真正的君子。

一个君子的最高目标，就是要“明明德于天下”，也就是让目之所及的地方都彰显出万物所应当呈现的本来面貌，然后将这种状态推及于身边的人，最后臻于“至善”——这就是《大学》中的“三纲”。要实现这个最高目标，就要从修身开始，从完善自己开始。只有先完善了自己，才能管理好自己的家族（在那个时代，家是国以下的重要社会组成单元）；只有管理好了自己的家族，才能治理好自己的国家；只有把国家先治理好

① 《大学》：“大学之道，在明明德，在亲民，在止于至善。”

了，才能推广到全人类。

于是，一条君子的晋级之路呈现在我们的面前：修身—齐家—治国—平天下。就这样从做好自己开始，直到自己的人格与精神充盈于天下。

难点在修身上，只有先成就了自己的完满人格，才能够进一步升级，达成“明明德于天下”的满级成就。这就是古人所谓的“内圣外王”：你要先成为一个完满的人，修好了自己，然后才能修己以安人，修己以安百姓。

要完成修身的任务，也有一个循序渐进的过程。

首先，要“格物”，也就是充分认识世间万物，了解事物变化之理。

然后，要“致知”，也就是在了解事物之后，积累起对世界的认知与智慧。

随后，是“诚意”，也就是在积累起自身的智慧之后，摆正自己的意念，对自己无所隐藏，向自我展示一个真实的自己。只有充分认识到了自己的内心想法，才能在面对纷繁复杂的世事时不会轻易被搅乱心绪。

再而后，是“正心”，也就是在看见一个完整而没有隐藏的自己之后，仍旧能端正自己的内心，当心端正了，也就修成了一个完满的人格，随后就可以齐家、治国、平天下了。[①]

---

① 后世儒家一般认为，《大学》从“格物”“致知”到“治国”“平天下”这八条目，是由内而外的必然历程。修身以上属“内圣”的范畴，而修身以下则是层层向外的“外王”进路，两者构成了儒家的基本道德追求，并同时统一在这八条目中。

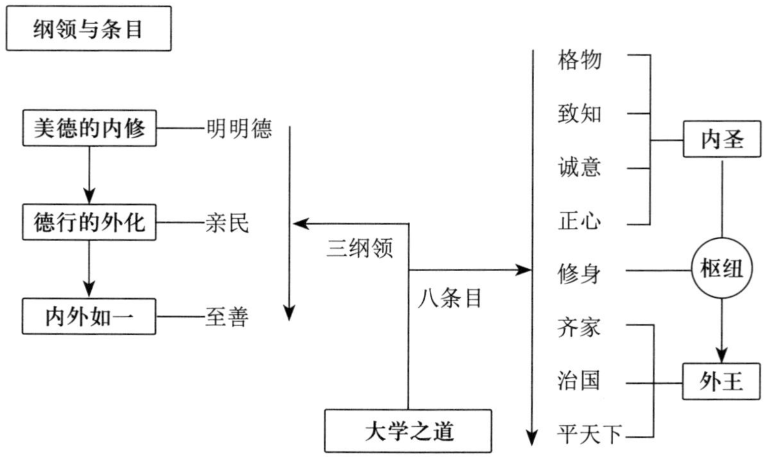

君子晋级之路

但是，从格物、致知到诚意、正心，每一个节点究竟应该怎么做？

曾参及其门人编写的《大学》，看起来只是简单地列举了君子在明明德的道路上所要经历的八个节点，但其中的思想含量是极为丰富的。也正是这个原因，《大学》才在后来的思想史中被历代思想家们反复拿出来研读，挖掘其中的思想资源，而且还纷纷提出各自的理解。

在这一点上，曾子和他的门人值得好好吹嘘一番。

子思与中庸心法

孔子的后裔

孔子去世十多年之后，一位特殊的客人来到了宋国都城商丘。

他就是孔子的孙子孔伋，后来的学生们尊称他为子思。因为是夫子他老人家嫡亲的小孙子，那些曾被孔子教诲、改变了命运的儒家贤哲们自然对子思有着特殊的偏爱。因此，子思虽然只有十六岁，但已经受过曾子、子游等当世水平最高的儒者们的教导，早已经学业有成。

十六岁的子思出国游历，第一站选择了宋国——孔氏是殷商后裔，出自宋国公族孔父嘉一脉，如今宋国的公族大夫，其实都是孔氏的同宗。

子思

但是，这只是子思一厢情愿的想法而已。孔氏两百多年前就搬到鲁国去了，而且是因为逃难避祸才离开的宋国。对于宋国如今的公族来说，子思只是一个旁系的远方亲戚而已，还是祖上或多或少有仇怨的远方亲戚。

所以，当子思满怀诚意地拜访宋国大夫乐朔时，就遭到了冷遇。在探讨学问时，乐朔有意无意地开始刁难年轻的子思。[①]

他们讨论的是《尚书》，这是孔子当年花了大量精力编订的文集，收罗了从尧舜时代到春秋时期那些值得传世的重要文本。不过，乐朔似乎对孔子的这番心血不以为然，他对子思说："《尚书》这种文章主要是为了告诫百姓，所以关键在于简洁明了。可是商周以后，刻意去写一些普通人看不懂的句子，这难道不是故意麻烦人吗？"

乐朔的观点似乎很有道理。

子思却反对这种观点，他说："圣人之道，是传给真正有心求道的人，典籍中的那些典雅深奥的语句，如果用心去理解，自然会明白其中的深意。如果将圣人的智慧传给了不适合的人，那圣人之道又有什么可贵之处呢？"

这是个截然不同的观点，子思旗帜鲜明地宣称——圣人的教诲就是应该让普通人看不懂。其实，日常的生活道理确实都很平实，用大白话说就是善待自己、善待他人。可支撑日常道理背后的思想，却从来都不简单平实。比如普普通通一句"仁者爱人"的背后，就包含了孔子对宇宙万物的深刻思考。要是道理都这么浅显的话，在那些浅薄之人看来，圣人之道也就不过如此了——如今我们这个社会里，抱着这种想法的浅薄之人还在少数吗？也正是这个原因，后来很多西方哲学家还不得不设置一些专门的哲学概念，生怕普通读者把自己的思想往浅薄的方向理解，这就是深刻的哲学思想不得不设置的"门槛"。

---

① 子思在宋国求学于乐朔的故事，见于《孔丛子·居卫》。《孔丛子》这一书一般认为是汉代形成的著作，内容很多都是伪造的，但子思在宋国的这段经历，结合《史记》等其他文献看，应当是有真实依据的。

不过，子思年轻气盛，说话虽然在理，却未免有些冒犯了，这不是把堂堂宋国大夫比作曲阜阙里的普通平民嘛！乐朔听后，怫然不悦。他当即离席，并且对手下说："这小子是在羞辱我！"乐朔的手下早就看这个与他们祖上有仇的年轻人不顺眼了，有了主君的这句话，立刻提着刀出来。祖上的恩仇，加上这一次的当面顶撞，乐朔的门人们准备把新仇旧怨一起和子思算算。

当然，子思的爷爷孔子的名声实在太大，宋人不敢轻易造次，子思也就暂时免于血光之灾。但乐朔的手下将子思这边围得水泄不通，使他根本无法脱身。子思陷于拘禁之中，一度面临着死亡威胁。

由于这事情闹得太大，惊动了宋国国君。宋君考虑到孔子名声实在太大，要是他的嫡孙有个三长两短，那实在太影响自己的名声了，连忙驾车抵达现场，将子思救了出来。被困多日的子思，这才脱离险境。

苦厄的作用

脱困后的子思，深刻反省自己的这段经历。苦厄对于不同的人，会有不同的效果。对于大多数普通人来说，苦厄会促使人们"躺平"，或者收敛自己；但对于大思想家来说，苦厄常常是灵感的来源。它让人在重重压力之下，进入一种特殊的精神状态，想通一些过去常常忽视或者没想明白的问题。

从那些被认为是子思所作的篇章里，我们也能看得出，从某个时期开始，子思哲学思想的深度突然出现了翻天覆地的飞跃。前一阶段的文章（比如郭店楚简中的《缁衣》），只是一些简单的格言、警句，主要还是祖述孔子的言论并加以发挥；而后一阶段的文章（如《中庸》以及郭店楚简中的《五行》等篇），则呈现出了博大精微的气象，形成了荦荦大端的哲学体系。[①]

孔子以后的儒家，很喜欢提“慎独”这个概念。人在独处的时候，常常因为没有别人看见，所以控制不住自己的行为。而面对自己，其实就和一个人独处是一样的，没有人知道另一个人的心里究竟是怎么想的，就算一个人平时尊老爱幼，天天扶老奶奶过马路，也无法判断他究竟是个真好人，还是在假装做个好人。

儒家最大的敌人，不是小人，而是伪君子。假使儒家提倡的孝悌、仁义，逐渐成为坏人的伪装，那儒家的教义就会变成虚伪的教条，无法真正带来一个良善的世界。后来的历史也证明，当社会秩序崩坏的时候，那些满口仁义道德的伪君子们，往往背地里一肚子男盗女娼。

这个问题，曾子也意识到了，所以在《大学》中反复强调，做一个君子，要从正心开始，正心然后才能诚意，有了这个前提，才可以修身、齐家、治国然后平天下。而“正心诚意”的关键就在于“慎独”——小心、真诚地面对自己。曾子将“慎独”理解为“不要自己欺骗自己”，就像我们知道花是香的、屎是臭的一样，我们面对自己时，也要清楚地让自己知道，行善是好的，行恶是坏的。

但这样理解“慎独”，其实还是在强调自我的行为约束。

而子思则有了更深一步的理解。

在乐朔的暴力与威胁面前，子思最终没有屈服，而是选择坦诚遵从自己的内心，坚持自己所坚守的道，像自己的祖君孔子那样，即使困厄到饭也吃不上了，也依旧弦歌不辍，守死善道。支持这种道德坚守的，不是简单的自制力，还有更深刻的超越意义在起作用。

后来，子思的作品《中庸》中说，有一种东西，是无时无刻

① 梁涛：《郭店竹简与思孟学派》，北京师范大学出版社 2021 年版。

不在我们身边的，所以君子要对这种看不见、听不见的东西满怀谨慎与敬畏。正因为如此，人的内心再细微隐秘的部分，对于这种东西来说，都显得如此昭然若揭，那我们还有什么理由不“慎独”呢？还有什么理由不坦诚对待自己的内心呢？

这个无所不在的东西，就是子思在困厄中察觉到的超越存在，你可以叫它“天”，也可以叫它“道”。因为它的存在使人心的最幽微处也不再是个隐秘的角落，而是处在超越存在的包容之下。子思也就是这样，从超越存在那里找到了儒家在防止伪君子方面可行的补丁。而他所给的答案，就在《中庸》这部作品中。

天命之谓性

子思经过这次遭遇，有所领悟。他对别人说：“过去周文王被囚禁在羑里[1]后，推演出了《周易》；祖君孔子困厄于陈、蔡之后，完成了《春秋》。我这次被困于宋，也应当留下点什么。”

据说在这次经历之后，子思开始创作，《礼记》中的很多篇章，都是子思的手笔。其中有一篇最为著名，那就是大名鼎鼎的《中庸》。

在轴心时代思想家们的作品中，《中庸》是极其独特的一部。孔子、曾子以及后来的墨子、孟子的著作，语言都十分平实，用看起来非常浅显的话讲着深刻的道理。还有走另一种风格路线的《老子》《庄子》，一个简洁而隽永，一个瑰丽而深远。而《中庸》则全然不同，它晦涩、抽象、艰深，属于独一份的存在。

① 古城名。亦作“牖里”。在今河南汤阴北。羑水经城北东流。《史记·殷本纪》：“纣囚西伯（即周文王）羑里。”

《中庸》在整个中国哲学中具有特殊地位。朱熹说它是为了接续可能失传的古圣贤之道而作。程颐称“《中庸》之书，学者之至也”。唐君毅先生言：“儒家之思想发展至《中庸》，即不只为一人生之道德、伦理、政治与人性之哲学，亦为一形上学与宗教哲学、历史哲学。”张汝伦先生则以《中庸》为“奠定了儒家哲学的规模和基础”之作。一般认为，《中庸》是子思的作品，不过经过后来的子思学派弟子们持续的提炼与修改，到汉代才最终成书。

正如子思对乐朔所说的那样，将道理说得艰深难解，其实是刻意为之的。因为《中庸》所讲的，是关于超越存在的理论，用我们现在的话说，就是“形而上学”。这是当初孔子很少对弟子们言说的性与天道，这些事情只有像颜回那样有大智慧的弟子才有资格被传授，其实就是担心这些关于超越存在的道理被平庸之人听了，不仅没听懂，反倒还会更加蔑视圣人之道。

但是时代不同了，道理得通过文字传扬下去，才不至于湮没于世。所以子思决定将它们写下来，但因为这是超越日常生活的道理，所以不能用日常生活的语言来解释。正所谓“君子之道费而隐”[①]，只有用心去发掘那些隐微之处，关于超越存在的智慧才会一点一点在我们面前展开。

什么是超越的存在？子思和孔子当初一样，称之为“天”。它可以被想象成头顶的苍天，但又不仅仅是苍天，而是超越了物质层面的天，成为无所不包的存在。天是一切秩序的来源，天之

① 见《礼记·中庸》。

所命，就成了万事万物的“天性”。[①]

万事万物各自依循自身天性而生发、运行的方式，就称为“道”。

人们修习“道”的行为，就是“教化”。

这就是《中庸》一开篇为我们勾画出的世界观——从超越的天，到修习、教化的人，都一以贯之、浑然一体。天人之间，就处在这个无所不在的统一体中。不管是人们日常遵守的道德教化，还是我们吃饭喝水的规律，它们的意义都来源于那个无限的超越存在，并遵循着一个核心法则——中庸。

什么是中庸？

所谓“中庸”，在当下的语言环境中代表着折中、和稀泥，也被解读为因循守旧、不思进取。甚至有些“智者”还说，中国人沦落到现在这个样子，坏就坏在“中庸之道”上。但其实，他们说来说去，连“中庸”思想的门在哪里都没有摸到。

从本源上说，“中庸”与“洪范九畴”中的“皇极之道”其实是一回事，“皇极之道”在第一章中已经阐述过，它所要追求的那个极致，其实就是“中”。从“洪范九畴”到孔子，都提倡中道。中道，就是不带先入为主的成见，不带影响判断的立场，以正直的心态，真正客观地判断、处理问题。

子思在前人的基础上，更加前跨了一步，那就是从形而上的角度，将“中庸”上升为一种“至道”，它用途无限广大，无穷

① 这就是《中庸》开篇的第一句：“天命之谓性，率性之谓道，修道之谓教。”张汝伦先生认为，这里的“天”严格说并不是存在者，而是一切事物的存在论本源。

无尽，而这道理本身又精细隐微，无所不在。

“中”，萌生在事物将发而未发之际，这时，它是至纯至净的，人心的杂念还未萌生，天人之间的各种自然关系、社会关系还没有出现，而“中”就蕴含在这个一切尚未发生，并且一切皆有可能的状态里。也正是因为“中”蕴含在未发之际，“中”也就是绝对与无限意义的大全，至大无外，涵盖万物，成为超越层面的存在本身。不管是看得见、摸得着的物体，还是仁、义、礼、智，都是“中”的题中之义。[①]在万事万物的可能性逐一变成现实的过程中，“中”就成了衡量的尺度，用来判断一切是否都可以不偏不倚、恰当合适地实现，达到“中和”的状态。

人是否能达到“中庸”呢？这一点，子思似乎是悲观的。一个敏而好学的君子，也许能做到时时刻刻坚守自己的标准，甚至在关键时刻拍案而起，就算是赴汤火、蹈白刃也要完成自己的使命，然而，却未必能达到中庸之境。因为中庸之境，是发生在润物细无声的日常生活中，在自己的一举一动里都时刻坚守着尺度。人终究不是完美的动物，人不可避免地会出错，时刻坚持“中庸”，真的可能吗？

就像子思自己，他可以在面对宋人的刀枪时面无惧色，但他真的能保证，自己的一言一行都做得无比恰当？

但即便如此，中庸也依然是一个君子应当有的追求。这就是“大学之道”所指的至善，是君子不能至而心向往之的境地和目标。虽然无法抵达“极高明而道中庸”的中庸之境，但每个人依旧可以用一个基础的标准来要求自己——否则的话，中庸之道这么高不可攀，那还让普通人怎么提高自己？这个基础标准，就是“己所不欲，勿施于人”。这已经是孔子当时给出的“低配版”中

① 如王夫之在《读四书大全说》中便认为：“盈天下只是个中，更无东西南北。盈目前只是个中，更无前后左右。”

庸之道，在生活中一点一滴地践行，即使是匹夫匹妇，也可以达到适合他们的中庸之境。

诚者天之道

说了这么多，中庸之道的关键还在于如何践行。儒家思想从来都不仅仅是围绕着概念的逻辑游戏，而是与实践息息相关。

如何用中庸之道去解决人生与社会的各种具体危机或问题呢？

答案是诚。“诚”是中庸之道的关键，把握了这个“诚”字，我们要做的事情都可以正确地实施。

诚，原本是面对超越存在时毫无保留的态度。上古巫术时代，巫者们真心呼唤自然之力，那就是最初的“诚”。随着巫术向礼乐演进，“诚”逐渐有了“诚实”“真诚”的意思。儒家则把“诚”进一步哲学化了，将它视为“天之道”，人要做的就是持续地追求那颗至诚之心。

如何追求至诚之心？其实就是认识真实的自己（《中庸》里称之为“自诚明”），然后认识真实的世界（《中庸》里称之为“自明诚”）。一方面要向内而诚，认识自己，不自欺欺人；另一方面也要向外而诚，认识世界，通过体察万物，然后走向至诚的境界。[①] 这向内向外两个方向的“诚”，其实是一体的，都要求通过提升自己的至诚之心，来把握生生不息的天道。

如果真正做到了“至诚”，那举手投足之间便自然合乎中庸

---

①《中庸》中的原文为：“自诚明，谓之性。自明诚，谓之教。诚则明矣，明则诚矣。唯天下至诚，为能尽其性；能尽其性，则能尽人之性；能尽人之性，则能尽物之性；能尽物之性，则可以赞天地之化育；可以赞天地之化育，则可以与天地参矣。”

之道，如同春风化雨，无声无息。好比上古时尧、舜治理天下，人民并不觉得尧、舜的治理是件多了不起的事情，也没有想着要赞美他们。这不是因为尧、舜做得真的不行，而是他们做事情总是恰当得让人毫无察觉。如同我们的身体，在健康运转时我们不会去注意，只有在生病时我们才会感觉到出了问题。

当今时代，我们往往会感叹这个社会过于内卷，以至于我们深陷在无数的精神内耗中。不必要的精神内耗，何尝不是因为我们没能真诚地面对自身？要是真的能做到“自诚明、自明诚”，也许可以治好所有的精神内耗。它还提供给我们一种更为崇高的生活方式，告诉我们，其实可以怎样有意义地活着。

中庸之道并不是过去式，它仍对如今的世界有启发价值。

从这里我们也能看到中庸之道的包容性。后来的程朱理学、陆王心学，都是以《中庸》为思想基础阐发出来的。子思好比搭起了一个叫作“中庸”的框架，后世的朱熹、王阳明等大哲们则在这个框架结构里砌好砖、铺好地板、刷好墙，用更为丰富的理论来装点这栋房子，最后形成了一座富丽堂皇的中国哲学宫殿。

本章推荐参考书目：

朱熹：《四书章句集注》

王守仁：《大学问》

傅亚庶：《孔丛子校释》

孙希旦：《礼记集解》

潘麟：《〈大学〉广义》《〈中庸〉心要》

梁涛：《郭店竹简与思孟学派》

郭沂：《郭店竹简与先秦学术思想》

张汝伦：《〈中庸〉研究 〈中庸〉前传》

高柏园：《中庸形上思想》

第四章

墨家，创造一个侠者的世界

墨子：儒家的异端

从儒家走出的异端

春秋战国之际，儒家以鲁国为中心，向列国遍地开花，南到温暖湿热的吴国、楚国，北到寒风凛冽的燕国、晋国，都能看到儒家门徒的身影。儒家是受列国统治者欢迎的，统治者虽然未必喜欢孔子思想给他们设定的那些“君君臣臣”的条条框框，但是儒家这帮读书人对礼乐知识了解得多，这还挺管用的。谁家没个婚、丧、嫁、娶？婚礼怎么安排？丧礼怎么布置？有儒家的指导就可以了，他们总能引经据典地说些门道出来。

在鲁国的一处儒家私学——或许是子游氏的门下，也或许是孔子其他弟子的门下，一个学生愤然丢掉了手中的书简，离开了儒家的门庭。

这个人就是墨翟，后世称之为“墨子”。墨翟的身世很神秘，没有人说得清楚他究竟来自哪里，甚至“墨翟”也未必是他本来的名字。① 他或许也是被孔子改变了命运的人之一，据墨翟在后

---

① 关于墨子的出身，众说纷纭。《史记》载墨子为宋国大夫，但《吕氏春秋》载墨子为鲁人，这两者看似矛盾，但实际不冲突，墨子可能出生于鲁国，后来活动范围多在宋国。当代学者童书业、杨向奎、张知寒等主张墨子为鲁国南鄙的属国郳国人，是种较合理的说法。又据杨义先生考证，墨子最初很大可能是从事手工业的“贱人”。

墨子

来的著作中自述，他曾是一名匠人，手艺好得赛过鲁班，但身份低微，后来因为拜师到了儒门，终于实打实地靠着读书改变了命运，获得了“士”的身份，追随孔子的脚步，成为一名君子。他一直在儒家门下修习孔子编写的六经。在六经之中，墨翟对《诗经》和《尚书》尤其感兴趣，也就是从《诗》《书》这些周代以前的文献中，墨翟受到了启发，也开始有了自己的思考。①

在孔子逝去几十年后，这个世界并没有变好，而是变得越来越糟糕了。墨翟所处的时代，正是春秋战国更替之际，战争的烈度与强度比以往更大，弱肉强食的残酷情况比之孔子的时代更是有过之而无不及。战乱之下，百姓民不聊生，饥寒交迫，而列国的诸侯、大夫们却奢侈挥霍，生活作风日益荒淫。

儒家这个时候在干什么呢？除了像子张、子游、曾参这样的大儒之外，墨翟还看到了许许多多的贱儒、小人儒。他们有的把儒学当作自己谋生的手段，每天在典籍章句上耕耘，做些鸡蛋壳上雕花的功夫；有的则迎合统治者的喜好，为君王钻研礼乐文章的细节，帮统治者们研究“如何优雅地做一个贵族”。儒者成了满足统治者奢侈欲望的工具，完全忘记了孔子当初“君子不器”的教诲。

这些贱儒、小人儒所做的事情，当然不代表儒家思想的本来面貌，但也说明，儒家思想在施行中是存在问题的。

墨翟于是决心创立自己的学说，建立自己的宗派。

① 杨义：《墨子还原》，中华书局 2011 年版。

儒家学说的问题

在墨翟看来，儒家思想最突出的问题，就是它在礼仪制度上给正常生活带来的烦扰。

所谓“曲礼三千”，儒家有关人与人交往的礼仪十分复杂。比如你去朋友家里玩，光一个进家门，就得“三揖三让”，大家要在门口相互客气一下，你先进？还是你先请？到了会客厅，还要再相互行礼。这么一套迎宾流程，在庄重场合是必要的，但对于士以下的群体来说，就是过于刻板的繁文缛节。

尤其受墨翟诟病的是儒家对丧礼的安排。孔子特别强调，父母去世后要为他们守丧三年，因为“子生三年，然后免于父母之怀”，在生活条件、医疗条件堪忧的时代，幼年夭折的孩子数不胜数，三岁以前更是需要父母细心呵护才能存活下来。所以，父母去世之后，儒家认为要以守孝三年的方式来缅怀父母，否则就无法让自己心安。

但在墨翟看来，这种形式化的三年之丧，无法带来利益。比如葬礼和守丧不仅要花费大量金钱，还特别费时间。

墨翟对丧礼的批评紧盯着它给人带来的整体利益，认为这一套做得不对，对社会没有好处。

当然，如果墨翟对儒家思想的批判仅仅停留在这样的表层，那他就不是大思想家了。真正高手之间的交锋，都是不出手则已，一出手就直指要害，刀刀见血。

儒家思想的核心是什么？自然是“仁”，而墨翟的批判，就从儒家思想的核心入手。

在儒家看来，仁发端于我们面对至高存在时心中生起的崇敬之情，在外则表现为按照“礼”的规定来抒发自己的情感，具体方式就是对他人的爱。但是，这种“仁”既然要通过“礼”来表现，那就会出现一种和“礼”类似的等级关系。因为“礼”会为人区分出亲疏远近，对待不同亲疏远近的人，要以不同的方式。比如按照周礼，亲人分成五个等级，也就是“五服”。[①] 古时丧服按跟死者关系的亲疏分为斩衰、齐衰、大功、小功、缌麻五种。斩衰为五服中最重的一种，服用极粗的生麻布制成，不缝边，以示无饰。服期为三年。齐衰次于斩衰。服用粗麻布做成，缘边缝缉整齐，故称。服期有一年的，为“齐衰期”，如孙辈为祖父母，丈夫为妻子；还有五个月和三个月的。然后是大功，其服用熟麻布做成，较齐衰为细，较小功为粗。服期九个月。一般是为堂兄弟、未嫁的堂姐妹、已嫁的姑姐妹服，或已嫁女为伯叔父、兄弟等服之。再为小功，其服用较细的熟麻布做成。服期为五个月。凡本宗为曾祖父母、伯叔祖父母、堂伯叔父母，未嫁祖姑、堂姑、已嫁堂姐妹，兄弟妻，从堂兄弟及未嫁从堂姐妹，或者外亲为外祖父母、母舅、母姨等，皆服之。五服中最轻的是缌麻，其服用细麻布制成。服期三个月。凡本宗为高祖父母、曾伯叔祖父母、族伯叔父母、族兄弟及未嫁族姐妹，或者外姓中为中表兄弟、岳父母等，都服之。

因此，按照儒家的观念，自己与他人的远近亲疏不同，那么所尽的礼就不同，所能给予的爱也自然不同。儒家的“仁”看似一视同仁地“泛爱众”，但实际是一种有差等的爱。正因为世人对彼此的爱被区分出了差等，人才有那么多的私心，会偏爱与自己更亲的人，而对那些与自己无关的人无所谓。当所有人都只关心自己周围的这一摊，那人们如何互相扶持？

人人都有私心，人人都有偏爱，那就无法做到人人都相亲爱。人们只知道爱自己的家，或者爱自己的国，那就很难再去爱别人的家，别人的国。当自己家里缺一袋米的时候，正好别人家

① 五服指高祖父、曾祖父、祖父、父亲、自身五代，后来用出没出五服表示家族关系的远近。

有米，就会想着从别人家偷拐抢骗；当自己的国家缺少钱粮土地的时候，也同样会想着发动战争，从别的国家那里抢夺。在墨子看来，这一切祸乱的根源，就是儒家的这种差等之爱。①

爱有差等，也就意味着人与人不相爱。而人世间各种各样的问题，都源于此。

更进一步说，这个社会的资源、机会、利益都是有限的，如果爱有差等，则人们自然会把资源分给自己的近亲，资源多的人给自己的亲属分得也多，资源原本就少的人给自己亲属分得就更少。于是富的更富，穷的更穷，这就是人类社会一切不公平发生的原因。

儒家虽然提倡要把资源利益分给需要的人，可因为仁爱的差等客观存在，这些提倡就只能停留在一句空话之中。

以上就是墨翟对儒家的抨击。墨翟是真懂儒家的人，后来他对孔子的很多学说都进行了公开批评，但是始终十分尊敬孔老夫子本人。儒家一直是墨翟的对手，而墨翟是一个尊重对手的人，尤其是对孔子，从来没有小看过。

不过，如果只是因为大家对“爱”的理解不同，那墨翟还不至于成为儒家的异端。毕竟曾参曾把孔子给儒家留下的“仁”的内核都改变了，也未见曾参自己开宗立派，自己创立一个“曾家”。

真正让墨翟与儒家分道扬镳的，是他们在价值取舍上的根本分歧。

---

①《墨子·兼爱中》：“今诸侯独知爱其国，不爱人之国，是以不惮举其国以攻人之国。今家主独知爱其家，而不爱人之家，是以不惮举其家以篡人之家。今人独知爱其身，不爱人之身，是以不惮举其身以贼人之身。是故诸侯不相爱则必野战，家主不相爱则必相篡，人与人不相爱则必相贼，君臣不相爱则不惠忠，父子不相爱则不慈孝，兄弟不相爱则不和调。天下之人皆不相爱，强必执弱，富必侮贫，贵必敖贱，诈必欺愚。凡天下祸篡怨恨，其所以起者，以不相爱生也，是以仁者非之。”

电车前的抉择

哲学上有一个非常有名但又有些残忍的命题，那就是“电车问题”。[①]

假定有一辆急速行驶的有轨电车失控了，沿着轨道一直向前开，而前面的轨道上，有五个孩子正玩得起劲，丝毫没有注意到飞速开来的电车。在这千钧一发之际，高声呼叫让他们躲开已经来不及，如果你手上恰好有一个拉杆，能让电车在前面的岔路上转换方向开上一直没人使用的备用轨道，只是这条备用轨道上正坐着一个在休息的胖子。这个时候，你会选择让电车转向吗？

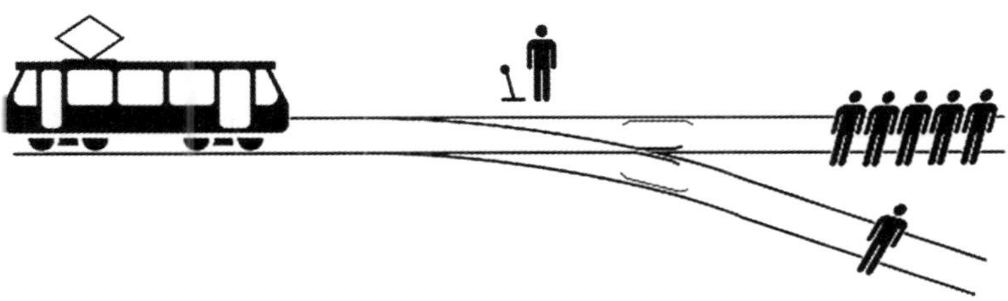

电车难题示意图

选择的困难在于，你是想把损失最小化，推动拉杆，让一个本来不应该受伤害的人去死，还是让这辆车保持原样，宁可让更多的人承受损失，也不愿意伤害那个无辜的胖子。

儒家或许会选择后一个答案。君子有所为，而有所不为。坚守道义的儒家是不愿意参与这场不道德的游戏的，因为一旦拉了这个拉杆，就会成为这个不道德行为的同谋，就要为另一条轨道上那个胖子的死承担责任。后来的儒家思想家孟子就曾说过，要

① “电车问题”（the Trolley Problem）是西方哲学中比较为大众熟知的一个思维游戏，用来验证不同哲学流派的伦理观念，放在中国哲学中，也可以用来比较各学派的道德哲学。详见托马斯·卡思卡特《电车难题》，北京大学出版社 2014 年版。

是你做了一件不义之事，杀了一个无辜的人，纵使你可以因此得到天下，安定天下，那也是不应当做的事情。①

墨翟可能就要问了：因为你的不作为，人们遭受更大的损失，这就是你所提倡的正义吗？你们儒家到处都在说要坚守道义，却总是因为什么“君子有所不为”，在许多无道的乱局面前袖手旁观，坐看天下变得越来越乱。志士贤人应当做的难道不是让天下的利益最大化，把妨碍天下人利益的害处革除吗？②让天下得到益处，这才是真正的仁和义；而儒家的不作为，才是真的不义。

这就是墨翟与儒家的根本分歧。墨翟对任何价值判断，出发点都是利益，甚至认为“义”本身就是一种“利”。孔子曾说，君子把“义”作为一切追求的出发点，而小人则把“利”作为一切追求的出发点。墨翟恰恰认为，人应该“喻于利”，他把利益作为人想问题、做事情的根本动机。他提出的整个思想体系，都是围绕着人的利益驱动而进行论证的。③

你不够虔诚

墨翟除了在伦理观上把儒家学说批得狗血喷头，还对儒家来了个“灵魂拷问”——你的信仰不够虔诚。

儒家当然是有信仰的，这个信仰体系的最高存在就是“天”。儒家之所以重视祭礼、葬礼，也是因为相信人死之后灵魂会变成

---

①《孟子·公孙丑上》：“行一不义，杀一不辜，而得天下，皆不为也。”

②《墨子·尚同中》：“故古者圣王，明天鬼之所欲，而避天鬼之所憎，以求兴天下之利，除天下之害。”

③ 从墨翟开始，“义利之辨”就成了中国哲学中的一个经典命题。究竟是“义”更重要，还是“利”更重要呢？思想家们将围绕这个问题争论两千多年，甚至更久。

鬼神。当人面对疾病、天灾、祸乱这些靠自身力量无法掌控的情况时，只有祈求鬼神的保佑了。连孔子自己都曾说“丘之祷久矣”。

但是，在墨翟看来，儒家对上天与鬼神的信仰是不坚定、不彻底的。这突出表现在孔夫子他老人家对于鬼神的态度——孔子极力避免去谈论怪力乱神之事，而且还“敬鬼神而远之”。在具有超越性的存在面前，孔子是有取舍的，他明明白白地说了，君子的使命就是从超越存在那里找到自己生命的终极意义，但是又不希望人们像殷人那样迷失在神的国度里不能自拔，所以只把超越存在的讨论局限在小圈子里。面对大众时，孔子更加强调人自身品行的养成。

而墨翟就对此提出严厉批判。儒家淡化上天与鬼神，认为天意难测、鬼神不见得灵验，在这种暧昧的态度之下，劳苦大众怎么能相信老天爷的意旨呢？这种理性化的思维，恰恰触动了人类信仰的根基！更何况，儒家对于祭祀活动，光讲究礼乐、排场，却不注重实质的信仰内涵，既造成了铺张浪费，又把民风民俗给搞乱了，把老百姓弄得越来越难以管束。[①]

毕竟对于统治者来说，越是淳朴的老百姓越容易管理，要是老百姓都那么有思想，天天像儒者那样“致广大而尽精微”，从事格物致知、正心诚意之类的大学问——老百姓还会无条件相信统治者下达的命令吗？能不折不扣贯彻落实统治者的意志吗？

对于儒家那套“明明德”的论调，墨翟显然是不以为然的，他的看法很明确，要真正实现理想社会的目标，大家还是要往回看，将目光专注地投向信仰。

---

① 《墨子·公孟》：“子墨子谓程子曰：‘儒之道足以丧天下者，四政焉。儒以天为不明，以鬼为不神，天鬼不说，此足以丧天下。又厚葬久丧，重为棺椁，多为衣衾，送死若徙，三年哭泣，扶后起，杖后行，耳无闻，目无见，此足以丧天下。又弦歌鼓舞，习为声乐，此足以丧天下。又以命为有，贫富寿夭，治乱安危有极矣，不可损益也。为上者行之，必不听治矣；为下者行之，必不从事矣。此足以丧天下。’”

三表法：一种因果律武器

来自大禹的思想

质疑儒家还只是第一步，墨翟接下来要做的，是创立一个比儒家思想更加清晰而且合理的思想体系。

墨翟自称“墨者”，他的思想体系，号称遵循的是上古时期圣王大禹的道统，也就是“夏道”，以驳斥遵循文王、周公之道的儒家。

当然了，夏朝的文献在孔子、墨翟的那个时代已经残缺不全了，纵然博学如孔子，也未必能将“夏之法”说得清楚明白。夏、商、周三代，理念与制度都有各自的特点，如果说周朝崇尚的是“文”（礼乐文教），殷商崇尚的是“鬼”（鬼神祭祀）的话，那夏朝崇尚的就是“忠”（忠诚敦厚）——它教导人们朴实而忠诚，要不折不扣地贯彻执行君王的意志和命令。

墨翟的学说确实带着“忠”的色彩，但这些学说真的就是如假包换的“大禹思想”吗？反正大禹距离墨翟的那个时代已经一千五百多年了，是不是所谓的“大禹思想”，谁也说不清了。关键是要找一个更久远的祖师爷，在气势上压儒家一头。

墨翟不怕和儒家搞思想斗法，因为他有“三板斧”绝招。

这“三板斧”绝招，就是他的秘密武器——三表法。

墨翟的三板斧

在科幻小说中，“因果律武器”是最强武器，因为它改变了双方战斗的方式，只要因果律武器一出手，按照逻辑，破坏力就必然会作用于对手身上。

墨翟的“三表法”，就是一种改变了论战方式的法宝。但凡理论上的较量，都需要讲逻辑、讲道理，而“三表法”，就是一套新的论证逻辑。一切问题，经过“三表法”的论证后是对的，墨翟就认可；论证是错的，那墨翟就反对。

什么是“三表法”呢？这是一种思维逻辑论证的基本法则，这一法则提出，要判断一件事情的真伪，要从它的“本”“原”和“用”三个方面来进行论证。

一是考察事物之“本”，简而言之就是寻找事物的最高依据。在判断万事万物的对错问题上，按照日常习惯来找答案往往是不够的，总是需要从更高的层面去寻找判断依据，用哲学术语说就是事物的形而上学基础。

而在墨翟这里，事物之“本”（最高依据）就是上天和鬼神的意志，以及尧、舜、禹等历代圣王所做的事情。上天的意志本不一定能让人们得知，况且“绝地天通”之后，上天与鬼神已经不能动不动就附身在巫师身上传话了，所以墨翟认为，圣王的言行也可以成为判断事物的最高依据。他在自己的著作里就大段大段地提供古代圣王的语录，作为自己论证的依据。

二是考察事物之“原”（事物的现实依据）。这里的现实依据指的是通过人们的普遍经验知识，来确定一件事情是否合理。墨翟认为，眼睛看到的、耳朵听到的、鼻子闻到的感官经验，是帮助人们判断事物合理与否的直接依据，人们一般都相信通过感官经验得到的认识。如果按照一般的经验来看，一件事情显然不合理的话，那就根本不应该去支持它。

三是考察事物之“用”（事物的实际效用），即这件事情在实施后，是不是对国家和百姓有利。凡是对大家有利的事情，就应该提倡；反之，就应该禁止。[①]

有了以上三大原则，就可以论证一切命题。

比如说，当时很多人信奉的“命”论（和儒家的“性命”学说有点差别），认为“死生有命，富贵在天”，上到国家的治乱，下到个人的贫富，都是由命运决定的。墨翟一直不以为然，是以祭起“三表法”论证了一番：

一是考察“命”的最高依据。能确证古代圣王们肯定过命运这回事吗？没有，圣王们治理天下靠的是秩序、刑罚，和命运无关。同一个时代里，暴君夏桀把天下搞乱了，而商汤就能把天下搞好；商纣把天下搞坏了，周武王就能把天下搞好。这又和命运有什么关系？

二是考察“命”的现实依据。墨子发现“命”是无法通过感官经验感知到的。既然感知不到，那为什么还要相信命运的存在？

三是考察“命”的实际效用。墨子发现“命”论对社会的影响太坏。主张一切都是命运决定的，其实就是在对普通老百姓说，你看看自己很惨吧？不过没办法，这都是你的命不好。你看看自己是不是很低贱？这也没办法，同样都是你的命不好。这伤害了百姓的心，也伤害了天下的道义。

经过三重论证，墨翟得出了他的“非命”观点，否定了命运决定论。

---

① 关于“三表法”，最详细的论述见《墨子·非命中》：“凡出言谈，由文学之为道也，则不可而不先立义法。若言而无义，譬犹立朝夕于员钧之上也，则虽有巧工，必不能得正焉。然今天下之情伪，未可得而识也，故使言有三法。三法者何也？有本之者，有原之者，有用之者。于其本之也，考之天鬼之志，圣王之事；于其原之也，征以先王之书；用之奈何，发而为刑。此言之三法也。”

从三板斧出发

“三表法”是墨翟思想的出发点，他的其他观点也基本采用“三表法”的思路，找寻最高依据、现实依据、实际效用，最后得出结论。

一切思想，都有它的理论基础。就像几何学一样，从“两点之间线段最短”这些公理出发，然后推出各式各样的定理。哲学思想也是这样，总有一些极其重要又不言自明的最基本的理念，是无须论证也无须质疑的。

在墨翟的思想世界中，同样有几条不言自明的基础论点。这些论点就藏在他的“三表法”中——墨翟的所有主张都要用三表法来论证，但三表法本身是无法被论证的。就像你没法用一把尺子去丈量这把尺子本身，你也没法用三表法来论证三表法。

而三表法，恰恰代表墨翟的三个基本理论命题：

		三表法	依据命题
1	本	要考察天鬼之志、圣王之事	上天、鬼神的意志是存在的
2	原	要考察人们耳目所获得的感官经验	通过感官经验认识到的世界是具有确定性的
3	用	要考察其为人们带来的利益	利益效用是衡量对错的客观标准

命题一，上天、鬼神的意志是存在的。

命题二，通过感官经验认识到的世界是具有确定性的。

命题三，利益效用是衡量对错的客观标准。

在墨翟的理论中，这三个理论命题必须是正确的，你不能问它们为什么正确，因为它们本身就是墨翟认为不言自明的理论出发点。它们必然是毫无疑问、无可质疑的，否则就无法作为我们判断对错、衡量事物价值的最终依据。

命题一是墨翟的“天志”“明鬼”思想，代表了墨子思想中崇高、超越的那一面。

墨翟没有尝试过证明上天意志的存在，因为对他而言，这是不言自明的事情。正是因为上天具有无限崇高的地位，所以上天的意志具有了不言而喻、不言自明的属性。

而“天志”，正是墨翟思想的最高价值来源。在那遥不可测的上天意志之中，蕴含了丰富的价值，诸如墨翟提倡的人与人之间的相爱、一起互利共生，都是来自上天的意志。而那些不好的事情，比如以大欺小、以众欺寡、恃强凌弱、欺诈蒙骗，就是违逆上天意志的行为。

若是违背上天意志，就会受到惩罚，这一惩罚，就来自鬼神。墨翟论证鬼神存在的方式其实并不符合形式逻辑：你必须相信鬼神的存在，因为大家都相信鬼神，甚至有人见过鬼神。与其说这是一种逻辑推理，毋宁说这其实是一种教条。

我们选择相信善恶的报应，相信鬼神会赏善罚恶。不要轻视信仰的力量，如果每个人都相信这一点，赏善罚恶的鬼神就会成为颠扑不破的真理。

命题二是墨翟“尚实”的思想，代表了墨子朴实厚重的精神气质。

一直以来有个问题困扰着智慧的哲人们，那就是，我们能否真正认识这个世界？我们是否可以把握这个世界？我们感官经验到的，是否就是世界本来的样子？

关于这个问题，儒家尝试回答过，但是因为儒家更多地关注每个人自我认识能力的提升，所以对这个问题的回答比较简略。

墨翟的思想在这里与儒家是有相似之处的，他相信我们能真正把握世界的本来面目。区别则在于，儒家强调，我们能真正把握事物的前提是保持戒惧之心，而墨翟则带着一个工匠的气质向大家主张说，我们看到的、听到的，就是世界本身。

认定能够通过感官经验来把握世界，本身就是一种确信，一种信仰，而非一种理性推理后的结论。时至今日，我们已经越来越难以真正确信这一点了。我们能用肉眼看到生物体中的细胞吗？我们能看到微观世界的原子、质子吗？我们能看到量子世界里的事物运行吗？既然都不行，那凭什么认为只有我们眼睛看到、耳朵听到的东西是真实的？

多少年来，许许多多的思想家都在怀疑思维能否把握存在，但墨翟并不在其中。墨翟相信，这个世界是鲜活而且真实地展现在我们眼前的，每个人都能清晰地认识它。要不是这样，墨翟就不会认为，一件事情的存在与否很大程度上取决于大家是否可以感觉到它。

鲁迅说过，人类的悲欢并不相通。但墨翟不这么认为，他相信，人的情感是相通的，因为我们共同真实地感受着这个世界。也正因为如此，我们如此地深爱着它。

命题三是墨翟"尚利"的思想，代表了墨子功利主义的思想底色。

墨翟毫不讳言自己崇尚利益，并且认为利益就是最大的正义。[①]"义"的根本目的就是利己、利人、利天下。

趋利避害，是每个人都具有的心理特点。墨翟就说了，"利"是个好东西，得到了它自然就会让人快乐，而损失了它自然让人难受。天下所有人，都想要获得富贵，而对贫贱避之唯恐不及，这是人的天性使然。[②]所以，一个有志之士，要做的事情就是让天下的利益最大化，使天下的危害损失最小化。考量利益的大小，就是人们作出选择与判断的根本出发点。

---

①《墨子·经上》："义，利也。"

②《墨子·尚贤下》："曰今也天下言士君子，皆欲富贵而恶贫贱。"

这种观点，和后来西方的“功利主义”极为相似。功利主义的代表人物约翰·穆勒说，追求快乐、摆脱痛苦是人唯一渴望达到的目的，你想要得到一件东西，要么是因为这件东西本身可以给你快乐，要么是因为它可以作为一种手段来减少痛苦、带来快乐。

墨翟的思想是一种功利主义[①]，他所提出的一系列主张，比如“兼爱”“非攻”（要相爱不要战争）的主张，都是建立在对人性趋利避害的认定上，基于人类追求利益的本质动机，进而运用“三表法”这一“大杀器”，推演出一条条重要的生活准则、政治准则。

① 近代以来的中国学者，如冯友兰、胡适等人，都把墨子思想视为功利主义，这个理解庶几可以概括墨子的利益观，故采用此说。见胡适《中国哲学史大纲》，译林出版社 2016 年版；冯友兰《中国哲学史》，中华书局 2014 年版。

墨子的理想世界

从利益出发

墨翟生平的一大爱好，就是和儒者辩论。以墨翟的智慧，以及他那套“三板斧”的因果律武器，辩赢那些普通儒者自然不在话下。在墨翟的门人们编写的《墨子》中，就有长篇累牍的“论墨子老师是如何把儒者辩得束手就擒”系列连载故事。

比如，有一天墨翟捉到一个看起来心情很好的儒者，于是上前和他辩论，问：“您为何奏乐？”

儒者一看是儒家大异端来了，问的问题恐怕是挖了一个陷阱，于是小心地回答一句：“我奏乐，是为了取‘乐’。”

这句话正是儒者的观点，同时代的儒者公孙尼子就说过：‘乐者，乐也。’音乐是由人情之“乐”中自然生发而出的。而儒家历来重视“乐”，认为在践行人生之道的过程中保持自身的快乐，是一种极为高贵的品德。孔子屡次赞扬的颜回，就以懂得如何做到快乐著称。他在极其简陋的生活环境下，依然保持自身内心的“乐”，为了践行自身、体验超越而发自内心地感到快乐。这种“孔颜之乐”一直被后人津津乐道。所以，对于儒家来说，快乐本身就应当是人的一项追求。

但是，这个看法被墨翟毫不留情地否定了，他对儒者说：“您答非所问！要是我问您‘您造房子是为什么’，那正常的回答就是为了冬天避寒，夏天避暑。可我现在问您‘您奏乐是为什么’，您却回答我说‘为取乐而奏乐’，这不就等于说，‘为了造房子，所以造房子’吗？”①

在墨翟看来，快乐本身不应当是一种追求。因为快乐只是一种内心的情感，而情感是不能给人带来实际的用处，也不能带来看得见、摸得着的利益的。没有实际效用与利益的东西，对人来说毫无价值。

因为效用与利益，才是人最终的追求。

这就是墨翟看问题的出发点，也是“命题三”自然而然推演出的道理——利益是一切的出发点，一件事情对错与否，就在于它对我们是否有利。当然，这里的利益并不是墨翟自己的利益，而是国家、人民百姓的普遍利益。凡是能让人民百姓富庶的事情，就应该做；不利于人民百姓的事情，就不应该做。

带着利益这把尺子，墨翟对世间的种种现象或者问题都给出了价值判断——

“节用”：统治者如果减少日常的花销用度，就能让人民百姓减少不必要的劳作，于是有更多时间和精力生孩子，国家因此可以变得富庶，很有好处。所以，统治者必须要尽可能地减少日常的花销用度。②

---

①《墨子・公孟》：“子墨子曰：‘问于儒者，何故为乐？’曰：‘乐以为乐也。’子墨子曰：‘子未我应也。今我问曰“何故为室”，曰“冬避寒焉，夏避暑焉，室以为男女之别也”，则子告我为室之故矣。今我问曰“何故为乐”，曰“乐以为乐也”，是犹曰“何故为室”，曰“室以为室也”。’”

②《墨子・节用上》：“圣人为政一国，一国可倍也；大之为政天下，天下可倍也。其倍之，非外取地也，因其国家，去其无，足以倍之。……故孰为难倍？唯人为难倍。然人有可倍也。昔者圣王为法曰：‘丈夫年二十，毋敢不处家；女子年十五，毋敢不事人。’此圣王之法也。圣王既没，于民次也。其欲蚤处家者，有所二十年处家；其欲晚处家者，有所四十年处家。以其蚤与其晚相践，后圣王之法十年。若纯三年而字，子生可以二三年矣。此不惟使民蚤处家而可以倍与？”

“节葬”：如果要办一场合乎礼制的高标准丧礼，就要把大量财宝当作随葬品埋在地下，这不就是对社会财富的浪费吗？守丧期间也不能劳动，什么都不能干，对社会有什么好处？更关键的是不能生育小孩，不就影响人口增长了吗？[①] 这件事情对大家来说有百害而无一利，所以丧葬必须尽可能从简办理。

“非乐”：钟鼓竽笙这些音乐，是礼乐文化的一部分，它们实际上是很贵重的，湖北省博物馆的曾侯乙编钟就是见证。这么一套编钟排场，不仅要耗费大量的铜材用于制作，演奏它，更是很大的排场，徒然耗费大量的人力物力，却没有让百姓得到实际好处。所以，统治者必须尽可能地少搞音乐。[②]

音乐原本是人类情感的体现，墨翟并没有否定音乐本身，他否定的是统治者大肆搞音乐，将其作为礼乐教化的手段。墨翟似乎有点针对子游的意思——毕竟子游在做武城宰的时候就在那个

---

①《墨子·节葬下》：“细计厚葬为多埋赋之财者也；计久丧为久禁从事者也。财以成者，扶而埋之，后得生者而久禁之。以此求富，此譬犹禁耕而求获也，富之说无可得焉。是故求以富家而既已不可矣。欲以众人民意者可邪？其说又不可矣。今唯无以厚葬久丧者为政，君死，丧之三年；父母死，丧之三年；妻与后子死者，五皆丧之三年；然后伯父、叔父、兄弟、孽子其；族人五月；姑姊甥舅皆有月数。则毁瘠必有制矣，使面目陷陬，颜色黧黑，耳目不聪明，手足不劲强，不可用也。又曰上士操丧也，必扶而能起，杖而能行，以此共三年。若法若言，行若道，苟其饥约，又若此矣。是故百姓冬不仞寒，夏不仞暑，作疾病死者，不可胜计也。此其为败男女之交多矣。以此求众，譬犹使人负剑，而求其寿也。”

②《墨子·非乐上》：“然即当为之撞巨钟、击鸣鼓、弹琴瑟、吹竽笙而扬干戚，民衣食之财将安可得乎？即我以为未必然也。意舍此，今有大国即攻小国，有大家即伐小家，强劫弱，众暴寡，诈欺愚，贵傲贱，寇乱盗贼并兴，不可禁止也。然即当为之撞巨钟、击鸣鼓、弹琴瑟、吹竽笙而扬干戚，天下之乱也，将安可得而治与？即我未必然也。是故子墨子曰：姑尝厚措敛乎万民，以为大钟、鸣鼓、琴瑟、竽笙之声，以求兴天下之利，除天下之害而无补也。是故子墨子曰：为乐非也。”

虎座凤架鼓

曾侯乙墓出土的编钟

小城里到处搞音乐教育嘛！在墨翟看来，这种音乐教育带来不了什么利益，因此全无意义。

在孔子去世后的几十年里，列国的形势变得越来越坏，秩序瓦解得愈发明显。墨翟把这一切都看明白了，才明明白白地指出统治者搞的这些礼乐之事，全都是他们贪欲之上的遮羞布。所以，与其继续按照儒家的做法，为统治者的丑恶嘴脸遮遮掩掩，还不如抛去这些乱七八糟的东西，明明白白地承认他们内心的真实想法，就为了利益来谈利益。

兼爱：求得最优解

墨翟在将那些礼、乐之类的做法通通批判一通之后，就要真正提出他对新世界的建设方案了。

如果单单根据这种极端的功利观，就会指向一个非常悲哀的结论——这个世界不会好了，每个人都是利己的动物，只关心自己的利益，毫不在意别人怎么样。要是损害别人能给自己带来好处，是不是就应该随便损害别人呢？杀掉别人能给自己带来好处，是不是就可以随便杀人呢？

自然不是这么简单。如果每个人都只顾自己的个人利益，最终就会导致所有人无利可得。

比如，你宣称可以为了自己的利益而杀别人，那么别人会怎么样？赞成你的人，会为了自身利益而杀你；不赞成你的人，同样会因为你所宣扬的言论而杀掉你，最终你会落得一无所利的下场。[①] 在那个极端利己的社会里，所有人都可能为了自身利益而任意伤害他人。这就是一场“所有人对所有人的战争”，大家在一个黑暗森林里摸着黑互相伤害。这样的结果，真的就有利于自

①《墨子·耕柱》：“一人说子，一人欲杀子以利己；十人说子，十人欲杀子以利己；天下说子，天下欲杀子以利己。一人不说子，一人欲杀子，以子为施不祥言者也；十人不说子，十人欲杀子，以子为施不祥言者也；天下不说子，天下欲杀子，以子为施不祥言者也。说子亦欲杀子，不说子亦欲杀子，是所谓经者口也，杀常之身者也。”

己吗？

所以，利己的尽头是“利他”，我们要尽心尽力为他人谋利，从而保障自身利益得以实现。

天下之所以这么混乱，原因在于人们只爱自己，为了争取自身利益而损害别人的利益。细想起来，那些谋反、作乱、兄弟相争、父子相残，实质上不就是这么回事吗？

为了止息这些祸乱，实现大家的利益，就要让人与人相爱。从相爱开始，父子相互谋利，兄弟相互谋利，君臣相互谋利，这样才能得到更多的利益。

墨翟又进一步提出，为了止息天下的祸乱，实现天下的共同利益，就要让天下人相爱。每个人不应只爱其亲人、爱其家人、爱其国人，而是要广泛地爱天下所有人。

这就是“兼爱”。兼爱就是普遍地去爱所有人，要是爱得不彻底、不完全，那就根本不算爱。[①]甚至我们要去爱那些坏人，因为“坏人”本质上是“做了坏事”的“人”，我们应该厌恶的是这些人做的坏事，而不是做过坏事的人。

可是，我们真的能做到“兼爱”吗？

墨翟的学生巫马子就对此提出疑问，说：“老师，我做不到您这样，我不能兼爱所有人。我是鲁人，所以爱离我近的邹人更甚于爱离我远的越人，爱本国人更甚于爱邹人，爱我们这一乡的人更甚于爱其他国人，爱我自己家族的人更甚于爱其他乡人，爱我自己的血亲更甚于爱家族其他人，爱我自己更甚于爱自己的亲人。”[②]

这种想法，其实是人性使然，很正常。

但墨翟说了，广泛地兼爱所有人，这不是能不能的问题，而

① 《墨子·小取》：“爱人，待周爱人，而后为爱人。不爱人，不待周不爱人，不周爱，因为不爱人矣。”

② 见《墨子·耕柱》。

是应不应当的问题。要实现所有人整体利益的最大化，就不仅要爱自己和家人，也要爱其他人和他的家人。我们只有爱其他人和他的家人，其他人才会同样地爱我们和我们的家人。用爱别人的亲人来换取别人爱自己的亲人，这样大家才能互相亲爱，互利共赢。①

至于我们能不能做到兼爱他人，看一看墨翟三表法推出的“命题二”就知道了——我们通过感官经验认识到的世界是具有确定性的，既然我们对事物的感受是共同的、明确的，那我们悲欢离合的情感也是相通的，我们可以与他人共情，感受他人的爱恨情仇。所以我们能和他人一样爱各自的亲人，他人也能和我们一样爱我们的亲人。墨翟已经在他理论的最初，预设好了“兼爱”的可能性。

兼爱，是墨翟为这个世界走向理想社会所给出的最优解，他相信，只有做到了兼爱，这个世界才不会是一个所有人与所有人开战的黑暗森林。

非攻：武装保卫和平

“兼爱”是拯救这个秩序崩溃的天下的最优解。它解决的正是后来英国哲学家霍布斯提出的“所有人与所有人的战争”问题，而得到的天下，应该是一个没有战争，没有伤害，所有人和平相处的世界。

---

①《墨子·兼爱下》：“以说观之，即欲人之爱利其亲也。然即吾恶先从事即得此？若我先从事乎爱利人之亲，然后人报我爱利吾亲乎？意我先从事乎恶人之亲，然后人报我以爱利吾亲乎？即必吾先从事乎爱利人之亲，然后人报我以爱利吾亲也。”

墨翟清楚知道这个人类世界的残酷。他说，人类社会在上古万国林立，正是因为人人都不相爱，所以天下就变成了所有国与所有国之间相互交战的黑暗森林。为了金钱、美女、土地，国与国之间发生了一次又一次的战争，最后一万多个国家相继被消灭、被吞并。到了墨翟这个时代，万国被消灭得差不多了，天下也就剩下了晋、楚、齐、秦四个大国并立。而每一次战争，都带来了无数的伤亡与损失，即使是战胜国，也消耗了不计其数的人力物力。

这个世界虽然残酷，但人们的爱恨情仇是活生生的。墨翟无比深切地与生离死别、悲欢离合的人们相共情，因而也无比热情地兼爱着他们。所以墨翟大声疾呼，让天下之人皆相爱。

如果天下之人皆相爱，就不应当出现恃强凌弱、以众欺寡的情况，人与人之间是这样，国与国之间亦如是。所以，墨翟提出了“非攻”——国家之间不应该相互征伐，侵夺土地、残害人民的攻战行为是不能容忍的。

“要和平，不要战争”，这种和平至上的高调，很多人都会唱，但像墨翟这样的大思想家，不仅仅会“唱高调”，还要为他唱的高调给出实现的方案。

墨翟的方案就是：以战止战，用武装保卫和平！

是的，要实现和平，只有整顿国家防御，把后勤、城防、军备、外交、内政等工作做全了，充分准备好，让自己在防御中占据有利条件，别人才不敢来侵犯。[①]

所以，墨翟和门人们对“城池防御学”进行了极为深入的研究，具体涉及城防建筑、兵力配置、守城器具、机械技术的应用等多方面内容，并提出了一整套防御作战战术原则。

---

①《墨子·七患》：“故仓无备粟，不可以待凶饥。库无备兵，虽有义不能征无义。城郭不备全，不可以自守。心无备虑，不可以应卒。”

学会保护自己，这是防止别国攻伐本国；另一方面，要阻止国与国之间的攻伐，也同样需要武装力量作为后盾。

墨翟虽然强调“非攻”，但不是反对所有战争。在他看来，战争分为两种，一种是“攻伐”无罪之国，这是不义之战；另一种则是“诛灭”无道之国，这是“义战”。如果某国已经成为不讲道义的国家，那么秉持道义的国家就可以出兵，诛灭无道，把那个无道之国的百姓从水深火热中拯救出来。

只有通过这种方式，无道之国才会受到震慑，要么被有道之国诛灭，要么就躲在一边瑟瑟发抖，不敢再干坏事了。

这就是墨翟的方案。一个国家，要做到“入守则固，出诛则强”，让自己在防守时固若金汤，同时还有强大的实力能够诛灭无道之国，才能真正实现国与国之间和平相处的初衷。

天志、明鬼：来自超自然力量的制裁

墨翟为天下人勾勒出了一个美好和谐、人人相爱、和平共处的理想世界，但是问题又来了——这会不会是个乌托邦，根本就实现不了？

毕竟理想很丰满，现实很骨感。在人人都自利的现实中，人真的能爱每一个人吗？

墨翟知道，这很难，所以必须要有外在的力量来迫使人们学会爱别人。

那么，从哪里去寻找这种足够强大、有足够引导能力的力量呢？墨翟环顾四周——这不还有“命题一”吗？上天是人类面前更加超越的存在。在这样强大的存在面前，人类只能乖乖听从上天与鬼神的意志，要是违背了这种强大的意志，就会受到制裁。

根据上天的意志，人与人要兼相爱、交相利。[①]而且，上天不希望出现大国恃强凌弱的情况，所有人都要在和平的秩序里乖乖听话。[②]上天是人间道义的最高来源，即使贵为天子，违反了上天的意志，做了不道义的事情，一样也要接受惩罚。

不过，天虽然高高在上，但还是要遵守“天神不得一言不合就显灵”的“绝地天通”法则，因此并不直接干涉人间的祸福。但上天会通过神秘莫测的鬼神赏善罚暴去实现其意志，将那些欺凌弱小的行为一一予以制裁。

有鬼神在看不见的地方看着你，你做事还能不小心吗？它们不光会看清楚，还会真刀真枪地惩罚人们的暴行。墨翟从各国史书中翻出了各类鬼神显灵的故事，比如当年的天子周宣王，就是被一个显灵的鬼魂“杜伯之鬼”在众目睽睽之下射杀的，这个故事还明明白白地写在《春秋》里。

这就是墨翟所提出的“天志”和“明鬼”。他并没有花太多心思去证明天意和鬼神之志的存在，因为在权衡利弊之后，他必须要承认天意与鬼神。人们总是敬畏着超越的存在，所以天意与鬼神能成为人们精神上的引领者，让人们遵循它们的意志，做一个纯粹的好人。

---

① 《墨子·天志上》：“子墨子言曰：‘其事上尊天，中事鬼神，下爱人；故天意曰：“此之我所爱，兼而爱之；我所利，兼而利之。爱人者，此为博焉；利人者此为厚焉。”……“此之我所爱，别而恶之；我所利，交而贼之；恶人者此为之博也；贼人者此为之厚也。”故使不得终其寿，不殁其世，至今毁之，谓之暴王。’”

② 《墨子·天志中》：“天之意不欲大国之攻小国也，大家之乱小家也，强之暴寡，诈之谋愚，贵之傲贱；此天之所不欲也。不止此而已；欲人之有力相营，有道相教，有财相分也；又欲上之强听治也，下之强从事也。”

尚贤：一种羊群效应

上天与鬼神的作用虽然非常强大，但还远远不够。

毕竟，请不要考验人性，如果妄想通过鬼神之类的虚幻存在就可以克制人性，那就太天真了。在信仰与崇拜之下，必然需要建立起一套切实可行的社会机制，来将人性引导至兼爱、和平、向善的方向上。

对于人性，墨翟的看法非常悲观。人的本性就像素丝一样，白色的素丝染上了黑色就是黑色，染上了黄色就是黄色，善恶全在于人们浸染在什么样的环境下。①

既然人性如此，那就需要找到合适的人来做领头羊，来带领天下的“羊群”。这样的人，就是“贤人”。所谓“贤人”，墨翟也讲得很现实，那就是人群中的那些强者，社会要靠他们将自己拥有的能力、财富、知识技巧与别人分享，帮助弱势者，教导有需要的人，进而使百姓的生活需求得以满足，使人民可以生生不息。②

羊群跟着领头羊走，人群也跟着强人走，当人类社会中的强者们都能够遵守道义，践行兼爱的理念，那其他人也会自然而然地跟着依样画葫芦了。

墨翟认为建设理想社会的关键，就是给出丰厚的财富、荣誉，通过利益的引导，让符合贤人标准的强者越来越多，让羊群效应发挥最大的影响。

---

①《墨子·所染》：“子墨子见染丝者而叹曰：‘染于苍则苍，染于黄则黄；所入者变，其色亦变；五入必而已则为五色矣；故染不可不慎也！’”

②《墨子·尚贤下》：“为贤之道将奈何？曰有力者疾以助人，有财者勉以分人，有道者劝以教人。若此，则饥者得食，寒者得衣，乱者得治。若饥则得食，寒则得衣，乱则得治，此安生生。”

这就是墨翟的“尚贤”论。

除了给贤人财富、荣誉，还要让贤人们发挥更大的功用，即赋予贤人们工作责任，以及管理他人的权力。毕竟权力才是最诱人的利益嘛。只有这样，百姓才会尊重、服从并且信任贤人们的管理。而这又会进一步激励贤人们，让他们努力工作，做好表率，将政治、经济、外交管理得井井有条，使百姓安居乐业。

按照这样的模式，最终可以形成一个双向激励的良性循环，从而让国家强大且兴盛。这也是墨翟社会改造计划中的一部分：让贤者们治理国家，总好过让那些靠着血缘继承高位的肉食者们治理国家。

尚同：政治的保障

墨翟构想了一个由贤人来统治的社会，如果贤人之间意见不一致怎么办？

就像羊群一样，有的领头羊往东，有的领头羊往西，那后面的羊群应该跟从谁？

墨翟很担心这样的情况。墨翟认为儒家的那套君子之道，简直就是专制主义绊脚石！儒家教导人们，要做个君子，要“和而不同”，大家在关系上保持和谐，但是内心应当有自由意志——人怎么能够随便拥有自由意志呢？那不就意味着人们可以保留自己的个人观念吗？一个人有一个观念，十个人有十个观念，天下人全都按照各自的观念做事，甚至父子兄弟之间也会因为观念不同而互相怨恨，以至互相纷争残害，那天下就会乱成一团，犹如禽兽世界一样。

为了让天下不至于变成禽兽世界，墨翟便提出来：我们不但需要有一个上帝在天上，而且需要有一个上帝在人间。

这个人间的上帝，就是天子。

这个天子，必须拥有绝对的权力，说一不二。从上到下，所有人的观念必须绝对一致，普通老百姓必须和贤人一致，贤人必须和天子一致。这样，天下万民所崇尚的思想观念就能与天子相同，这就叫作“尚同”。[1]

天子之所以说一不二，天下人都要和天子的观念一样，是因为天子的观念源自上天的意志（天志）。上天的意志就是要求所有人都按照墨翟设想的那样，兼相爱、交相利，所以天下人便理所应当要兼爱、互利、非攻。

于是在这个层面上，上天之志就与天下的正义、人民的公意贯通起来，实现了内在的一致。

在墨翟的思想中，可怕的专制色彩竟与博爱的精神并存！面对礼崩乐坏的混乱时代和幽暗的人性，墨翟试图将天下引导到他所设想的那个理想社会，必然需要一个强有力的统治者，将他的意志从上而下贯彻到最底层，必然需要建立一套森严的社会秩序，来保证最高意志的实施。

事实上，墨翟和他的门人们已经努力将他们的理想付诸实施了，这些努力，也为未来埋下了令人意想不到的伏笔。

---

① 《墨子·尚同上》：“天下之百姓，皆以水火毒药相亏害，至有余力不能以相劳，腐臭余财不以相分，隐匿良道不以相教。天下之乱，若禽兽然。夫明虖天下之所以乱者，生于无政长。是故选天下之贤可者，立以为天子。……正长既已具，天子发政于天下之百姓，言曰：‘闻善而不善，皆以告其上；上之所是，必皆是之；所非，必皆非之。’”

墨子十论

凭借着他的一套学说，墨翟足以登上思想界大宗师的殿堂。他被学生们尊称为“墨子”，或者“子墨子”，从此之后，先秦诸子百家就有了墨家的名号。

和述而不作的孔子不同，墨子有意识地在建立一个自己的思想体系，所以相较于孔子思想的博大、深邃，墨子思想就显得更加清晰、明确。我们可以清楚地捋清墨子思想的主要主张——后来的学者们把它总结为十个要点，分别是尚贤、尚同、兼爱、非攻、节用、节葬、天志、明鬼、非乐、非命，简称“墨子十论”。

这十个论点，都可以从墨翟的三大命题中推理出来。

节用、节葬、非乐、非命，是墨翟对旧制度无情的批判。他试图推倒那个从周公开始建立起来的礼乐制度，并且打倒试图为礼乐制度进行改良革新的儒家，所以对礼的奢侈、乐的无用、命的虚无进行了暴风骤雨般的攻击。

兼爱、非攻，是墨翟对新世界热切的构想。打倒旧制度之后，自然要建立新秩序。他希望建立起一个天下人人都相互亲爱，没有纷争战乱的新世界，他所提出的制度设计，都是为这个目标服务的。

天志、明鬼、尚贤、尚同，是墨翟为建立新世界而进行的制度设计。他通过上天、鬼神的精神引导，和贤人政治、专制体制的社会控制，来保证所有人都能坚定地贯彻“兼相爱、交相利”的理念。虽然这个制度显得极其专断，但在墨翟的利益至上原则下，这是实现新世界构想的最优解。

至于这个想法究竟是对是错，那也只能在改造世界的过程中来检验了。

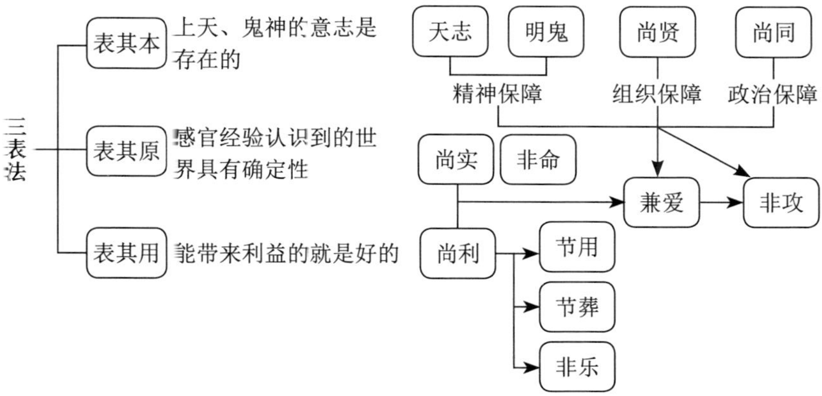
三表法
表其本
上天、鬼神的意志是存在的
表其原
感官经验认识到的世界具有确定性
表其用
能带来利益的就是好的
天志
明鬼
尚贤
尚同
精神保障
组织保障
政治保障
尚实
非命
兼爱
非攻
尚利
节用
节葬
非乐

“三表法”示意图

改造列国的运动

封神之战

这一年大约是公元前 440 年，孔子逝世近四十年后。

一个风尘仆仆的中年男人进入了楚国的郢都，一座南方的大城。他面带风霜之色，衣衫和鞋子都破了，一眼就能看出，他经历了一段艰险的旅行。他从齐鲁之地来，跋山涉水，跨越半个天下，来到了约两千里之外的楚国，十天十夜不眠不休，只为了面见楚国的君王，止息一场战争。

楚王接见了这个远道而来的陌生人。这个陌生人告诉楚王，他叫墨翟，是一个来自北方的鄙人，要劝说楚王不要攻打宋国。

墨翟劝说楚王使用了“三表法”中的“表其用”原则，他告诉楚王，舍近求远去得到宋国的土地，并没有实际的好处。

楚王听了觉得很有道理，不过依然说道：“公输盘已经为我造好云梯了，这次肯定得去攻打宋国。”

公输盘就是大名鼎鼎的匠人祖师爷——鲁班。他有高超的工程制造技术，为楚国打造出了云梯这个攻城利器。见过云梯的楚王似乎已认定云梯所到之处，宋国的城墙将土崩瓦解。

“但我以为，纵使有云梯，宋国也一定攻不下来。”墨翟干脆地说道。

众人哗然之后，墨翟和公输盘进行了一场模拟攻守比拼。

据说墨翟解开一条玉带作为城墙，以小木片代表攻守双方的器具，双方来了一场沙盘上的模拟对抗。[①] 但这或许只是人们的想象。也有人说，双方是拿着器具真刀真枪地演练了一番。不管如何，公输盘施展了他的工程绝学，对墨翟的城防进行了暴风骤雨般的攻击，却都被墨翟挡住了。最终，公输盘用尽了全部器具和手段，而墨翟的防守之力仍然有余。[②]

云梯（模型）

公输盘彻底输了，但也不愿意承认失败，于是暗示楚王杀死墨翟，他以为墨翟一死，天下也就再没有人可以阻挡他的攻击了。

这时，墨翟对楚王说："请大王放心，就算你们杀了我，也一样攻不下宋国。此时此刻，我的弟子禽滑釐等三百人，已经拿着我们的守城器具，在宋国的城池上等待楚国来犯呢！"

权衡之下，楚王最终放弃了攻打宋国的计划。

而墨翟孤身一人劝阻楚国大军的事迹，也在列国中引起了轰动。墨翟以及他所创立的墨家，从此开始扬名天下。

---

① 故事见《墨子·公输》。

②《吕氏春秋·爱类》："于是公输般设攻宋之械，墨子设守宋之备。公输般九攻之，墨子九却之，不能入，故荆辍不攻宋。"

崛起的墨家

在墨家创立以前，儒家是当之无愧的思想界巨头，孔夫子的思想主张已经在列国传播，儒家弟子也在列国开枝散叶，号称“四海之内皆兄弟”，同门兄弟遍天下。

而墨翟以儒家后学的身份创立了自己的学说，他没有向世人透露自己的身份，甚至连师承都是个谜，一开始自然没有多少人脉基础。直到后来，儒者子夏门下的高才生禽滑釐被墨翟的学说吸引，并公开脱离儒家阵营，改投墨翟门下，墨翟之门的人气瞬间飙升，这才引起了社会的关注。此后，墨翟带出了高石子、公尚过、耕柱子、魏越等徒弟，一时间，墨家就变得人丁兴旺起来。

此后，墨翟带着门人行走江湖，急天下之难，贯彻“兼爱”“非攻”的理念。他们奔走在诸侯之间，游说诸侯，阻止可能发动的战争。齐、宋、越、卫等国国君，都受过墨家的游说。而墨翟在楚国国都将一场楚国蓄谋已久、志在必得的战争消解于无形，诸侯们意识到了墨家的强大力量，从此墨家成为可以与儒家比肩的“世之显学”。

和儒家相比，墨家尤其吸引人的地方在于它对自家理念进行的强有力的实践。自古以来，伟大的思想从来都不只是停留在学者脑子里的空想，从《洪范》的作者到周公，再到后来的孔子，大思想家们都不仅仅是提出学说而已，他们在思考的同时，努力地践行各自的理念。而墨家在实践上尤其突出，因为他们不是一个人，而是一群人。

为了践行兼爱与非攻的思想，墨翟按照自己的理念打造了一个纪律严明的组织。组织的人数不多，墨翟在世时，只有一百八十人，但每个人都对上天之志、墨子之学有坚定的信仰，也对组织有绝对的忠诚，只要墨翟一句话，每个人都可以“赴火蹈刃，死不还踵”。

他们自称“墨者”，用“尚同”思想武装自己，与组织的意志保持着思想统一。在组织上，他们也严格分为从事、说书、谈辩三派，分别负责工程技术工作、学术研究工作以及游说列国工作。[1]墨家组织的最高层，则是总揽所有权力的巨子[2]，他是组织的核心。

墨翟曾说过，上天之志就好比工匠手中的矩尺。巨子之手握着的，就是解释上天之志的权力，有了这个权力，他就可以为墨者们的行动定尺度，立规矩，统领整个组织。

墨者们是怀着对天下人的热爱而行动的，他们十分彻底地贯彻着利他的原则，平时穿着破衣敝履，生活极其清苦，却不眠不休地劳动、奔走。理想总是能够激发人们的斗志，在墨者这里体现得尤其明显，他们对改造世界的热情，已经近乎一种宗教般的狂热。

一时之间，墨家叱咤风云。

墨家与侠义精神

思想总是感召着人，给人以精神力量。墨家思想带给墨者们的，就是一种拯救世界的情怀。他们坚定地怀着道德理想和英雄主义，热切地想要伸张正义，帮助弱小，对抗强暴。

扶危救困，锄强扶弱，是墨者的本色。在那个时代，像墨家这样坚定地站在弱者一边的思想学派，实在是绝无仅有。而对弱

① 《墨子·鲁问》：“子墨子曰：‘凡入国，必择务而从事焉。国家昏乱，则语之尚贤、尚同；国家贫，则语之节用、节葬；国家熹音湛湎，则语之非乐、非命；国家淫僻无礼，则语之尊天、事鬼；国家务夺侵凌，即语之兼爱、非攻。故曰择务而从事焉。’”

② 先秦墨家称墨学之大师为巨子。巨子之职由前任巨子认可并传授。

者的同情，正是侠义精神的发端。

对这样的行动，墨家自有一个原则，那就是“任侠”。

任侠，就是宁肯损害自己，也要急人之难，解决他人急需解决的问题，替天行道，为他人伸张正义。[①]即使给人们造成困难的是高高在上的官府，墨者也要勇敢地站出来，帮助被官府欺凌的可怜人。还要“言必信，行必果”，说到做到。

这种侠义精神，构成了中国古代思想的又一条独特脉络。

中国人是崇尚秩序的，儒家尽力规约君王，主张克己复礼，其实就是为了塑造并维持良善的社会秩序。每当社会陷入危局，原有的秩序土崩瓦解之时，儒家固然会努力寻求改变，但并不是说任何人都有资格出来诛灭暴君，只有经过天命的允许，才有商汤、周武王出来诛灭桀、纣。但是，墨家只遵从上天指示的道义。在墨家思想培育出的侠义精神感召下，普通人不再是沉默的大多数，而是会倡导更多的侠者站起来，或者反抗暴政，或者匡时救世，将天下人从水深火热里拯救出来。

所以鲁迅先生说：“孔子之徒为儒，墨子之徒为侠。”[②]墨者侠义的精神内核，成了墨家精神生生不息的支柱，也成了中国人性格中的另一种底色。每当政治腐败、社会昏暗、民不聊生的时候，星星之火往往会从社会的最底层燃起，并将烽烟席卷整个天下！

墨分为三

墨子劝阻楚王伐宋大约六十年后，约公元前380年，又一场围城战即将打响，站在城上的防守方是孟胜等一百八十余名墨

① 《墨子·经说上》：“任，为身之所恶，以成人之所急。”

② 出自鲁迅《流氓的变迁》。

者，形势一如当年，抵御即将到来的楚国大军。

一年前，楚悼王逝世，贵族们在王的丧礼上发难，射杀了辅佐悼王变法的吴起。但是，那些乱箭在射杀吴起的同时，也射中了王的尸体，按照楚国法律规定，这是灭三族的重罪。由此被治罪的多达七十余家，其中就包括了阳城君。阳城君仓皇出逃，楚王便派兵收回阳城君的封地。城中守军四散，但墨家第三代巨子孟胜没有退却，阳城君曾与孟胜以玉璜作为信物，请孟胜帮助他保护阳城。墨者言必行、行必果，孟胜作为巨子，就带领墨家主力，为阳城君守护他的城池。

这场战斗不是为了逃跑的阳城君，而是为了践行墨者自己的仁义。守卫好阳城，这是孟胜对阳城君许下的诺言，在见到阳城君的符节以前，墨者就要遵守承诺，拼死保护这座与墨家非亲非故的城池。

这场战斗激烈无比，寥寥百余人，使用墨家的守城机关器械，对抗了一整支楚国大军。包括孟胜在内的一百八十四名墨者，全部在这场战斗中死去。

千里外的宋国，两个墨家弟子来到了此处另一位墨者田襄子的住处，传达了巨子孟胜的指令。在阳城之战开始前，孟胜便派这两名弟子前往宋国，将巨子之位传给田襄子。

田襄子领受了前任巨子的命令后，两名墨者便向田襄子告辞了，他们要返回阳城。即使田襄子以新任巨子的身份命令他们不要去徒然送命，两名墨者还是毅然决然地踏上了不归之路。[①]

孟胜与一百八十多名墨者精英一朝尽损，墨家元气大伤。新任巨子田襄子无力继续统率活动范围日益广阔的墨家——他甚至没能阻止那两个返回阳城的无名弟子。

在孟胜的身上，我们能看到墨家日益明显的偏执。而墨家的

① 故事见《吕氏春秋·上德》。

这种偏执，也注定了他们的理念与学说最终会被历史所抛弃。

此后，相里勤、五侯之墨，苦获、已齿、邓陵子之墨等几个墨家派系，依旧活跃在历史舞台上，但是，像昔日那样墨者出马左右一场战争、动摇国际格局的辉煌，再也没有出现过。一百余年后，墨家又演化成了南方之墨（主要活动在楚国）、东方之墨（主要活动在齐国、鲁国、宋国），以及秦之墨（主要活动在秦国），他们都自称墨家正统，视别家为异端，甚至在国君面前不遗余力地贬损其他派系的墨者。

墨家，从一场守城战中开始崛起，又从另一场守城战中开始衰落。

不过，历史总是充满草蛇灰线，会在不经意间留出未来历史剧变的线索。在墨家衰落的同时，一支墨者来到了西方边陲与犬戎杂居的秦国，受到了秦国国君的优待。原来，墨家在阳城之战中的战果引起了秦献公的注意，因此他向墨家发出了邀约。不过，西方秦国的新闻总是很难传播到东方诸国，这一支墨者的事迹，也很少被当时的人注意。但是，正是这些默默无闻的秦国墨者，为这个国家埋下变法的种子，并掀起一场席卷天下的革命。

本章推荐参考书目：

孙诒让：《墨子间诂》
方授楚：《墨学源流》
陈柱：《墨学十论》
王焕镳：《墨子集诂》
王桐龄：《儒墨之异同》
庄春波：《墨学与思维方式的发展》

第五章

道是一条通往本真的路

一毛不拔的杨朱

痛哭在分岔路口

为了寻找一只丢失的羊，杨朱和同伴们沿着脚下的大道一路前行，一直走到前方的分岔路口。

该选择哪条路去寻找呢？一条通往南方，一条通往北方，不知他们寻找的羊，究竟在哪个方向？

而杨朱，只是怔怔地看着前面的分岔路，沉吟许久，蓦地流下泪来。

“这条歧路啊，可能通向南，又可能通向北。”他说，“只是走错一步路，最终的目的地就会差之千里！”随即痛哭不已。[①]

这就是杨朱哭于歧路的故事。杨朱见到分岔路就哭，为的不是走哪条路的选择困难，而是“歧路”本身的哲学意义。

和杨朱同时代的大哲人墨子，也曾在看见染工操作练丝时痛哭，是因为有感于如素丝一般的人性为外界环境所染，才变成了黑丝或者黄丝，这是为人性受外物影响下的不确定性而感伤。杨朱所感伤的，同样也是人生的变幻莫测。与墨子的悲叹不同的是，杨朱所看见的人生变化，不是取决于外物的影响，而是取决于人自己的选择。

面对歧路，人总要作出选择，但所选择的那条路上，真的有

① “杨朱哭途”的故事，见《荀子・王霸》《列子・说符》《淮南子・说林》等篇。

想要寻找的那只“羊”吗？尽管无法预料，但不得不作出选择。

只是人生路上，分岔路何其多，选对了这一次，还有无数人生选择在等待着。

杨朱面前的那条歧路，就如人生的境况，而杨朱之所以哭泣，大概既是因为对人生真相的震撼，同时也是担心迷失在选择的无穷可能性里。当我们总是沉迷于一个又一个的人生选择中，我们是否还记得，最初的目的是找到那只迷路的羊？

我们可以把那只羊比作人生原初的意义。在这个纷乱的世界里，那只羊走丢了，我们失去了人生的“本真”，所以要不断地找寻它。找寻“本真”的方法，就是循着那只羊走过的道路，这条寻本之路就是“道”——“道”最基本的意思，不就是“道路”嘛。但人生的真相就是这么残酷，在求道的路上，总是有一个又一个的分岔路口让我们选择，只有一直选对方向，才能一直走在求道的路上。[①]

> 关于“道”的理解，余敦康先生引用韩愈的名言作了很巧妙的解释：“由是而之焉之谓道。”（韩愈《原道》）道也就是由此处前往所需要去的地方。这一解释很有哲学意味，因为道不仅仅是路，更是“由是而到”的永恒变化的过程。

杨朱在分岔路口哭了，因为他不能确定在失去了人的本真之后，是否真的能够穿过重重歧路，沿着正确的“道”，再次找回它。人生只有一次，他希望能郑重地对待人生，顺着应有的道路来认真作出人生选择，这样才能不走歧途，保持自身的本性，最

① 类似的解释，详见东汉王充的《论衡·率性》。

终把失去的本真找回来。

道，就是找到本真的路。道是人的本真自然而然的结果，这也正是后来《老子》所说的“道法自然”。

杨朱在歧路前的这一哲学隐喻，为我们揭开了“道家”的面纱。

谁是杨朱?

谈起道家，我们马上就会想起老子、庄子这两位大哲。但在那个百家争鸣的时代，庄子的名声并不显于当世，而老子则只是一个传说。道家实际的代言人其实是杨朱。

在战国前中期，学术思想界中有两大当红偶像，一个是创立了墨家的墨子，另一个就是杨朱。那时天下的士子，不是热衷于墨子之学，就是在追捧杨朱之学。杨朱是与墨子并称的著名思想家，妥妥的流量巨星。

但是，时过境迁，杨朱对于世人来说越来越陌生了，他的主要思想学说也随着文献的遗失而变得模糊不清。人们只记得有这么一位特立独行的哲人，号称就算拔一根毛可以让天下得利，他也不愿意做。[①] 从此之后，人们见到铁公鸡就想到“一毛不拔”这个成语，提到“一毛不拔”就想到了杨朱。

杨朱就这样成了“一毛不拔”的冤大头，但其人已作古，无法辩驳，他的著作也散佚不闻。我们只能从《孟子》《庄子》《列子》等其他诸子百家的著作里找到杨朱的事迹，不管是称他为“杨子取”“阳子居”还是“杨子”“阳子”，反正都是诸家的分析案例或者反面典型——作者多半是杨朱的对手，能说什么好话?所以，这位深刻的哲人就变成了被诸子百家所攻讦批判的大魔

①《孟子·尽心上》:“杨子取为我，拔一毛而利天下，不为也。”

头，得不到后人的理解。

甚至，杨朱的身世也变得不确定起来。两千多年后，有人开始怀疑，杨朱是否就是后来的大思想家庄周，他们其实是同一个人。[①]

还有学者证明杨朱其实就是孔子的那位“一生的对手”——阳虎，毕竟杨朱（他也被称为“阳子”）和阳虎的名字相近，又出于鲁国，精神气质、思想特质都十分相似，两者多半有些关联。[②]

虽然这些假说最后都被一一推翻，但这也说明后人对杨朱的事迹实在缺乏了解，以至于忽略了杨朱在思想史上的存在。然而，我们无法无视杨朱，因为他在那个时代的存在感实在是太强了，强到就算他没有留下任何作品，我们都绕不开他。

既然绕不开他，那我们就不妨展开说说，杨朱的“一毛不拔”究竟是怎么一回事。

> 关于杨朱所处的时代，大体有两种说法。一种以郭沫若为代表，认为杨朱是老子的弟子，在孔子之后、墨子之前[③]。另一种以冯友兰、劳思光为代表，他们从杨朱、老庄哲学的内在理路角度分析，认为杨朱处在老子、庄子哲学兴起之前[④]。从这些哲人们的思想脉络看，杨朱确实后于老聃，但在老庄哲学兴起之前。老聃与老庄哲学的关联，详见后文老子一节。

---

① 持这个观点的，有严复、蔡元培等人。

② 持这个观点的，有清代学者宋翔凤，可参见宋翔凤的《论语说义》。

③ 参见郭沫若《十批判书》，东方出版社 1996 年版。

④ 参见冯友兰《中国哲学史》，商务印书馆 2019 年版；劳思光《新编中国哲学史》第一卷，广西师范大学出版社 2005 年版。

我为什么要拔腿毛?

关于杨朱不愿意拔自己的腿毛来造福人类这件事情,《孟子》《列子》《韩非子》等著作中都拿来作为反面典型,可见这在战国时期是个大家都知道的典故,杨朱应该对很多人表示过自己不愿意拔腿毛。而杨朱之所以这样公开表示,应当是有的放矢的。

在杨朱的时代,墨家思想正处于风口,获得了大量关注。而墨家所强调的,正是要以利天下为义,不惜让自己劳累憔悴,也要造福天下。新晋偶像墨子,也号称要像大禹那样"行劳天下",以至于整天风里来雨里去,搞得自己腿肚子的肉都瘦光了,大腿上的汗毛都掉光了。对于墨家来说,为了道义,损失自己的一点点腿肉或者腿毛,做了造福天下的事情,两相比较,自然是利益大于损失。

对于这样的比较,杨朱就有话说了:你觉得为了造福天下而损失一点点腿毛很值得,可是凭什么你觉得,天下所得到的利益,比我自己身上的腿毛更重要?

利益再多,那也是外在于我的物质利益;腿毛再细,那也是我自己身上的毛,和其他身体部位与思想精神一起,构成了个体的一部分。为了物质利益而损伤自己的身体,这难道是值得的吗?墨家表面上看起来充满热情充满爱,可是他们所谓的"造福"他人,却是以其他个体受到伤害为前提的。为了共同的利益福祉,却以损害个体利益为代价。这样的福祉,我们真的好意思接受吗?

"拔一毛而利天下,不为也",意思不是杨朱抠门到连拔根腿毛都不乐意,而是在面对为了天下的整体利益而牺牲自己的一根腿毛的要求时,可以坦坦荡荡地拒绝。

现代哲人说得好,人应当是"目的",而不是实现目的的"手段"。

杨朱所强调的“为我”，就带有以自己为目的的意思，他说，每个人都要真正为自己考虑。如果每个人都以实现自己作为目的，真正过好自己，不愿意为了更高一层的目标而折损自己分毫，每个人都不去考虑天下的利益，天下才能真正确立起良好的秩序。①

每个人都只为自己，不为天下，怎么能使天下变好？杨朱自然有他的道理——天下是什么？不就是一个个普通人、一个个“我”组成的吗？要是每个人都为一个虚幻的“天下”天天苦大仇深，连自己的生活都过不好，如何能真的让所有人变好？

一个充实、健康的社会，是以一个个自由而全面发展的个人为前提的。为政者不强迫子民奉献，不折腾百姓，每个人守好自己与他人的边界，不侵犯、损害他人，这样每个人都可以过好自己的日子。

墨家的回应

杨朱的“拔腿毛论”越来越有影响之后，主张利他主义的墨家自然得回应一下。于是，墨家第二代巨子禽滑釐（人称“禽子”）就与杨朱展开了一番辩论。

禽滑釐率先发难，诘问道：“您说人人不损害自己就能让天下大治，那么您自己怎样？要是有一个机会，需要您损失一根毛，来解救全世界的危难，您会这么做吗？”

杨朱则淡然道：“这个世界的危难，原本就不是掉一根毛就能解救得了的。”

---

①《列子·杨朱》：“古之人损一毫利天下不与也，悉天下奉一身不取也。人人不损一毫，人人不利天下，天下治矣。”

“要是真能解救，您会这么做吗？”禽滑釐穷追不舍。

杨朱没有回答，似乎觉得这个问题并不值得再多解释。

禽滑釐从杨朱这里没有得到回答，离开后，却在杨朱的弟子孟孙阳处得到了回应，孟孙阳对禽滑釐说：“禽子没有问对，我来为您解释。请问，如果有一个机会，在您的肌肤上扎破一点皮，就能获得金钱过万，您会接受吗？”

“自然会接受。”禽滑釐说。按照墨家思想，这种权衡利弊的数学题实在是太简单了，一点点身体损失就能得到巨大利益，当然是稳赚不赔的交易。

“那么，如果折断您一截身体，就能得到一个国家，您会接受吗？”

别说折断一截身体，哪怕是一截手指，那也构成十级伤残了。统治一个国家和失去一截手指，哪个利益更重大呢？这个问题倒让禽滑釐犹豫了。

孟孙阳继续说道：“拔一根毛比破一层皮伤得更轻，破一层皮比断一截手指伤得更轻，这是自然的。然而，从损伤一根毛这样的小伤害积累起来，就能达到破一层皮的伤害；从破一层皮的伤害积累起来，就能达到断一截手指的伤害。拔一根毛，固然只能算是身体中的万分之一，但这也是自我伤害的一部分，绝对不能小看。”

人自身的损伤，是可以用来进行利益计算的吗？如果真是这样，那为了天下人的福祉，就可以牺牲一部分人作为代价。按照墨家的功利主义理论，似乎可以推出这个结论。你以为自己可以作为天下人得到福祉，但实际情况是，你可能就是那个被牺牲的。若真如此，你真的愿意吗？

这是根本的价值取向问题，禽滑釐没法回答，只能说：“我不能回答你这个问题，若是拿你的话来问老聃这样的人，那自然是你说得对；而要是拿我的话来问大禹、墨翟这样的人，那自然是我说得对。”

这么说，已经近乎狡辩了。所以孟孙阳只是笑笑，不再回应。[①]

孟孙阳的反问给墨家学派造成了很多阴影，以至于墨家的门徒后来在编撰《墨子》时，还专门隔空回应了这个问题：“要是让你得到了天下，但同时又取了你的性命，你愿意吗？自然是不愿意的，因为天下不如自己的生命重要。但是，我们会为了坚守正确的道理而奋力拼杀，以至于牺牲生命，那是因为生命不如道义重要，没有什么比道义的价值更高。”[②]

正所谓“天下我所欲，生命价更高，若为道义故，两者皆可抛”，为了道义而舍身，就是墨家对杨朱理论的回答。生命当然可以作为代价，但前提得是为了比生命价值更高的东西。这个说法也许启发了后来的孟子，让他提出了“鱼和熊掌不可兼得”，“生”与“义”孰重的哲学命题，并且毅然决然地提出，人应该舍生而取义。

但是，在墨家思想中，最高的道义不就是“兴天下之利”吗？一方面承认自我的生命高于天下的价值，一方面又要为天下人的利益而舍弃自我的生命，就有点无法自圆其说了。

关心自己的生命

杨朱是不是真的会为了自己的一根腿毛而置天下人的安危于不顾呢？不会的，大思想家之所以伟大，就在于他们心中悲天

① 这段对话，详见《列子・杨朱》。

②《墨子・贵义》：“又曰：‘予子天下而杀子之身，子为之乎？’必不为，何故？则天下不若身之贵也。争一言以相杀，是贵义于其身也。故曰，万事莫贵于义也。”

悯人的情怀，杨朱之所以厉声疾呼，要大家只关心自己的生命本身，别去管什么天下的利益，也是因为杨朱心中藏不住的悲天悯人之情。

在杨朱看来，所谓“谋求天下的利益”，其实本质上只是人们权力欲望不断扩张的体现。世道混乱的根源，在于权力欲的扩张和占有欲的膨胀。因而，杨朱认为，唯有收敛人类侵占的意欲，才是拯救世乱的釜底抽薪之法。

少关心物质利益，多关心自己的生命，这才是杨朱“为我”的真正要求。

“为我”，是关心自己，和“利己”是截然不同的。“利己”只关心自己所得的物质利益，并没有关心自己的生命。“为我”的真义，在于自觉自省，进而做到自治、自立、自重、自爱，这样才能保持自己生命的完整，回归自我的本真面目。

人也只有真正重视自己生命本身的价值，才能走在正确的“道”上，才能绕过一条又一条的歧路，找到丢失的那只“羊”。

狂狷的世界

楚国哲学登场了

从孔子到墨子，还有曾参、子思，这些大思想家都有一个共同点——他们的活动范围都在鲁国一带。如果再把范围扩大到杨朱、吴起这些战国早期的思想家，他们的活动范围也主要在以鲁国为中心的地区。

那个时代，并没有形成统一的中央帝国，齐国、鲁国、宋国、秦国这些国家的关系，和近代法国、德国、英国、荷兰这些国家没什么区别。而鲁国虽然在春秋时期不算大国，但“鲁国哲学”主导了整个时代。这也可以理解，毕竟孔子在鲁国将所有典籍文献汇编成了“六经”，中华上古文明便集聚在孔子这里，那个时代的哲人们要学习文化，孔子就是绕不开的坐标中心。可以说，在春秋和战国前期的这几百年里，鲁国是新思想的发源地，“鲁国哲学”影响了天下列国，就像文艺复兴时期的意大利影响了整个欧洲一样。

当然，“鲁国哲学”实际上是由儒家、墨家等各种学说流派组成的。而儒家、墨家以及杨朱学派之间的主张虽然大相径庭，但都有一个共同点——信仰上天，关心世俗世界的生活。即使是一毛不拔的杨朱，看起来整天只关心自己，但最终的目的依然是通过每个人都关心自己，来实现人民生活的安宁。

鲁国保存了周公制定的礼乐法度，也将“敬天保民”的理念深深地刻在了鲁国的文化基因里，这种文化基因深深影响了这些大思想家们。他们并不特别关心世界的本原这类宇宙论问题，而是把着眼点放在人的身上。当同时期的古希腊智者在研究世界的本原是水还是火的时候，这些鲁国思想家更感兴趣的是人的问题。如何让人变善，如何让人与人之间变得更加和谐，如何建立人间的秩序，成了孔子、墨子、杨子等人共同关注的焦点。

到了战国时代，随着大思想家的相继逝世，鲁国哲学走向了衰落。大约在子思的时代到其门徒孟子之间的一百年左右时间里，是鲁国思想家沉寂的年代。

在这个时期，另一座思想高峰崛起了，那就是来自楚国的新思想。

楚国原本是一个蛮夷之国，受华夏文化的浸染不深。但也正因如此，楚国人才不受周文化的拘束，保留了许多古老文化的痕迹。他们有浓烈的巫术文化氛围，也保持着极为丰富的鬼神体系，更关键的是，他们看待事物的方式也和周人有很大不同，他们会用一种更为诗意、浪漫的方式来看待这个世界。

鲁国思想家以及他们的门徒也开始走进楚国，比如孔子来到楚国，与当地隐者沟通；公输盘、墨子来到楚国，凭借守城之术震撼了楚王，后来又有其他儒者、墨者源源不断地来到这里，带着周文化色彩的学说思想与楚国本土文化碰撞之后，产生了新的思想火花。

楚国哲学，就这样在与华夏文化的碰撞中形成并发展了起来。

相比于严谨、克制的北方人，楚人显得更加浪漫，情绪更加饱满。楚国哲学也沾染上了这种精神气质，呈现出一种极度张扬的想象力。楚国思想家们喜欢叩问天地，他们的头脑里充满了对万事万物的玄想，他们思辨的是上到宇宙万物，下到细微人生的究极问题，同时还崇尚自然，饶有兴趣地探寻着自然万物的本性。在他们眼里，风雨雷霆、山川江河，都具有别样的意义。

不像儒家、墨家那样，天然就把自己的思想与怎样治理好国家联系在一起，楚国的思想家们并不喜欢参与到政治中。这在北方人看来是有点不可思议的——你这么有想法，怎么不做官呢？有学问之后就去做官，是天经地义的事情，但楚国思想家们却不太愿意做官，而是隐姓埋名住在山野之间，这些不从事政治的思想者们又被称为“隐者”。

其实，要不要做官、要不要参与政治，取决于思想者们内心的取向。隐者们本就不认同做官是实现理想的唯一道路，归隐山林，又有什么问题呢？

隐士们

楚国向来就容易产生隐者。早在孔子经过楚国时，就发现这里有很多不参与政治的隐者。

比如在寻找渡口时，孔子碰见的长沮、桀溺①，就是两位隐士。听说来问路的是鲁国大名鼎鼎的孔丘，长沮不仅没有为孔子师徒指路，还不忘讽刺一番：“原来是什么都懂的鲁国孔丘，那一定知道怎么渡河吧？”

桀溺则当着子路的面批评了孔子的做法：社会动荡、秩序瓦解，就如洪水滔滔，天下皆是，你又能靠什么去改变它？孔子试图改变这滔天的洪水，才被逼远走他国，然后被匡人逼得到处躲避。与其像孔子这样躲避某些人，还不如安居于此，躲避这个世道。

① 长沮和桀溺是春秋时期的两位隐士，隐居不仕，从事耕作。《论语·微子》：“长沮、桀溺耦而耕。孔子过之，使子路问津焉。”

子路问津（选自《孔子圣迹图》）

长沮、桀溺，就代表了一种隐者的态度。面对这个失序的时代，他们无意参与政治试图去力挽狂澜，而更乐意于活在自己的世界里，求得自己人格的完整。至于外面的天下，也正像洪水一样，不管是试图阻挡，还是自我躺平，结果都是一样的，改变不了什么，但是洪水总有退去的那一天。

孔子对此表示理解但是遗憾。他知道，和政治圈的那帮贵族相比，隐士才是真正理解自己初衷的那些人，因为他们对于这个时代的问题有着相似的理解，也怀着相似的悲悯之心（或者说是“仁心”），孔子和这些隐士才是同一类人，可以在同一维度上交流。只不过最终的观点不同，隐士所求的是自身的完满，而孔子所求的是“天下有道”。

孔子盛赞这些人，却对他们的看法持保留意见。

楚国隐者们的这种态度，和不愿意拔腿毛的杨朱，相似但又不完全相同，虽然都是为了自己而考虑，但又有细微的差别。杨朱强调人人为己，最终是让天下得以治理；而隐者们关注自身，出发点依然是自身，他们以保全自己的完整人格为最终目的。

狂者接舆

在孔子时代的隐者中，最有名的就是“楚狂接舆”了。

在《论语》中，出现过很多楚国的隐者，除了长沮、桀溺，还有荷蓧丈人。但这些人并没有直接与孔子交流，而是与子路这样的孔门弟子交锋。只有这名叫接舆的楚国狂者，与孔子产生了正面的接触。他曾在孔子坐车出门时，在车前唱着歌走过，歌曰：

> 凤兮！凤兮！何德之衰？
> 往者不可谏，来者犹可追。
> 已而！已而！今之从政者殆而！[①]

这首歌意味深长，似乎将孔子比作凤鸟——凤鸟在天下有道时出现，但是，如今天下无道，孔子为何还知其不可为而为之，徒劳地想要改变这个世道呢？接舆唱完歌之后，就一溜烟跑了。孔子想追上去和他聊聊，但是接舆跑得实在太快，孔子一句话都没和他说上。

接舆应该是一位著名的“狂者”，他不仅出现在儒家的典籍中，还在后来《庄子》等其他作品中几次三番地出现。看得出来，接舆也是为数不多令下一个时代的大哲人庄子十分佩服的人。

接舆不折不扣地贯彻着“有道则见，无道则隐”的原则，为了拒绝楚王让他出来做官的请求，他不惜把自己的头发剃光，以表达不愿意为官的决心。毕竟秃着个大脑门子，做官也就不像

① 见《论语·微子》。

话了。[①]

接舆践行的是“避害全生”，对于他来说，无论是让他做官，还是让他遵守外在的法度，甚至接受君王的教化，似乎都属于对个人完整生命与人格的侵害。

为什么遵守法度是一种伤害呢？因为这些所谓的“法度”或者“教化”，都是外在于我们的，而我们自己的生命整全，其实本来就包含了“德”，“德”与超越的天相连，本来就已经规定了我们的行为。现在又多了那些法度和教化来管理我们，这不是妨碍了“德”的运行吗！[②]

真正正确的做法，就是把自己摆在正确的位置，从而让天然就有的秩序充分发挥其作用。

老莱子的舌头

除了楚狂接舆，老莱子也是楚国隐者中的重量级人物。[③]他在后世出名，是因为他的事迹进了“二十四孝”——他一大把年纪了，还经常打扮得花枝招展地在老父老母面前扮演小孩子，逗老两口开心。

但老莱子真正值得被记住的事情，仍旧是他的思想。

---

①《楚辞·涉江》：“接舆髡首兮，桑扈裸行。”

② 关于“欺德”的说法，可以参考《庄子·应帝王》中接舆的言论：“肩吾见狂接舆。狂接舆曰：‘日中始何以语女？’肩吾曰：‘告我：君人者以己出经式义度，人孰敢不听而化诸！’狂接舆曰：‘是欺德也。其于治天下也，犹涉海凿河而使蚊负山也。夫圣人之治也，治外乎？正而后行，确乎能其事者而已矣。且鸟高飞以避矰弋之害，鼷鼠深穴乎神丘之下以避熏凿之患，而曾二虫之无知？’”

③《史记·老子韩非列传》云“老莱子亦楚人也”。刘向《列仙传》、班固《汉书·艺文志》等都说老莱子是楚人，对此应当没有疑义。

相传，子思曾经前往老莱子所隐居的蒙山拜访老莱子，请教如何事君。作为一个与孔子同时代的人，老莱子恐怕已经是个垂暮老人。他给子思的回答是：张开嘴，向子思展示自己掉得惨烈的牙齿。

牙齿是坚韧的，可用来咀嚼食物，但终日上下相磨，所以容易脱落，到了老莱子这个年纪，牙齿都已经掉得差不多了。而舌头却因柔顺而保持长久，依然留在老莱子的嘴里。[①]这就是“齿刚易敝，舌柔常存”的道理。在老莱子看来，“柔”就是一种处世的方式，它要求人们戒除骄矜、淡泊名利、忘却好恶、顺乎自然。就像舌头一样，藏在人的嘴里，默默地发挥着自己的作用。

这种“柔”的理念，也表达了老莱子淡泊而超然的人生态度。老莱子曾说：人生于天地之间，只不过是暂时寄寓于天地，死后即回归自然。[②]人的生死与自然过程一致，人与自然合一，所以也不必像儒家那样试图从超越存在者那里寻找自身的意义，因为我们的意义本身就在天地之间。

隐士与道家

很多人不知道，那个帮助越王勾践以三千越甲荡平吴国的楚国人范蠡，在思想史上也有一席之地，《国语》中记载了他对“时”这个哲学概念的注述。

---

① 这个故事见《孔丛子·抗志》，真实性存疑。但老莱子展示牙齿的事情，已经是个著名典故了，如《战国策·楚策·或谓黄齐》亦云：“公不闻老莱子之教孔子事君乎？示之其齿之坚也，六十而尽相靡也。”这个故事还有其他类似的版本，如《淮南子·缪称》中，高诱注云：“商容吐舌示老子，老子知舌柔齿刚。”这里的老子应当指的是老莱子。

② 《尸子》：“老莱子曰：‘人生于天地之间，寄也。’”

在范蠡看来，天地、宇宙与人是一个整体，遵循着共同的法则。这个法则就是“天道”，不管是日月星辰的运行，还是万物生灵的行动，以及人世间的种种秩序抑或是混乱，都在天道的主宰下进行着。天道的内容丰富深远，无所不含、无所不包。我们要把事情做对，就要遵循这种天道，循着上天的法则来做事。就拿范蠡的本职工作——带兵来说吧，军队里的排班周期、征调方式，都要按照天道规律来进行，不能做错了。其他事情也都是这样，要按照天道规律来做，让“人事与天地相参”，从天道开始，把握好人道。[1]

大功告成之后，范蠡不要求赏赐，毅然决然地退隐江湖。当越王气急败坏写信给范蠡，并以其家人的性命相威胁时，范蠡也果断给勾践回了一封信，信上说：“臣知道命令了。君上自可行使你的权力，而臣也自可践行我的心志。”随即乘上轻舟，去五湖漂流去了。从此江湖上失去了范蠡的行踪，多了一个富可敌国的陶朱公。

在强权面前不失自己的尊严，最大程度上保有自己的自由意志，这是隐士的品格，也是一个哲人的节操。

从这些隐士们的思想中，我们可以看到大量老子、庄子哲学的影子。比如楚狂接舆所提出的“避害全生”“德”，老莱子所崇尚的“柔”，以及范蠡所提出的“人事与天地相参”，都和老庄思

①《国语·越语下》：“范蠡曰：‘臣闻古之善用兵者，赢缩以为常，四时以为纪，无过天极，究数而止。天道皇皇，日月以为常，明者以为法，微者则是行。阳至而阴，阴至而阳；日困而还，月盈而匡。古之善用兵者，因天地之常与之俱行。后则用阴，先则用阳；近则用柔，远则用刚。后无阴蔽，先无阳察，用人无艺，往从其所。刚强以御，阳节不尽，不死其野。彼来从我，固守勿与。若将与之，必因天地之灾，又观其民之饥饱劳逸以参之。尽其阳节，盈吾阴节而夺之，宜为人客，刚强而力疾；阳节不尽，轻而不可取。宜为人主，安徐而重固；阴节不尽，柔而不可迫。’”

想有许多共同点。在那个时代，这些思想深邃的哲人们，相互启发着对方的大脑，彼此交换着自己的哲思。

哲学史上，这些隐者虽然没有形成类似儒家、墨家这样的学派，但因其思想与精神气质相似，被统称为“道家”，他们是“道家”的早期代表，也是老庄哲学的先声。[1]

① 冯友兰指出“道家即出于隐士”，“隐者”“逸民”是道家思想的前驱。

道可道

老子是谁？

在中国哲学史上，有这么一部神奇的著作，它只有短短的五千余字，却是思想分量最重的哲学著作之一。同时，它又是道教的经典，是一部类似《圣经》的宗教典籍。这部著作就是《老子》，亦称《道德经》。

这本书背后有个十分传奇的故事。传说老子要去西方旅行，在散关被关尹拦了下来，关尹担心老子一去不回，思想就这么失传了，所以请老子把他的思想给写下来。于是，当天晚上，老子一气呵成，写下了这部五千多字的巨著，随后飘然离去，再无踪迹。

更加令人摸不着头脑的是，《老子》作为一本以作者的名号来命名的著作，它的作者究竟是谁，同样是个谜。

解开这个谜团的关键在于：老子究竟是谁？

有人认为，老子就是老聃，真实姓名叫作李耳。[①] 当初孔子前往雒邑学习深造的时候，就曾经向老聃拜师学习。就此而论，老子思想比孔子思想还要久远。

---

① 《史记·老子韩非列传》中明确提出，老子是“楚苦县厉乡曲仁里人也”。刘向《列仙传》、陆德明《经典释文》等著作中认为老子是陈国苦县人，是因为那时陈已经是楚的属国，所以两者其实是一个意思。

可问题是，春秋时期根本就没有“李”这个姓氏。[①]世上可能有李耳这个人，但大概率和老聃不是同一个人。毕竟到了西汉时期，号称老子第八代孙和孔子第十三代孙的人竟然同朝为官。老聃作为与孔子同时甚至更早的一位前辈，后代居然要比孔子的后代还要小上五个辈分，究其原因，要么是老聃后人人代人都极为遵守晚婚晚育政策，六七十岁了才生孩子；要么就是老子另有其人。

《老子出关图》

所以，千百年来，围绕“老子是谁”的问题，出现了各种各样的说法。

有人说，老子其实就是老莱子，即那位楚国的隐士。[②]

还有人说，老子应该是战国时期的周太史儋，也就是一位名叫“儋”的东周史官，也是一位大学问家。因为周太史儋的大名与老聃

① 据古文字家唐兰先生的考证，春秋时有“老”姓而无“李”姓，所以老子不会姓“李”。见唐兰《老聃的姓名和时代考》（《古史辨》第四册）。郭沫若、马叙伦、陈独秀等人都同意唐兰之说。高亨先生通过进一步的考证，在其《老子正诂·前记》（《古史辨》第四册）中指出：“老、李一声之转，老子原姓老，后以音同变为李，非有二也。”

② 此说以汪中、钱穆、谭戒甫为代表。见汪中《老子考异》、钱穆《关于〈老子〉成书年代之一种考察》等。

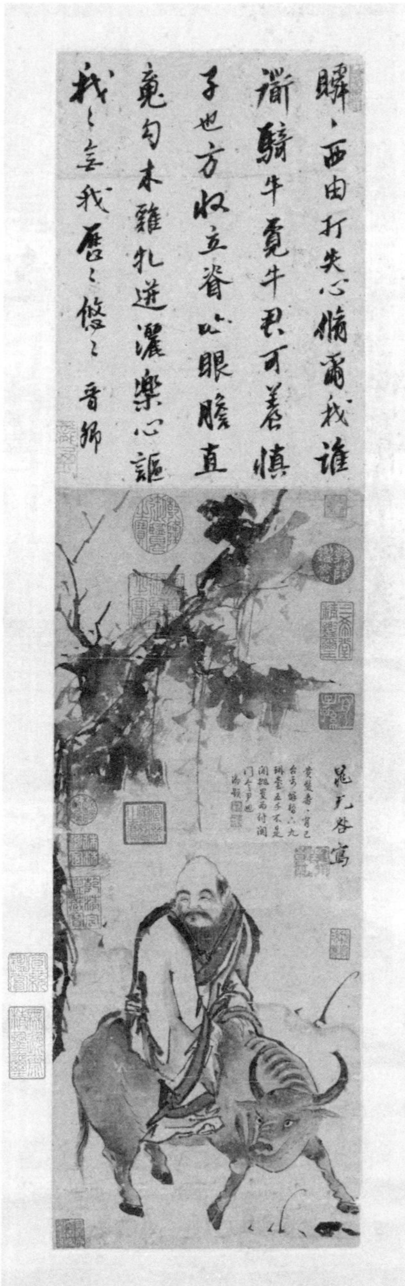

《老子骑牛图》

同音，而且也有一段去西方旅行的经历，所以也有可能是创作出《老子》的人。

到了后来，还有人觉得《老子》根本就是杜撰的，这本书其实应该是西汉时的产物。因为《老子》的内容实在是太超前了，根本不像春秋时期的作品。就像战国时期神秘的“鬼谷子”一样，老子可能也是传说中的人物，而《鬼谷子》这本书是后人的伪作，故《老子》也是后人写的，只是借用老子的名号来扩大影响力，这并非完全没有可能。

楚简疑云

关于《老子》的作者问题，一直众说纷纭，没有定论。事情的转机出现在 1993 年。这一年，在湖北省荆门市郭店村，发现了一批战国时期的楚国竹简，其中包含了大量思想领域的著作。这批竹简被称为“郭店楚简”，是重大的考古发现。

郭店楚简中，就有关于《老子》的文本。我们如今看到的《老子》已经流传了两千多年，内容不可避免地会在传播中有所变化。而郭店楚简中的《老子》，为我们呈现出了战国时期原汁原味的《老子》。同时，因为这是战国中期的文物，所以，《老子》至少应该是战国时期的作品。“《老子》为西汉时的作品”这一说法也就不攻自破了。

几十年来，接连出土了战国至西汉的四种《老子》简帛古本，除郭店楚简本外，还有长沙马王堆汉墓出土的西汉帛书《老子》甲乙本，以及《北京大学藏西汉竹书》古本，这彻底改变了《老子》文本的版本状况，让我们得以认识到《老子》文本在战国到西汉间不断修改完善的变化过程。本书讨论的《老子》以流传版本为基础，兼采近年来学者对楚简本、帛书本的有价值的研究成果。

郭店楚简将《老子》文本问世的最晚时间往前推了几百年。然而，它并没有解决“《老子》的作者究竟是谁”的问题，反而将问题变得更复杂了。①

首先，郭店《老子》楚简共发现三组，这三组简所保留的《老子》全部加起来只相当于今本的五分之二，章序与今本有较

① 因为郭店楚简的发现，关于《老子》的作者问题，分歧看法甚至进一步加大了。郭沂等学者认为，历史上存在着两个老子，楚简《老子》其实才是老聃创作的、正宗的《老子》，而现在流传的版本只是周太史儋在老聃的基础上进行的二度创作。晁福林等学者认为，《老子》经历的是一个集体创作的过程，思想可以溯源到老聃这里，但是其中也经过了老莱子、周太史儋乃至更多其他后人的再度创作，这样的修改甚至可能一直持续到三国魏的王弼。经过了数百上千年的修改，这才变成了呈现在我们眼前的样子。当然，还有人认为，楚简《老子》只是几个小抄本，并不是《老子》的全本。

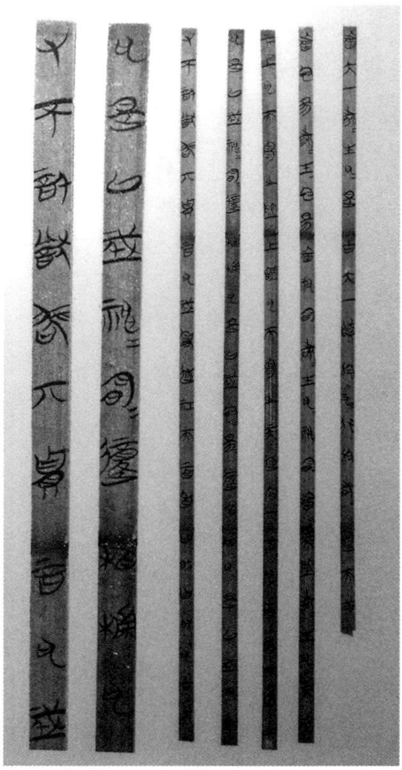

郭店楚简《老子》简（局部）

大差异，文字也有不少出入。

其次，楚简本《老子》虽然简略，但是已有相当的思想深度。甚至有一些观点在思想深度上，相比后世流传的版本有过之而无不及。比如，对于儒家，楚简本《老子》并没有十分狭隘地全盘否定，而是在某种程度上肯定了儒家宣扬的仁义，也不反对“圣”的存在。

关于《老子》的争论，至今都还没有得出一个明确的结论。争论了那么多，有一个观点基本得到大家认可——《老子》这部书，在形成中确实有许多作者的参与，汇集了许多人的思想结晶。

像这种情况，在春秋战国时期并不少见。不管是《墨子》《庄子》还是《礼记》《管子》，其实都是一个思想流派的集体结晶。[①] 只不过，写一部思想著作毕竟和工厂生产产品不同，它不是集体分工协作生产出的工业产品，而是靠“大师手作”精雕细琢的工艺品，体现着制作者个人独运的匠心。《老子》的精神内核必然来自一位伟大的哲学家，不管他是老聃、李耳，还是老莱

① 《墨子》为墨家门人集体创作已无疑义。《庄子》则分内篇、外篇、杂篇，只有内篇被认为确系庄子本人所作。《礼记》是儒家弟子的集体创作。《管子》则是战国时期齐国稷下学者托名管仲所作。

子、周太史儋，经过几代人的传习，其中的思想内核又经过了进一步的雕琢与阐发，这才最终成了呈现在我们眼前的样子。

所以，我们只能暂时搁置争议，不去讨论“老子”这个人，而是聚焦在《老子》文本的思想本身，进入它所呈现在我们眼前的思想世界中。

从《老子》的第一章说起

作为一座玄之又玄的思想宫殿，《老子》开篇就用它充满辩证的话语成功地吸引了我们：

> 道可道，非常道；名可名，非常名。
>
> 无名天地之始，有名万物之母。故常无欲，以观其妙；常有欲，以观其徼。此两者，同出而异名，同谓之玄，玄之又玄，众妙之门。

其实我们从出土文献中可以看出，至少在早期的版本里，《老子》的开篇并不是这段话，但是最终这段话被汉晋以来的思想家们反复修改后，成为传世版本《老子》的开篇，这里自然有它的深意。可以说，《老子》的第一章，就是我们进入这座思想殿堂的敲门砖。

“道可道，非常道”一直以来就有各种各样的解读，甚至连怎么断句都有好几种说法。最常见的，当然是“道可道，非常道”，意思是说，“道”如果用语言讲出来，那就不是永恒的“道”了。还有人把它断句成“道可，道非常道”，或者“道，可道，非常道”，甚至还有人觉得这句话是在讲三种不同状态下的“道”，也就是“道可，道非，常道”。为了解读这句话，历代的

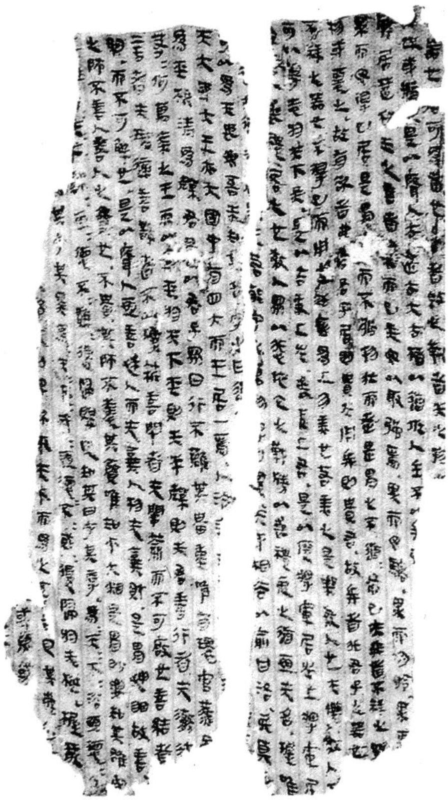

马王堆帛书《老子》残页

学者几乎穷尽了所有的脑洞，总想找出些玄妙至极的道理来。

但若观其大略，这句话在《老子》中的意义是清晰的，它在一开始时开宗明义，告诉大家：这次言说未必能真正讲清楚宇宙的终极奥义。之所以如此，是因为在进行哲学式的分析论证时，所使用的语言本身是有限的——这就是哲学的语言困境。

语言是进行逻辑思考的工具，但是语言真的能完全表达我们的思想吗？真的能完全描述一件事物吗？

古希腊哲学家柏拉图曾这样形容人：“人就是一种两条腿的无毛动物。”听了柏拉图的说法，另一位哲学家第欧根尼就拎了一只拔光了毛的鸡，说：“喏，这就是你说的人类。”柏拉图无言以对，只好修改了自己的定义，说“人是一种两条腿、有扁平指甲的无毛动物”，以排除拔毛鸡的干扰。可是，这样给人类下定义真的合理吗？拔了毛的鸡不是人，那拔了毛的狒狒是不是就满足了柏拉图后来定义的条件？

这就是言说的局限性。当我们向一个人描述他从来没有听说过的事物时，便会陷入这种困境。

喜剧巨星周星驰有一部电影里出现过一个桥段，主人公费尽心思向民警解释绑架他的美人鱼是怎样的，接连描述了几次，警察依然无法根据他的描述画出美人鱼的样子。

连一条美人鱼都难以形容清楚，那人类还能通过语言描述清楚“道”这一终极实在吗？

那就给它取个名字叫“道”吧！

美人鱼用语言描述起来虽然比较困难，但我们还是能够努力穷尽我们的语言，将美人鱼大致描绘出来，就像很多文艺作品描绘的那样。

可是“道”呢？道无所不包、无所不含，甚至我们自己也是道的一部分，用来描述道的语言本身，同样也包含在道之中。“道”包含了无限，超越了人的感知，这就注定了不能像认识美人鱼一样，把“道”当作一个对象去认识。因而我们也就无法真正用语言来形容它，用概念来界定它，给它限定外延与边界，因为这恰恰和“道”本身的含义是相悖的。

作为一种无限性的存在，“道”的精妙就在于它的不可言说。

因为“道”是没法用语言去规定的，甚至《老子》本身也被视为一部不得已而创作的作品。为了勉强给这个无限性的存在下一个描述性的概念，那就叫它“道”吧。

如果不得不给“道”下一个定义，那就只能说，它的定义就是“大”，大到无限高、无限远，先于万物而生，同时又包含了万物，在时间、空间等各个维度，都是一个绝对超越的存在。①

---

①《老子》第二十五章：“有物混成，先天地生，寂兮寥兮，独立不改，周行而不殆，可以为天地母。吾不知其名，字之曰‘道’，强为之名曰‘大’。”

而且，它也不是静止不变的，而是在不断变化运行着。

天地万物的初始之际，是无名的。当我们将这个绝对超越的存在命名为“道”时，天地万物也就有了各自的对应名称（“无名天地之始，有名万物之母”）。从此它们“周行而不殆”，永恒而不息。

另一种观看

既然“道”从本质上来说是不可言说的，那我们花那么长时间谈论它有什么意义呢？

《老子》解释说，我们并非无法把握“道”，只不过“道”不是我们能够对象化地去认识的东西，否则我们无法把握住“道”的整全。

我们真正能够把握“道”的方式，是一种精神层面的体认、体验，《老子》把这一过程叫作“观”。

普通的“观”，是一种视觉上的感知。而《老子》所说的“观”，则是心灵上的体察。这是一种特殊的精神活动，是去感受我们感官所不能够感受的东西，也就是《老子》所谓的“玄”。[①] 也正是通过“观”，我们才能在万物蓬勃萌发、生长时，体察到“道”的本真状态，把握住天地万象。

通过“观”，《老子》中最核心的内容得以展现，我们（或者用一个哲学术语“主体”）开始探究天地万物的生成。我们正是在这个体察的过程中与万物进行交互，从而一步步去探究眼前的事物，探究周围的世界，乃至更超越的存在。

---

① 吴澄在《道德真经注》中将“玄”解释为“幽昧不可测知之意”。张岱年认为，玄的观念，亦即“道”的观念之变相。

到底如何去“观”呢？这可以分为两种状态，一是以“无欲”的状态去观万物的发生，二是以“有欲”的状态去观万物的形成（“故常无欲，以观其妙；常有欲，以观其徼”[①]）。

万物之生，是它们从本原当中生长形成的过程；而万物之成，则是它们与我们发生了联系，对我们产生了效用的意义。比如说，我们最常用的手机对我们的效用意义，其实就是它可以被我们使用，这就是手机之“成”。而手机究竟是什么，它在天地万物当中究竟处在一个怎样的位置，它的出现对天地万物究竟意味着什么，这就是手机之“生”。

在我们体察万物如何形成的时候，自然要用一种“有欲”的状态（带有目的性）去与事物发生关系。

在我们体察万物如何发生的时候，需要用一种“无欲”的状态（不带目的性）去观物之生。

无欲以观物之生，和有欲以观物之成，都是我们体察事物必要的方式。没有后者，我们的哲学就脱离了日常，变成了和实际生活不沾边的思维游戏；而没有了前者，我们会不可避免地沉沦在日常生活的监牢中，成为一个不会反思的工具。

静观万物

在探究万事万物的过程中，人们势必会更进一步，去体察那至高的超越存在——“道”本身。对于这超越的存在，我们应该

① 这一句，按照王弼以来的通说解释为“常无欲”和“常有欲”，但王安石、苏辙等人则认为应读作“故常无，欲以观其妙；常有，欲以观其徼”，此后争论不断。但马王堆帛书本《老子》则写作：“故恒无欲也以观其妙，恒有欲也以观其徼。”可见王弼的理解更为准确。“徼”本意为“边界”，可以将其理解为事物的最终形成。

如何去“观”呢？在《老子》中，方法很明确：“致虚极，守静笃。万物并作，吾以观复。”[①]

这就是《老子》中极为考验人的“致虚守静”功夫，它不是要学习什么知识文化，而是要达到一种精神上的境界。在体察绝对存在时，人要完全消解自己的心智作用，一直消解到没有一点心机和成见的程度，这样才能避免固执己见，保持自己内心的安静，最终体认到这个世界的真实面貌。

人是在认识世界的过程中增长关于世界的经验的。周遭的一切对于我们来说都具有工具性的意义。然而，正是事物对我们的工具意义，遮蔽了其本真的意义。我们用工具意义定义着周围的一切，同时也被周围的一切定义着。毛巾、扫把、电脑、手机、乃至我们自己，全都包含在“道”之中。我们从什么时候开始忘记了这一茬？

而“观”的过程，就是消除我们对万事万物成见的过程，最终让万物回归本来面貌。我们不再给事物确定什么意义，而是从整体上把握事物的整全，与万物浑然一体，超然于所有知识经验之上。

在一般人看来，这是一种“反智”主义，是在抛弃知识，拒绝认识世界，并认为这样的境界其实是一种无知，一种蒙昧。这老子自己也都说了：“我这是想要变傻嘛！让自己陷入一种混沌状态。好吧，那就让那些世人们清醒地做个‘大聪明’去吧，唯

① 对这句话，陈鼓应解释说，心境原本是空明宁静的状态，只因私欲的活动与外界的扰动，而使心灵闭塞不安，所以必须时时做到“致虚守静”的功夫，以恢复心灵的清明。老子从万物蓬勃的生长中，看出了往复循环的道理（也即“观复”），他认为纷纷纭纭的万物，最后终于各自返回到它的本根。参见陈鼓应《老子今注今译》，中华书局 2020 年版。

独我要坚持昏昏傻傻的样子。”①

可是，究竟谁更智慧呢？是世上那些万物连同自身都当作可利用工具的“大聪明”，还是像我们这样拒绝自我物化，只想要整全地把握世界的“愚人”？或许，像后者这样，看似荒唐又昏昧，实则玄通，才是真正的“明”。

静观于有无之间

在人的静观之下，世界越来越接近于它的本质。

世界的本来面目是怎样的？《老子》意味深长地给出了答案：道生一，一生二，二生三，三生万物。万物负阴而抱阳，冲气以为和。

道，是先于天地而生的。在时间、空间、意义产生之前，它就存在了，所以它超越了一切。在时间轴发端之时，道就呈现为“一”。这个“一”，就是原初的起点，就像宇宙大爆炸之初的那个原点，什么都不是，但未来的一切都包含在大爆炸前的这个原点中。

正因为“一”什么都不是，所以它是纯粹的“无”。但是，在《老子》这里，“无”并不是虚无，而是一种存在的形式。“无”虽然不具有实际的意义，但蕴含了“有”。在“无”的生发当中，就生出了“有”，也就是从“一”生出了“二”。

就像一块石头，当它只是一块普普通通的石头时，它不是

---

①《老子》第二十章：“众人皆有余，而我独若遗。我愚人之心也哉！沌沌兮！俗人昭昭，我独昏昏；俗人察察，我独闷闷。”

石斧，不是石狮子，不是任何可以被雕凿成为的东西。这所有的“不是”，就是哲学意义上的“无”。这块石头是空空如也的“无”，但正因为它什么都不是，所以可以被雕凿成任何可能成为的东西（即“有”）。也就是说，这块石头的“无”当中，包含了一切关于石头“有”的可能性。

天地万物也是这样，在它处在最初的“无”的时候，也包含着无穷的可能性。如今我们眼前的大千世界，都是从最初的“无”当中生发出来的。

道生出了无，无生出了有，这个世界出现了有和无之间的二元对立。整部《老子》中，充满了二元对立，阴与阳、虚与实、动与静、刚与柔……整部书简直是一部“反义词大全”。世界也是如此，对立无处不在。

但二元间在对立的同时，还存在矛盾的交互，最终形成二者的矛盾统一。

这就是《老子》说的“冲气”。有无之间存在相互作用，形成冲气交荡。这就是在“二”之中生出了“三”，随后就是“三生万物”，一切可能性竞相迸发。

犹如宇宙中的两颗星球，在引力的相互作用下最终只会单调地运动。加入第三颗星球后，一切都改变了，三颗星球之间形成了复杂的“三体运动”，变幻出了无穷可能的运动形式来。

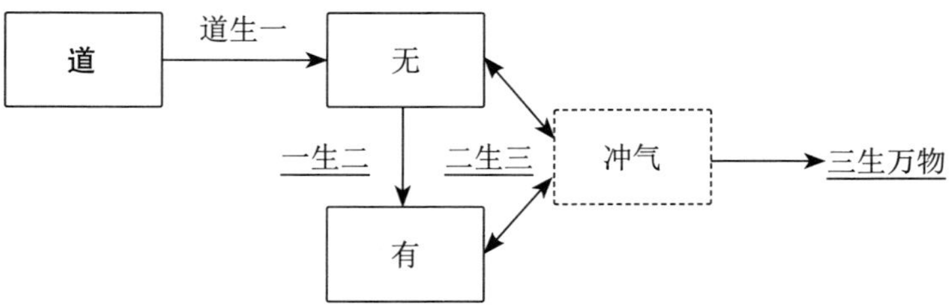

“道生万物”示意图

而一切，就在有无之间产生了。有，像是用于雕刻的木料；无，像是雕刻用的刻刀。这把刻刀在木料上不断地“否定”，两者相互形成矛盾交互，最终赋予了木料丰富多彩的形象。世间万物经由这样的否定，最终成为实有的样子。这一万物都要经历的过程，就是“道”。在“道”之下，最终生成了如今展现在我们眼前的生机勃勃的世界。

《老子》：无为的智慧

愿道与你同在

在《老子》描述的世界里，天地万物都被放在了一个叫作“道”的整全中。“道”的超越存在，无所不包，无所不纳，但这个“道”却又是虚空的，并且这种虚空不是虚无缥缈，而是“大盈若冲”，是充满到了极致而呈现出的虚空状态。“道”犹如一个包容万象的容器，是所有存在的母体。

这绝对是一个极富想象力的哲学体系，足以撑起一部科幻电影的基础设定。比如在风靡全球的科幻电影《星球大战》中，主角与大反派之间不仅拿着光剑打架，还动不动催动一种叫“原力”（英语叫 the Force）的东西。原力上可以靠意念挪动星舰，下可以在无形中掐住对方的脖子，是全片第一杀器。而这一设定，就带有浓郁的《老子》思想色彩。《老子》中那句“窈兮冥兮，其中有精，其精甚真，其中有信”中的“精”，意思是微小处的原质、精力，在英文中一般就被翻译成“life force”[①]，不知道是不是这一点灵感，启发了《星球大战》的创作者。

《星球大战》想象宇宙有一个巨大的能量体，那就是“原力”，其中有好的一面和坏的一面。我们是原力的一部分，因为我们能制造让原力存在下去的力量。电影里的绝地武士常常说，

① 林语堂用英文翻译《老子》，用的就是这个译法。

“愿原力与你同在”（May the Force be with you），正像那“道”一样包容天地万物。而原力的善恶两面，也如同《老子》所说的那样，“负阴而抱阳”，两者相反相成。

但是，哲学终究不是幻想。《老子》中这么宏大的世界观和宇宙论，不是光用来支撑科幻设定的。正如每一个伟大的哲学思想一样，它们之所以伟大，不仅仅在于其超越时代的光辉，更在于对现实世界的关怀。

这也是中国哲学中的一个重要特质：在天人合一的理念下，哲学中的宇宙法则与人世的法则是一体的，宇宙观必然要作用于人生观、价值观。就像“道”的本意是“道路”的“道”一样，不管哲学如何高深玄妙，它只有同生命联系起来，才有意义。

所以，《老子》的“道”与生命也是一体的。做人、做事的原则，与包容万象的“道”成为一个整体，人可用“道”来引导自己的生活。

道与德

那么，“道”又是通过什么形式成为行动的法则来引导我们生活的呢？

为了回答这个问题，《老子》又提出了一个新的概念，那就是“德”。后来我们又把《老子》称为《道德经》，就是因为“德”是与“道”并称的重要概念。甚至在帛书《老子》中，是先讨论完“德”，才开始讲“道”的玄奥道理的。

因为“道”是包含着宇宙万物的超越存在，这个概念实在太大了。它必须落实到具体的人生中，成为每个个体的行为规范。“道”落实到个体时，就成了“德”。“德”是“得成”的意思，即得之于道而成为人之所以为人的规范。“道”生出了万物，也“生”出了每个个体，而我们的生命，就是一个从“生发”到“完成”的过程。我们要做的，就是如何完成好生命的这个过程。

“道”通过“德”来展示和规范包括人在内的天地万物，人同天地万物又反过来通过“德”来感悟“道”的特性。

“德”不是《老子》发明的新概念，我们之前提到的楚狂接舆，就有明确的关于“德”的思想，再往前追溯，殷周时期的先贤们，同样也看重每一个人的“德”。在儒家那里，“德”指的也是人自身的道德属性，《大学》里就为君子们的自我修养而提出了“明明德于天下”的目标。

而在《老子》这里，这些寻常所谓的“美德”“明德”，其实只是层次不高的“下德”。一个人如果刻意想要求得那些美德，按照那些金科玉律的礼法，学着去做仁义的事情，其实和大马猴在模仿人的动作没有什么区别，不管怎么模仿着仁义，都达不到真正的“德”。这种人整天担心自己哪里做错了，违背了“德”，其实这种“下德”根本不配称为真正的“德”。[①]

那真正的“上德”是什么样的呢？

《老子》的答案是：真正的“上德”，从来不管自己有没有在遵循道德。上德之人，不会为了成就自己的“德”而刻意去做什么事情。为了求德而行德，反倒损害了自己的德。真正的上德，与天地万物一样，遵循“自然无为”的至高法则，从来无心去有意作为，却又把该完成的事情都顺其自然地做好了。

①《老子》第三十八章：“上德不德，是以有德；下德不失德，是以无德。上德无为而无以为。”其后还有一句“下德无为而有以为”，但帛书本中无此句。冯友兰、刘殿爵、陈鼓应等学者认为是衍文。

道法自然

在《老子》这里，从人到万物，进而到“道”这一最高存在，所遵循的法则都是一贯的。

人的行为取法于地，地取法于天，天取法于道，而道则取法于自然。[①] 人的规范性最终与“道”相连，都将“自然”作为至高法则。

那“自然”又是什么呢？这个“自然”，不是我们现在说的“大自然”，而是“自然而然”的“自然”。所谓至高法则，其实是让人、地、天、道自然而然地呈现各自本来的样子。

之所以崇尚自然，是因为“道”原本就蕴含了一切，它生出了“无”和“有”，再生发出了万物。呈现在我们眼前的一切，都是“道”自我展开和实现的过程。而我们人类社会的法则，也同样应当崇尚“自然而然”的道理。人是可以与天、地并称的重要存在，人自身原本就包含了“道”，所以要成就自身的“德”，就只能从顺应自身的自然生发，让自身原本就有的美好品质得到充分的展现。

至于儒家所谓的“礼法”规范，在《老子》看来，只不过是那些达不到“上德”境界者强行立下的一个标准的道德罢了。它看似是在把人们的行为引导到正确的方式上，其实阻碍了人们按照自然无为的方式达到“上德”的境界。

① 《老子》第二十五章：“人法地，地法天，天法道，道法自然。”

做一个婴儿

要蓄养出自身的“上德”，须得经过个体修养，最终达到更高的境界，真正实现自己的“道德”。[①]

这个过程，其实也是中国哲学探究的终极命题——通过修养达到超越存在，最终实现自我。《老子》所说的那个永恒的超越存在，就是“道可道，非常道”的“常道”，“常道”具体到人自身的德行上，就是“常德”。人要通过修养达到超越存在，其实就是进入了“道”的境界，即“同于道”或者“与道同一”，和“常道”浑然一体。

这样的境界，只可意会不可言传，不能完全用语言来描述。《老子》打了一个比方：“常德”的境界，就像是重新回归到婴儿的状态。[②]

婴儿是《老子》中一再提出的一个意象。婴儿什么也不懂，什么也不会，整天只知道睁着一双清澈的大眼睛看着这个世界，朴实无华，没有欲望，却是生命力量的象征，蕴含着无穷发展的潜力与可能，大千世界里千姿百态的人生，都是从婴儿生发的。

从婴儿身上，我们才能真切地感受到生命的源泉与力量，才能体会到生命的宝贵和完美，人类真正的美德也将从这里诞生。在婴儿的状态下，人真正回到了心灵境界的本真状态。

只不过，人类从婴儿长大，积累各种各样的知识，在欲望的驱使下看待人与事物，逐渐变成了被目的、欲望驱使的物种，偏离了生命原本的意义。

当目的与欲望无限膨胀，人就会产生异化，失去自己的本

---

①《老子》第五十四章：“修之于身，其德乃真。”

②《老子》第二十八章：“知其雄，守其雌，为天下溪。为天下溪，常德不离，复归于婴儿。”

真。因此，《老子》告诉我们，要克服这种异化，就要通过修养自身，实现向本真状态的复归。这种复归到婴儿状态的过程，其实也是自身的一种超越过程，是人生真正的自我实现。

给知识做减法

回归于婴儿状态的具体方式，就是给自己做减法，去除那些功利的、目的性的知识。《老子》说这个过程叫作“为学日益，为道日损”。

在论述孔子思想时，我们说过，孔子所理解的“学”不是现在所说的学习具体知识，而是在修习文教礼乐的过程中，一步步通往最高的“道”。在《老子》中，其实也并不排斥知识，所谓“有欲，以观其徼”，就是在“道”的整全中去“观”物，求得外界的知识。但对《老子》来说，在求学方面的增益，和为“道”并不是一回事。“为道”不是一个知识增加的过程，而是减少多余知识的过程。我们通过“学”一步步地完善自己；同时也在通向“道”的路上，去除那些功利的、目的性的知识。只有去除那些于生命本身而言不必要的功利性知识，才能真正地掌握知识背后的“道”。

在金庸小说里，有位传说级的绝世高手，叫“独孤求败”。他纵横江湖三十余载，用过四把剑。

第一把剑，是一柄凌厉刚猛，无坚不摧的利剑，独孤求败二十岁以前用它跟河朔群雄争锋。

第二把剑，是一柄软剑，软剑不像利剑那样锋利，但是更软、更灵巧。

第三把剑，是一柄几十斤重的玄铁剑，没有剑锋，不再像过去那样锋芒毕露，而是更加厚重，更加具有钝感。

第四把剑，则是一把普普通通的木剑，因为这时的独孤求败已经到了草木竹石皆可为剑的境界，所以继续深入用剑之“道”以后，他的修为登峰造极，逐渐实现了“无剑胜有剑”。

这个过程，其实就与人在“为道”之路上不断做减法的过程类似，人在为道的过程中，不断减损那些“有用”的东西。从利剑到玄铁剑，独孤求败不断地损去自己剑上的锋芒，就如同我们在“为道”时一点点消除生命中的目的性、功利性因素。而从玄铁剑到木剑，再到无剑，独孤求败最终不再因为具体的器物而限定自己，取得了在用剑之“道”上的无穷可能性，如同人在“为道”之路上，摆脱了其他欲望、知识的限制，回归到了生命本身的终极意义，从而获得了自身生命的无限可能性。

所以《老子》说，损之又损，最终达到“无为”的境界。在“无为”的境界中，人不再为了具体的功利和目的而做事情，一切都发自生命本身，人本身与“道”同一，而“道”又生成了一切，生命也因此具有了无穷的可能性，这就是“无为而无不为”。[①]

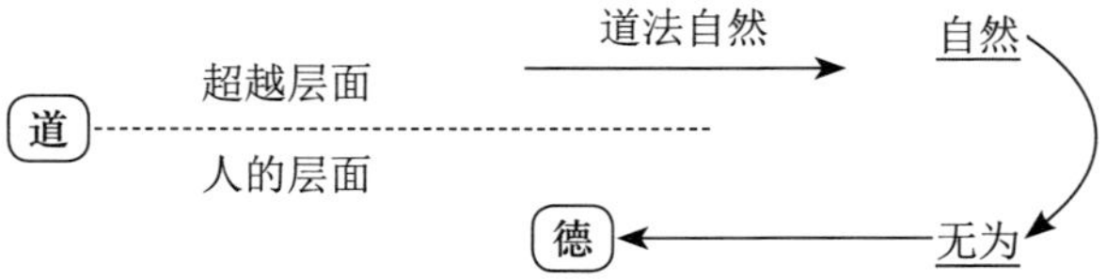

“道”“德”转化示意图

①《老子》第四十八章：“为学日益，为道日损。损之又损，以至于无为无为而无不为。取天下常以无事，及其有事，不足以取天下。”

无为而治

既然真正的“上德”应当遵循“自然无为”的法则，那么不仅个人生命意义的实现要遵循它，人类社会的组织与治理也要遵循这一法则。这一法则的核心理念就是要以“道”与天地万物的“无”来指导我们的行为。在人类社会的组织与治理中，真谛就是让自己成为其他人发挥和实现自我的条件。

比如要管好一个企业或者一个部门，要做的不是频繁地下指令，指挥下属们做这做那，而是在组织中隐形，做好保障，充分发挥下属们的工作能力和积极性。

再比如要管好一个国家，要做的不是三天两头地搞新的运动，而是让所有人各司其职，避免给老百姓带来不必要的干扰和影响。

无为而治，不是什么都不干，而是努力维护一个让所有人自然发展的秩序，不做多余的事情。因为“道”原本就蕴含在世界的本来面目中，只要不去干预，人类社会自然而然就会在“道”的基础上自发地形成相应的秩序——一个不会割伤万物之自然的宏大秩序（大制）。①

可是，统治者真能做到“无为而治”吗？真能控制住自己，不去下各种各样的指令吗？

事实是，统治者的控制欲、权力欲会不可避免地膨胀，所以，对“无为而治”是否能真的实现，《老子》恐怕是持悲观态度的。最可行的实现路径，唯有一种小国寡民的方案。把国家的规模控制在最小范围，才能将统治者的权力限制在最小范围，统治者的控制欲也才能尽可能地收缩在最小范围。

当国家只不过是小村、小镇这样的规模，国王的权力也大不

---

①《老子》第二十八章：“朴散则为器，圣人用之，则为官长。故大制不割。”

过现在的村主任、镇长，组织不了什么强大的军队和政府，这样才能让“道”充分在人类社会展现，生发出自身的秩序。每个人过着返璞归真的生活，节制物质欲望，把注意力放在生命本身。安然地处在本来的位置，不想着扩张自己的欲望，大家各自过好自己的生活，邻国邻村都老死不相往来。

这种如田园诗一般的景象，就是《老子》为世界指出的方向。至于这种景象是否真的可以实现，可能连《老子》的作者自己都不存幻想。人类社会在经历了漫长的演化之后，要让它重新回到那个由一个个小国家、小部落组成的形态，这个想法实在有些天方夜谭了。这不妨碍老子的伟大——无论古今中外的大哲学家，他们思考和反省的都是时代突显下人类永久的问题，但不提供具体的“药方”。哲学是“被把握在思想中的它的时代”[①]，也就是说，哲学不是要解决实际事情，而是要思考时代问题。在《老子》中，拿“能否解决实际问题”来评判哲学，本身就是“有欲”的“下德”。

在一个日益繁复的世界里，《老子》所向往的朴素生活，既是一种美好的想象，也是那至高的超越存在照进晦暗尘俗的一点微弱星光。

把哲学给世界的解决方案，建基在一个美好向往里，其实也是《老子》对于现实的一种悲观的无奈。虽则如此，那片向往的背后，《老子》却为我们的文明指点出了一片永恒灿烂的星空，为沉闷的现实世界空出了一抹留白。而这一抹留白，也将在历史的流转中，为无数人提供精神上的净土。

① 出自黑格尔《法哲学原理》序言。

本章推荐参考书目：

王弼：《老子道德经注》

陈鼓应：《老子今注今译》《老子注译及评介》

刘笑敢：《老子古今：五种对勘与析评引论》

庞朴：《庞朴学术文化随笔》

秦复观：《帛书老子注读》

第六章

在这幽暗的世界里，幸好我们还有孟子

从心的发端开始

从一场辩论说起

在公元前330年左右的齐国，一场公开的辩论正在国都临淄展开。这场辩论的特殊之处在于，它不是儒家、墨家抑或是杨朱、黄老等学派之间的论战，而是发生在两位儒者之间。

这场辩论的一方，是颇有声望的学者告子。他老人家已经有八十来岁了，过往的人生高光时刻，大概是曾经把墨家众弟子一个个地驳倒之后，和宗师墨子直接对话，而墨子也没能在论辩上完全胜过告子。①

辩论的另一方，是一个名叫孟轲的人。孟轲虽然出自儒门的正统——曾子、子思一系②，四十岁前也开始讲学设教，但此前只是游历在鲁国一带的“地方学者”。此时距离孔子的时代已经过去一百多年，那个鲁国文化占据主导地位的时代已经一去不复返了。初来乍到的孟轲，只能算是个名不见经传的小角色。

---

① 事迹出自《墨子·公孟》。这里的告子据考证和《孟子》中的告子是同一个人，参见郭沫若、钱穆、庞朴等学者论证，其中以庞朴《告子小探》考辨最为详尽。

② 关于孟轲的学脉传承，司马迁认为孟轲曾“受业子思之门人”，而赵岐则认为其直接受业于子思（见《孟子题辞》），但子思的时代离孟轲已经很远，故司马迁之说更为合理。孟子思想与子思有密切关系，历史上称之为“思孟学派”。

这场成名之战后，孟轲算是混出了名堂，在这个思想家辈出的时代，立于不败之地。[①]

> 告子被不同学者解读为道家、墨家或儒家。以西方汉学家葛瑞汉为代表的学者，认为告子的思想渊源在齐国稷下学派的道家，其思想的表述与《管子·戒》接近；以李明辉为代表的学者，认为告子属于墨家，他们的观点建立在《墨子》中关于告子的记载，以及他们对于告子的“不得于言，勿求于心；不得于心，勿求于气”的解释；以陆建华为代表的学者，认为告子属于儒家，因为告子对人性的道德化研究原本就是与荀子、孟子类似的儒家特有理路，而楚地简帛文献的出土，《性自命出》《五行》等篇的儒家思想论述，又成为进一步佐证。告子是齐国稷下先生，受宋钘、尹文影响很大，融合了儒、道、墨、法等不同思想，可以说是“非儒非墨或亦儒以墨”。笔者认为，这一问题背后其实说明了诸子思想的复杂性，儒、道、墨等学派一直在思想上相互碰撞、借鉴并自我完善。至于告子思想的本质为何，我们不妨用陆象山之言作为答案——告子亦是孔门别派。

他们论战的核心，则是一个关乎儒家学派立身之本的基本命题——人性。

如果把这次辩论看成一场比赛的话，那正方的辩题就是“人

① 关于告子与孟子的这场辩论，张秉楠、梁涛考证，是在孟子首次到齐国时，时间大概是在齐威王二十七年（前330）。见张秉楠《稷下钩沉》，上海古籍出版社1991年版；梁涛《郭店竹简与思孟学派》，北京师范大学出版社2021年版。

性包含了仁义”，而反方的辩题则是“人性不包含仁义”。

关于这个命题，反方的辩友告子已经深思熟虑，所以直接提出了他的观点：“人性，就好比是杞柳树；而仁义，就好比是用木材制作出的杯盘。杯盘是以杞柳为材料生产出来的，仁义也是以人性为材料生产出来的。”

正方辩友孟轲针锋相对地反驳：“那敢问，您拿杞柳来生产杯盘的时候，是按照杞柳的材料特点来制作，还是毁掉杞柳的特质去制作的？如果是侵害杞柳自身的特质之后才能去制作杯子的话，那岂不等于说要毁掉人的本性之后，才让人做个仁义的好人？”告子还没回复，孟轲又补了一句：“如果有什么言论是可以带着天下人戕害仁义的，那一定是您刚才说的话了！”

辩论第一回合围绕“人性中原本有没有仁义”展开，孟轲暂时辩过了告子。

第二回合，依旧是告子先提出观点。告子主张道：“人性就像那湍急的流水，东岸决堤，大水就会往东流；西岸决堤，大水就会往西流。所以，人性本身无所谓善与不善，就像水本身并不决定自己往东还是往西。”

正方孟轲反驳：“水的确决定不了往东或者往西，但它是否能决定往上还是往下？人性是向善的，就犹如水是向低处流的。没有不向低处流的水，也没有不向善之人。”

“如果人性真的都是向善的，那天下就没有人作恶了。你看看这个天下，做坏事的还少吗？”告子反问。

孟轲于是补充道：“当然，天下确实有很多人作恶，水不也有向着高处流的时候吗？如果水受拍打而飞溅起来，能使它高过额头；用水泵迫使水倒行，能使它流上山岗。这难道是水的本性吗？不过是外力的影响迫使它如此而已。人被影响着去做坏事，本质上也与此类似。”

第二回合，围绕的问题是“人性是否天然地向善”。告子的

孟轲

“性无善无不善”之说，受到了孟轲的坚决驳斥。

第三回合开始后，告子不再打比方了，他直接给人性下了个定义：“一个人‘生’来就有的品质就叫作‘性’。”

孟轲道：“人生来就有的是人性，那是不是就像白色的东西就叫作‘白’？”

告子同意。

“所以，‘白色羽毛’的‘白’，就等于‘白雪’的‘白’；‘白雪’的‘白’，也就等于‘白玉’的‘白’？”

告子再次同意。

“那便好笑了。”孟轲说，“那么狗的‘狗性’就等于牛的‘牛性’，牛的‘牛性’就等于人的‘人性’了吗？”

告子再度被反驳得哑口无言。

不过平心而论，孟轲的获胜主要是胜在精力充沛，纯粹通过辩论技巧而胜过了老迈的告子，并没有真正从思想高度上驳倒告子。第一回合中，告子的论点并没有说要戕害人的本性来成就仁义，只是孟轲用雄辩的话术强行把告子的观点引向“戕害人性”而已；在第三回合，孟轲也是强行把人性之间的等同，引向了人性与畜生之“性”的等同，同样也有点强词夺理的意思。

其实，人性这个问题，依旧大有可说。

人性的本质

人性这个话题，本来并不是一个问题。在一个和谐社会里，大家都本分地过日子，不做恶事是理所应当的事情；而世上做坏事的人多了，才有了人性之争。从春秋到战国，人们见到了太多的坏事，道德水平急剧滑坡，便不禁开始怀疑，世上有些人怎么这么坏？他们到底是生来就这么坏，还是长大了变坏的？如果有些人生来就是坏人，他们的人性就是恶的，那儒家的礼乐教化对这些人还有用吗？

告子的主张，也是对这个问题的一种回答：人性无善无恶，就像杞柳一样，一个人未来是变成好人还是坏人，取决于后天的培养，而不在于先天的品质。所以要通过后天的引导，比如礼乐教化，才能让人慢慢地变成一个好人。

这种观点，很大程度上是受了墨家的影响。墨子悲叹人性如素丝，觉得人是一张白纸，被外物所染，这与告子“人性如杞柳”的观点异曲同工。墨家的出现，很大程度上影响了儒家的思考方式。在墨家看来，“做一个好人”并非一件天经地义本该如此的事情。他们把人做好事的行为理解为一件具有心理动机的事情，认为要让大家觉得做好人更好、更有利，才要做好人。

这是那个时代的悲哀——道德底线一步步降低，而且还有急速下滑的趋势。以告子为代表的观点也算对现实世界的补救，以使儒家的礼义教化学说变得更加适应社会的新情况。

这种看法，孟轲其实是可以现身说法的，因为他的个人成长案例也可以看作是“人性如杞柳”的典型。“孟母三迁”的故事，想必大家早已耳熟能详了——单亲妈妈仉氏为了把孟轲小朋友的教育抓好，硬是换了三套“学区房”，先是在“墓景房”住着，担心儿子整天学着搞殡葬，不利于身心发展，于是换成了闹市住宅。住了一阵子，孟母发现孟轲开始整天学着市场商贩叫卖东西、屠宰牲畜玩，又觉得这样的环境不利于孩子成长，于是又换了房子，直接换到了学宫的旁边。从此之后，孟轲接受学宫的文化熏陶，最终成了大学问家。[1]

可是，想必孟轲是不同意把人当作一张任由外部因素影响和改变的白纸的，也不同意告子对人性理论的这种改良，因为这种改良存在着一个巨大的问题，可以直接摧垮儒家学说的根基。

这个问题就是，既然仁义外在于我们，这就意味着，仁义是与人相割裂的，我们生来其实和仁义之性没有关系，只不过随着人的成长、接受教化，才有了仁义之性。可是在孟轲所处的乱世里，大家都过着朝不保夕的生活，活着已经很不容易，又凭什么要去接受礼义教化，让自己养成仁义的品格呢？仁义不能当饭吃，也不能让人们在乱世里活得更容易，恰恰相反，秉持着仁义的道德

《孟母断机教子图》

① 见《史记・孟子荀卿列传》。

原则，在乌烟瘴气的世界里反而寸步难行。

这就是儒家在那个时代所面临的困境——你如果承认仁义和生命本身无关，又该如何说服天下人，在这个艰难的时代里，做一个仁义的好人？

所以，孟轲必须旗帜鲜明地反对告子这种将人性与仁义割裂的做法。但这又需要回答另一个问题，仁义如何与人性之间产生联系？——你说人性与仁义不能割裂，那你倒是在人性中把仁义给找出来呀！只是，从孟轲与告子之间的辩论来看，孟轲在此时此刻尚未找到一个系统性的理论，来彻底驳倒告子的观点。

仁内义外？

告子与孟轲的辩论仍在继续。下一个问题，就围绕在仁义与人之间的关系上。

反方辩友告子继续抛出观点："饮食、男女之事，是人性。仁，是内在于人的；义，是外在于人的。"

"仁是内在的，义是外在的。这句话怎么讲？"

"对待一个年长的人，我们因为他是长者而尊敬他，但长者的年纪和我们自己无关吧？这就好比我们称一个东西是白色的，是因为它的外表是白色的。这种尊敬他人的道义，本身是外在于人的。"告子回答。

在告子看来，人性如同吃饭、喝水，是人的本能生理欲望，与善恶、仁义无关。但是，这不妨碍仁义道德在人的生命中产生，只不过有些道德是由人的内在产生的，有的则来自外在的规定。仁属于前者，而义则属于后者。

为什么"仁"这种道德情感是从人的内在产生的？因为仁出自人的血缘亲情，一个人从父子之情中察觉到了"孝"，从兄弟之情中察觉到了“悌”，然后把这种道德情感从血缘亲情推至其他社会关系，才会“泛爱众，而亲仁”，从而具有了更为普遍的仁爱。这种仁爱虽然不是与生俱来的，却根植于人自身。儒家所主张的伦理道德在这里获得了比较牢固的根基。

但有些道德情感则并非发自我们内心，而是由外在规定生发的，比如义。

这就是告子提出的“仁内义外”理论，这代表了那个时代儒家学派一个十分主流的观点。甚至孟轲的祖师爷子思，就是最早主张“仁内义外”的儒家学者之一。[①]

但是，就算这个观点是祖师爷提出来的，孟轲也还是要辩上一辩。

告子认为：“正因为义是外在的，所以我们对他人的态度，取决于他人的情况，而非自己的情况。比如说对待兄弟，我的亲弟弟，我会十分疼爱；而一个秦国人的亲弟弟，我就不会疼爱。这种爱是发自我内心的，所以是内在的情感。而一个老者，不管他是从楚国来的还是我自己的亲人，我们都会尊敬他，这是因为他本人处于一个受人尊敬的长者地位。所以，这是一种取决于外在情况的尊敬。”

“敢问您吃过烤肉吗？我喜欢烤肉，秦国人烤的肉和我自己烤的肉，对我来说并没有什么不同。那么，我对于烤肉的喜欢，难道也是取决于外在的情况？”孟子再次反驳。

告子终于哑口无言。

这场辩论，孟轲在著名学者告子先生这里连赢三个回合，这一战绩足以让他名噪一时。

---

① 子思关于“仁内义外”的论述，可以参见郭店楚简中的儒家著作。除了郭店楚简中有大量“仁内义外”的表述外，从《墨子》《管子》的论述来看，“仁内义外”曾是战国时期被普遍讨论的问题，很多儒家学者也曾接受这一观点。

然而，孟子虽然赢了辩论，但他的论据是缺乏说服力的。比如在双方的辩论中，他以喜欢吃肉的例子强行论证人的行为取决于自己的内在喜好，可是喜欢吃肉这件事，也完全可以看作是外在的肉引起的，从这个角度看，反倒是为告子的观点提供了依据。而且，孟子说的对肉的喜欢，还有一个前提，那就是秦人烤的肉和自己烤的肉没有区别。否则，同样是肉，有些人喜欢东北熘肉段，却不喜欢广式叉烧，有些人喜欢韩式烤肉，却不喜欢日式烤肉，这也正说明了对肉的喜爱取决于肉的做法——这种外部因素。

所以在第三回合，孟轲反驳“仁内义外说”的尝试并不成功。

反对告子的“仁内义外”理论，孟轲自然有充分的理由。孟轲寻求的是将道德与生命、个人意志统一起来的方式，而不是把仁义道德与生命本身割裂。但是，在这个阶段，孟轲尚未找到解决方案。[①]

幽暗的世界

在与告子的辩论之后，孟轲游历了各诸侯国，更加深切地目睹了人民的苦难。

战国时期，大国间的战争更加频繁，且日趋残酷。比如孟轲驻足多年的魏国，在魏惠王主政的短短十余年时间里，和齐国、楚国、秦国等大国连年作战，即使损失了大片土地城池，魏惠王还是不肯罢休，依旧念念不忘地继续发动战争。在诸侯国日益穷

① 根据梁涛先生的观点，“孟告之辩”期间，孟子的“四心说”尚未形成，可能是与告子的辩论促使孟子“四心说”的形成。见梁涛《郭店竹简与思孟学派》。

兵黩武的过程中，人民的苦难进一步加剧，无数人流离失所，饿殍遍地。从后来《孟子》的记载中可以看出，孟轲游历的路上，随处可见百姓忍冻挨饿，兄弟妻子离散的人间惨剧。[①]

对于人性的幽暗面，孟轲是有着深刻认识的。所以孟轲不无悲观地感慨道："人之所以异于禽兽者几希！"[②]（人和禽兽之间并没有多少区别，仅有的那点区别，也几乎快要没有了）

这个世界会变好吗？这个世界的人可以成为好人吗？

对于这个问题，孟轲最终给出了肯定的回答。这既是出于他对人世间的悲悯，也是基于他对人性的深刻理解。孟轲有着大思想家独具的悲天悯人的情怀，让这个世界变好，既是给这幽暗世界一丝希望的光亮，也是他作为思想家的使命。孟轲也从人性深处，循着这丝光亮，找到了他给这个世界的答案，一个可以阻止人性与仁义道德相割裂的答案。

这个答案，就来自人与禽兽间的差别——人的心。

心的发端

心是人体中的一个重要器官，用以向全身输送新鲜血液。人要维持生命，心脏就必须不停地跳动。但心脏不是大脑，没有思考计算之类的功能。

但是在古人看来，心不仅仅是一个供血的器官，更是一个思考的器官，甚至有时候就指代了思考的过程。所谓"心之官则

① 这些情况，见于《孟子·梁惠王上》等篇中的对话。

② 近年来，张灏先生总结了孟子的政治思想，阐发出了其中的"幽暗意识"，得到了诸多学者的赞同。见张灏《幽暗意识与民主传统》，新星出版社2006年版。

思”，心所思考的，是自身的存在状态。

这就是人和禽兽不同的地方，人有心，会思考，不是只遵从食欲和性欲而行动的动物。

现代以来，很多人都批判孟子这种错将心作为思维器官的做法[①]，但古人为什么把心当成一个思维器官，其实是个很有意思的哲学问题。张祥龙先生从现象学的角度进行解释，为我们提供了更好的启发：之所以会认为“心之官则思”，多半是因为中国古人不把思想、觉识和身体对立起来，如柏拉图等西方人设想的，而是看作广义的身体的一个中枢性的、特别有感受力的或虚灵的功能。心的跳动状况和人的觉知、感受与思想直接相关，特别是和人的情感、情思直接相关，人一兴奋、紧张，首先心跳加快。心和情、思好像直接挂钩，而脑就不那么明显，而先秦古人大多认为情是根本性的意识活动和存在状态（比如《性自命出》等楚简表示的），于是心被关注。[②]这一思路，也可以看出中国哲学与西方哲学的一项重要区别：从柏拉图开始的西方哲学，习惯于把身体和意识区分开来，但在中国古人这里，意识则是与身体密不可分的。

当然，不同的人使用心的能力是不一样的，思考能力也不一样。但孟子认为，不管一个人是聪明还是愚笨，有四种心，是每

① 如梁启超在《儒家哲学》（上海人民出版社 2009 年版）中就对孟子的这种做法进行了批评。

② 张祥龙：《先秦儒家哲学九讲：从〈春秋〉到荀子》，广西师范大学出版社 2010 年版。

个人都具备的。

其一，是恻隐之心。在看见自己同类遭遇悲剧时，会感到同情与不忍。

其二，是羞恶之心。在看见自己同类所犯的罪恶时，会感到羞耻和惭愧。

其三，是辞让之心。在面对比自己年长的同类时，会感到恭敬和谦卑。

其四，是是非之心。在面对自己做了或将要做的事时，会油然感觉到做这件事是否应该。

这四种思考，其实都是内心最真实的道德情感。人们身处复杂的社会里，往往看重利弊得失，但是人的内心想法是不能骗人的，且内心的道德情感最真实。它们不像告子所说的“仁内义外”那样，在人的成长中慢慢认识到，而是从人出生开始就已经先天地拥有。

为什么这“四心”是先天的呢？孟轲举了一个恻隐之心的例子。假如你有一天走在路上，一扭头，猛然看见有个小孩就要掉进一口井里了，这时你会情不自禁地惊慌起来，如果离得近，你肯定会不假思索地去拉小孩一把，阻止小孩掉进去。这一切都是毫无征兆的，全都是你下意识的自然反应，你想要救这个与你素昧平生的孩子，不是因为有名利可图，这一切都是发自内心最真实的道德情感，这就是恻隐之心。

在孟轲看来，这种道德情感是普遍的，是人人都具备的。如果真有一个人毫无恻隐之心的话，那也不是我们一般意义上的“人”了，因而也不在孟轲的讨论范畴中。恻隐之心如此，羞恶、辞让、是非之心也与之同理。

孟轲从这“四心”中，找到了人所共有的先天道德情感。但这仅仅只是开始，恻隐、羞恶、辞让、是非之心只是端点，从这个端点出发，引出了人类社会所应遵循的各项仁义道德。

恻隐之心，是“仁”的端点，仁就开始于人内心深处的这份不忍与悲悯，从悲悯之情产生出对他人的仁爱。

羞恶之心，是“义”的端点，义就开始于人内心对罪恶行为的惭愧，然后才会践行义举。

辞让之心，是“礼”的端点，礼就开始于人们对长辈的恭敬之情，从这种恭敬之情开始，就有了种种交往礼节。

是非之心，是“智”的端点，智就开始于人们能分辨应该与不应该，然后凭着这份是非之心，来做恰当的事情。

因此，在孟轲看来，“四心”就是“四端”，从“四心”产生出了“仁义礼智”这些人类的基本道德。他向世人证明，仁义道德不是与人的本性相割裂的，更不是一种与人性无关的外在规定，而是植根于人心上。道德对于人们来说也不是限制或者累赘，而是人内心深处需要仁义道德。

孟轲与我们玩了一个思维游戏——要是没有仁义礼乐的话，世界会怎么样？他说，世上曾有一个不存在丧礼的时代，人们的亲人去世之后，也不去安葬，只要将亲人的尸体丢弃到山沟里就可以了。直到有一天，某人经过丢弃亲人尸体的那个山沟，发现亲人的尸体正在被狐狸啃食，尸体上爬满了苍蝇蚋虫。目睹这样的场景，某人不禁额头冒汗，不敢正眼再瞧那具尸体。到了后来，便忍不住回家取了工具，将亲人的尸体掩埋了。[①] 在人们的恻隐与羞恶之情下，自然会需要丧礼来满足道德情感需求。这种需求，显然不是什么外部的规定，而是人发自内心的需要。

丧礼如此，可以推知其他礼义道德亦如此。孟轲终于在

① 《孟子·滕文公上》：“盖上世尝有不葬其亲者，其亲死，则举而委之于壑。他日过之，狐狸食之，蝇蚋姑嘬之。其颡有泚，睨而不视。夫泚也，非为人泚，中心达于面目，盖归反蘽梩而掩之。掩之诚是也，则孝子仁人之掩其亲，亦必有道矣。”

“心”这里，为儒家学说找到了更牢固的根基。

人完全有产生仁义道德的主动性，也正因如此，人不会像牲口一样跟随本能而行动，而是有着低等动物没有的道德尊严。道德对于我们来说不是枷锁，而是我们内在意志的体现，它为我们通往更好的生活奠定了基础。

这个晦暗的世界终究是会变好的，这就是孟轲给这个世界的回答。

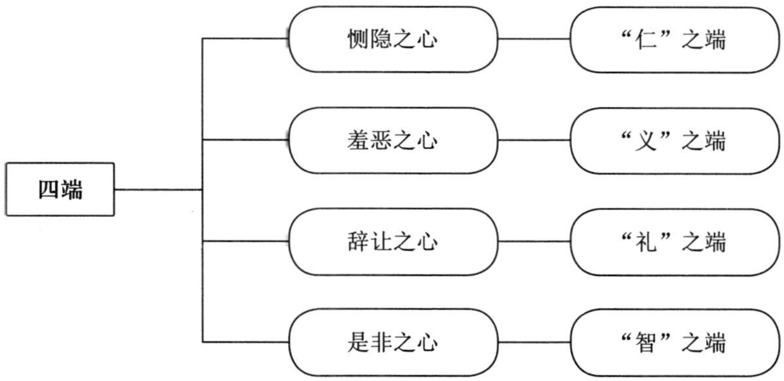

“四心说”示意图

孟子的内功

人之初，性本善

确立“四心说”之后，孟轲的思想发生了一次大突破，由此建立起了带有强烈个人风格的“道德自律学说”。

这时候的孟轲要是再回头看看原来他与告子之间的辩论，就显得是小菜一碟了。

孟轲一定不会同意告子所谓“食色，性也”的论断。确实，食欲和性欲是社会发展的原动力，人们离不开它们，但这绝不意味着人性就可以等同于这些动物性欲望。真正的人性，应当体现在人对待这些动物性欲望的态度和尊严中。毕竟连乞丐也不一定会接受“嗟来之食”，宁愿饿死也不会丧失自己的尊严。人和动物的区别，就在于人对生命的态度上。

告子认为，人性只是一张白纸，原本无善无恶，善恶全靠后天的培育。可问题是，把人引导成为恶棍，这很简单；但若想把人引导向善，如果心中没有原本就有的善端，光靠教导来灌输，又怎么能让人成为善良的人呢？

善本身是一个价值判断，你得首先对是非与善恶有一个基本的概念，才能判断一件事的是非对错，才能区分善与恶。那么是非与善恶的观念是从哪里来的？这不可能是每个人自己想出来的，而应当来自人们共同的认识，即来自人们所共有的“心”。孟轲认为，善就是人心所共通的东西，人们按照自己的心所自然呈现的样子做事情，就是在遵循善。[1]

比如上古的圣人舜，他一直生活在山林里，整天都和野兽为伴，举止和一个深山里的野人差不了多少。但是，他一旦听闻了一句善言，见到了一件善举，心中的善便陡然开始萌发、滋长，开始源源不断地产生关于善的行为与感悟，如江河决堤，洪水一泻千里，无人能阻挡。[2]从来没有受过社会熏陶的舜，肯定不会有什么外部力量推动着他做好事，可舜在听闻了善之后豁然开朗，那就是因为舜的心中原本就有善的种子，一经外在的呼唤，便终于觉醒了。

由此可见，一个人的善不是完全靠后天形成的，人性的根基处存在着道德的基础。这就是人人都有的人性的“善”。无论文盲还是土匪，只要发扬了人性中的善，践行好仁义道德，就都有成为尧、舜这类圣人的可能。[3]

就这样，孟轲在思想界第一次提出了“人性本善”的理论。“人性本善”不是说人性本来就是善的，而是说人性本于“善端”。孟轲的“性善论”，其实讲的是人的行为所指向的目的，人活在世界上，有一个本质的倾向，那就是“善”。[4]每个人在日常生活中所遵守的道德规范，不是由于外在的压力而被迫做的，而是基于内在的善的倾向而进行的自主选择。

人只有在践行道德规范时，才达成了行为与目的的统一，才真正成为一个整全的“人”。

---

① 见《孟子·告子上》。

②《孟子·尽心上》：“舜之居深山之中，与木石居，与鹿豕游，其所以异于深山之野人者几希。及其闻一善言，见一善行，若决江河，沛然莫之能御也。”

③ 即“人皆可以为尧舜”，出自《孟子·告子下》。

④ 蒙培元先生认为，性善是指人的行为目的，这目的指向一个标准，这个标准就是完美，即“善”。见蒙培元《孟子》，北京大学出版社 2019 年版。

天知道答案

在战国时代，旗帜鲜明地主张“人性本善”，其实比主张“人性只是张白纸”更需要勇气。因为这在那个时代里是“反常识”的——大家都在比谁更坏，你却说人性善，这岂不是和大家的感受不一致？

但孟轲相信，恶只是生命的非正常状态，善才是生命所自然呈现的面貌。只要良心尚存，只要良知还未泯灭，每个人都有为善的可能。

孟轲不会从日常生活经验中所看到的表面现象来看待人性的问题，而是着眼于人的生命活动，指出贯穿生命活动背后的、先天就存在于生命中的东西——心。

而心本身就蕴含了善的一切根源。

从人的恻隐、羞恶、辞让、是非之心，可以看到心在仁义礼智方面的可能性。其实，在孟轲看来，心所蕴含的东西还不止于此。心中既然存着仁义礼智，也就能够推知，心中也包含着关于人的思想与行为的种种规范。人的仁爱、尊敬等种种道德情感，都是从心中生发出来的。

那么，心为什么蕴含着这么大的能量，居然可以包含人的所有道德规范的潜能呢？答案已经呼之欲出了。恻隐、羞恶、辞让、是非之心，是人生来就有的，是先天的。人的心以及心中的道德情感，也同样是先天的。它们都来自一个超越的存在——天。[①]

自孔子以来，儒家所讲的至高存在，一直都是“天”。天是人和自然界一切价值与规范的终极来源。但是，作为普通人，如何才能在有限的人生中把握超越的存在呢？难道得像巫术时代那

① 即孟子说的“心之官则思……此天之所与我者”，出自《孟子·告子上》。

样跳大神，抑或是学着殷人与周人那样拼命地搞祭天仪式？这些都不是儒家所认可的，孔子早就回答过，要通过“学”来接近道，进而体悟“天”这一存在。

孟轲则进一步告诉我们，那个超越存在，远在天边，近在眼前，兜兜转转找了一大圈，原来就在自己的心里。

寻找超越存在的方向不在外，而在内，通过自我修养来体悟超越存在这条路，是完全可行的。心与天，在存在的意义上是统一的，心所意味着的价值内涵，都可以直接溯源到“天”这个超越存在；而我们要寻求的自我超越，也同样可以从心当中找到可能。

在商周时的先哲们看来，天是一个有意志的上帝，主宰一切，无所不能。只不过随着周公、孔子等人的改造，天渐渐不再是人格神了。但天也绝非现代物理学意义上的自然物，或者是什么“大自然”之类的物理存在，若真如此，天又怎么会和人的“心”产生联系？

在孟轲看来，天与生命有关，它在生命流行中与万物相关联。它主宰着万物的生长与运行，也承载着所有人的意志与命运，还蕴含着一切的道德法则与自然规律。而人心与天的生命同运同行，产生着内在的生命联系。

也正是由于心与天、与万物的这种生命联系，所以万物都在“心”的关怀与关照之中，我们也可以通过“心”来找寻人与万物的法则。此即孟轲所说“万物皆备于我”——万物发育生长的根源并不在“我”之外，而是都可以从“我”的“心”中找到根据。[①] 提升、完善自己的关键，也就不是去获取那些外在的知识、成就、功名，而是反身向内，找到最真实的自己。

① 见《孟子·尽心上》。

不要随便动心

反身向内，找到最真实的自己，这是孟子哲学中的一个关键命题——“反身而诚”。

“诚”是孟轲对祖师爷子思在《中庸》中那个“诚”的延续，是超越存在展现在我们面前时的明确且毫无保留的状态。诚是超越存在（也就是天）的一种展现方式，是天道；人所要做的是同样毫无保留地面对天。孟轲进一步提出，人要做的是“思诚”①，“思”是心的一种存在状态（即“心之官则思”），“思诚”的意思就是“用心去实现诚”。

妥善地用好心，是践行人道、通达天道的重要方式。

“思诚”的方式，就是珍视自己的心、保养自己的人性，不在自己的真实内心面前弄虚作假，真正从心中求得仁义。孟轲告诫人们，仁义不是从身外找到的，而是得于自己的内心。做一个好人的关键就是要存养心中的善性。

最基本的一个要求，就是不要去“动心”——不要因为外在的因素而干扰了心自然生发出的仁义。

孟轲以一个过来人的态度，揭示了“存心养性”的困难。我们生活在一个复杂的世界里，要与各种人、各种事打交道，要面对各种各样的压力和诱惑，在这些影响面前，我们还能坚持自己的本心，不去干那些违背良心的事情吗？

所以，在任何外部影响面前依旧不受诱惑，把持好自己的心志，始终坚守仁义，这就是不动心的关键。孟轲说自己四十岁以后就达到“不动心”的境界了，这说明四十岁以前，孟轲自己也会偶尔动一动心、不得不违背一下原则的。能在四十岁以后真正

① 即孟子所说“诚者，天之道也；思诚者，人之道也”，出自《孟子·离娄上》。

坚定心志，已经是一件很不容易的事情了。

也正是因为“不动心”之难，才愈发显得最后坚守住自己内心时的可贵。能把持住自己心志的人，一定是能成大事的人。

看看那些伟大的先贤们吧！要是上天要降下什么大任在某个人身上时，一定会先苦其心志，劳其筋骨，饿其体肤，让他的肉体与精神都经受重重折磨，总是给他各种挫折，让他事事不顺。但是，这些都是为了考验他，为了磨砺他的心性，坚韧他的意志——那些打不倒他的，终将使他更强大，最终让他的心再也无可撼动。[①]

到了这一步，还有什么能摧垮这个人呢？

从这里，我们也能感受到孟轲哲学中那股强烈的信念感。在这个黑暗的时代里，依然有这样充满生命力的哲学，面对这个乌烟瘴气的世界却绝不投降，其实也是这个时代的幸运。

修炼浩然之气

很多年以后，学生公孙丑问老年的孟轲：“敢问老师，您最擅长的是什么？”

孟轲回答说：“我知言，而且我善于修养我的浩然之气。”

孟轲的“知言”，就是知道语言的奥秘，这确实是他的一项重要特长。在那个各种学说碰撞交融、风起云涌的时代，孔子那样希望“无言”的想法已经有点不合时宜了，不好好组织语言、表达自己的哲学思想，根本就不会有人关注到你。而孟轲就运用自己强大的心志，在自己的“技能点”上几乎加满了“语言能

① 《孟子·告子下》：“故天将降大任于是人也，必先苦其心志，劳其筋骨，饿其体肤，空乏其身，行拂乱其所为，所以动心忍性，曾益其所不能。”

力”这一项，开始与其他学说交锋，一眼就能看出其他学说的逻辑问题，以告子为代表的同时代学者纷纷败下阵来。

可是孟轲说的另一项特长，却有点令人摸不着头脑——修养浩然之气，究竟是什么？公孙丑于是虚心请教：“这浩然之气究竟是什么？”

孟轲的回答很神秘：“浩然之气很难用语言来表达。”①

这个回答，确实挺有意思。孟轲几秒钟以前还在向学生自夸，语言是自己的头号特长，几秒钟以后就说自己很难用语言来形容“浩然之气”。我们相信，以孟老先生在思想上的真诚，是不会忽悠我们的，他说“浩然之气”很难用语言来形容，其中一定有他的深意。

“气”之所以难以用语言来形容，是因为它没法用感官来直接把握。以我们的常识思维来看，“气”就是一种气体，或者像电视里的武林高手、气功大师那样，能发功运行出的“真气”。但要是真那么理解，孟轲的学说就真成了什么“内功秘籍”了。孟轲说的确实是内功，但这种内功不是真能用内力打通任督二脉，而是人在精神层面的涵养功夫。

在精神层面的自我修养上，“不动心”其实只是第一步，把持自己的心志，更是为了要修养好“气”。心志或者说道德修养上的成就，只有落实到心的外面，落实到与周围事物的关系上，才算真正有所成就。而“气”所体现的，正是我们与周遭种种人、事所关联的状态。比如一个帅哥或者美女向我们走来时，我们会感到这个人很有“气质”。另一些放纵的人，我们可能会感到有点“猥琐气”。还有气度、气象，这些都是日常生活中所能

① 《孟子·公孙丑上》：“难言也。其为气也，至大至刚，以直养而无害，则塞于天地之间。其为气也，配义与道；无是，馁也。是集义所生者，非义袭而取之也。行有不慊于心，则馁矣。”

感受到的“气”，它们本质上其实都是个体与周围世界发生关系时所呈现的一种状态，用感性的方式来描述就是“气”。浩然之气，是人完善仁义道德时所形成的状态，犹如儒家思想所展现出的独特气质，“至大至刚”，刚毅而雄健。

那么，如何来养成这种“浩然之气”呢？这就要求我们做自己该做的事情。一方面，是“明道”，知道自己该做什么，在儒家看来，也就是仁义之道，并且对此深怀确信；另一方面，孟轲称之为“集义”，也就是坚持不懈地做这些应该做的事。这两者，一是认识层面，一是行为层面，两方面的功夫缺一不可。①

这个过程，说起来简单，按照心本身就有的方向正常发展就可以，要诀在于“勿忘，勿助长”——不要忘了对心志的存养，但又不能打“强心针”，硬要助长心志的发展。倘若真如此简单，从古到今真正做到的人又怎么会寥寥可数呢？

孟轲用了一个如今小学生都记得滚瓜烂熟的“揠苗助长”的故事阐述：心志就如同田地里的秧苗，虽然只是弱不禁风毫不起眼的一株株小苗，却包含了长成丰收的庄稼，收获累累硕果的一切可能性。而我们要做的，就是顺应时令、节气和庄稼的生长特性，时时浇灌、施肥，仿若自身修身养气一样。

这个过程中，你不能忘了对庄稼的照顾，否则好端端的一片碧绿秧苗，就会杂草丛生，干枯枯萎。

你也不能“揠苗助长”，不然等到第二天去看的时候，那些禾苗早就奄奄一息了。修身功夫，只能在人伦日用中认真地思考和实践，一点一滴慢慢地养好自己的气性。要是硬去拔擢自己的心，或者整天冥思苦想，期待什么顿悟，那就跟拔高禾苗一样，反而摧垮了人心自然发展的可能。

① “明道”和“集义”这两种修养方式，形成了“知”和“行”的分野，围绕这个问题，未来两千年，会有无数思想家们为此争吵不休。

浩然之气在不断积累的过程中，由人不断地修养，最终突破人的内外界限，进而充塞于天地之间。这时的人，就成了一个“大写的人”，一个真正的“大丈夫”。

做个大丈夫

不管是“不动心”还是“养气”，都是为了在修养中培养起“大写”的人格，提升自己的境界。当你的浩然之气充塞于天地间，也就要求你在这个社会中有所作为，让自己的意志和精神作用于整个天地，只有这样的人格境界，才配得上“大丈夫”的称号。

按照孟轲的学说，一个真正的“大丈夫”要具有独立的人格。

是否能被称为“大丈夫”，与手中的权力无关。在那个时代，多的是叱咤风云的权力人物。公孙衍擅长合纵之术，曾配五国相印；张仪更是一个了不起的人，施展“连横”的手段，说服各国服从秦国。他们都曾靠一己之力把列国搞得天昏地暗。但在孟轲看来，这些人都算不上“大丈夫”，因为他们在游说列国的时候，都不免匍匐在权力面前，受到荣华富贵的引诱，为了利益或是别的目的，随便颠倒黑白，失去了自己立身处世的原则，所以更谈不上拥有独立的人格。

真正的“大丈夫”是什么样的？孟轲说，那是一个坚守原则的人。纵然富贵，也不会放纵自己的欲望；纵然贫贱，也不会改变自己的信念；纵然面对武力与强权，也不会轻易摇摆屈服。[①]

此之谓大丈夫！

① 见《孟子·滕文公下》。

具有了独立人格，“贫贱不能移，威武不能屈”，那必定有着不容侵犯的个人尊严。在孟轲看来，一个人的身份地位、财富权力，较之人格、修养，就好比浮云一般。在大丈夫的人格与境界之中时，完全可以用藐视的眼光来看待那些君王、权贵。[①]

更重要的是，作为一个大丈夫，要有以天下为己任的责任与情怀。

要让浩然之气充塞天地，那就要求我们具有对世界的关怀，而不是仅仅在世界的一个角落里独善其身。大丈夫和道家的那些隐士们不同，他们的精神既然与天地相联系，就必须要从一个更高、更大的视野观察世界和社会，扛起这个时代的责任，要坚守仁义，并且尽力将仁义之道推行于天下。

努力做到这一点，才算一个真正的大丈夫。

所以，对孟轲来说，在解决了心性、道德的问题之后，他必然要向前一步，思考这个时代、这个世界最迫切要解决的问题，并且投入进去，努力改变这个世界。不管这个世界是否真的会变好，作为一个顶天立地的大丈夫，就要尽自己所能去改变，尽心竭力，让这个世界变好。

---

① 这就是孟子所说的“说大人，则藐之，勿视其巍巍然。堂高数仞，榱题数尺，我得志，弗为也；食前方丈，侍妾数百人，我得志，弗为也；般乐饮酒，驱骋田猎，后车千乘，我得志，弗为也。在彼者，皆我所不为也；在我者，皆古之制也，吾何畏彼哉”，见《孟子·尽心下》。

王者的哲学

规劝君王

大约在孟轲与告子那场人性大论战的十五年之后，五十五岁的孟轲再度来到了齐国，觐见刚继位不久的齐宣王。

此时孟轲已经形成了他具有代表性的“四心说”，思想境界上已经发生突破。这一理论成就已足以让孟轲在思想史上拥有一席之地了，但他绝不满足于把理论停留在论证人性是善还是恶上，孟轲的哲学还有更高的目的，那就是聚焦于实践，用哲学来真正改变这个乌烟瘴气的世界。

面对这位当时第一强国的新王，孟轲是满怀期待的。他从魏国而来，见过两国的国王、世子，很明显，齐国的王室更加优秀，更加具备成为贤君的条件。但是，齐宣王见到孟轲后，开口问的第一个问题就令人大失所望：“敢问先生，齐桓公、晋文公称霸诸国的具体情况，可以展开讲讲吗？”

他一开口就问称霸的事情，可以看出，在齐宣王的心中，成为诸侯霸主，远比守护百姓、使人民安定富足更加重要。不过，毕竟孟轲也是见过梁惠王（魏惠王）这样的“渣王”的，对于齐宣王这样的想法自然见怪不怪，回了一句不痛不痒的话：“仲尼的门徒，都不讲齐桓公、晋文公的那些称霸故事，所以传到我们这一代已经不太清楚了。”随即，孟轲话锋一转：“既然对他二人没什么可说的，那我们不妨来谈谈‘王道’吧？”

王道，是儒家一直以来提倡的政治主张。可齐宣王听后连忙摆手："王道这要求似乎太高了，得有多高的德行水平才能够实行王道呢？"

"只要通过保养百姓来实行王道，便没有人能够阻挡得了。"孟轲回答。

"像寡人这样的条件，也可以做到保养百姓吗？"

"自然是可以的。"

在齐宣王面前，孟轲苦口婆心地劝说着，只是想告诉齐宣王，你其实可以的。

齐宣王听了孟轲的话，问道："您是凭什么认为我能够做到呢？"

孟轲和齐宣王说了一个他们都知道的真实故事："我听说，大王曾经坐在殿上，有人牵着一头牛从殿下走过，那头牛看起来哆哆嗦嗦的，可怜得很。大王看见后便问要把牛牵到哪儿去。牵牛的人说，准备杀了它祭祀用。大王说：'还是放了它吧！我实在不忍心看到它哆哆嗦嗦的可怜模样，就好像一个无辜者没有罪却被押送去刑场一样。'牵牛的人说：'那既然不杀牛，还要祭祀吗？'大王说：'祭祀自然不能废弃，那便用只羊来代替吧！'敢问大王，有这回事吗？"

"有这回事。"齐宣王答道。

孟轲于是说道："大王有这样的心，便足以行王道了。百姓都以为大王是舍不得这头牛，但我知道，大王是不忍心。"

齐宣王道："是的，有些老百姓是这么想。可我一国之君又何至于舍不得一头牛？我只是因为看到它不停地哆嗦，心中不忍，所以才用羊来替换它。"

"百姓以为大王舍不得，大王也不必奇怪。您用小的动物来换大的牲畜，那些人怎么会清楚大王的真实想法呢？如果只是可怜动物无辜，那又为何要在牛和羊之间选择一个去宰杀？"

《齐宣王易牛图》

齐宣王略有些尴尬地笑了。

孟轲说道："其实，这也没什么关系。这种怜悯之心，恰恰是一种仁爱呀。因为大王只看见了牛的可怜，没看到羊的可怜。君子对于飞禽走兽，看见它们可爱的样子，便不再忍心看到它们被宰；听到它们在啼叫，便不再忍心吃它们的肉。所谓'君子远庖厨'，就是这个道理。"

齐宣王听了，转忧为喜："听君一席话，我这心里算是畅快多了。不过，您说我这种想法合于王道，这又是为什么呢？"

对于这个问题，孟轲继续展开了雄辩，用一个新的例子来说明观点："假如有个人向大王报告说，他的臂力能举起三千斤，却拿不起一根羽毛；他的视力能够把鸟儿的毫毛看得一清二楚，却看不见眼前的一车柴火。您听了之后，会同意这话吗？"

"显然不会。"齐宣王道。

孟轲马上接着说："如今大王的好心好意足以扩展到其他小动物，却不能扩展到百姓，这是为何呢？这样看来，就好比连一根羽毛都拿不起，只是因为不肯下力气；一车柴火都看不见，只是因为不肯仔细看。同样地，明明能关心到小动物，却不能保养百姓，这也只能是不能施恩的缘故吧！所以，大王未曾施行王道，只是因为不肯干，而不是不能干。"①

孟轲劝说齐宣王施行王道的这番"推销"话术，实际上与他的"四心说"理论是一脉相承的。君王和其他普通人一样，都拥有恻隐、羞恶、辞让、是非这些最基本的道德情感，因此也就具有了向善的可能性。只是不同的是，普通人向善，是在行仁义之事；而君王的向善，就不仅仅是做仁义的事情，更要将仁义贯彻到治理国家之中。

推行仁政，就是王道。王道如何推行呢？在孟轲看来，最关

① 这段对话，见《孟子·梁惠王上》。

键的就在于君王，君王是掌握最高权力的人，就要为王道之治承担更多的责任。

孟轲认为，只要君王心中具有一颗正常人就会有的恻隐之心，那就完全有实施王道的可能——只要把自己的仁爱之情推而广之，就可以了。仁政的核心就是爱自己的人民，像《尚书》里说的那样，要做人民的父母，像呵护自己的婴儿一样保养自己的百姓（“若保赤子”）。[①] 这就是孟轲那句大家耳熟能详的“老吾老以及人之老，幼吾幼以及人之幼”的意思——从尊敬奉养自己的老一辈，推而广之到尊敬奉养整个社会的老一辈；从关爱抚养自己的下一代，推而广之到关爱抚养整个社会的下一代。以此推之，一切治理措施都能从这一原则出发，等到君王把自己的仁爱推遍天下的时候，天下自然就都听命于君王了。

只是，孟轲说到这一步，还是没有真正打动齐宣王。齐宣王这个“客户”的真正需求，不是让自己的恩德推行天下，而只是想要开疆拓土，兼并更多的城池，获取更多的人口财富而已。

所以，孟轲终于祭起大招：兼并土地怎么够呢？大王有没有想过成为天下的王？

只要施行仁政，使百姓安居乐业，齐国政治清明，那自然全天下的人都会变成“精神齐国人”，士人想成为齐国的臣子，农民想为齐国耕作，果真这样的话，又有谁能阻挡齐王统一天下的脚步？

经过这一番循循善诱又大招迭起的雄辩，齐宣王终于动心了。热血上涌的齐宣王最后说道：“希望先生辅佐我实现大志，明白地把施行王道的方法教给我。让我们试一试！”

游历诸国半生，孟轲似乎终于看到了实现平生之志的曙光。

---

① 比如《孟子·滕文公上》中说：“为民父母，使民盻盻然，将终岁勤动，不得以养其父母，又称贷而益之，使老稚转乎沟壑，恶在其为民父母也？”

关于王道的尝试

在施行王道方面，孟轲是有比较周密的设想的。

孟轲虽然一直说，只要施行仁政，即使是方圆百里的小国，也可以成为天下的王。[①]但这样的话多半是夸张之语，是向大国君王推销自己的王道理论的话术而已。孟轲其实是一个极度现实的人，他知道，在这个弱肉强食的时代里，小国和普通老百姓一样，能保住自己不被灭亡就已经很不错了，实在不能再奢求他们推行什么王道政治。

他最初交好的，是滕文公。滕国是存续到战国时期的少数幸存小国之一，方圆只有五十里，是那个大国争相兼并小国的时代绝对的袖珍国家。滕文公从做世子的时候开始，就与孟轲交好，倾心于孟轲的学说，对孟轲言听计从，发自内心地想要将他的学说付诸实施。

但是，滕国此时的处境实在是太艰难了——夹在齐、楚两个超级大国之间，周围还有魏国、宋国、鲁国这些次一点的强国。到了滕文公的时候，齐国已经在滕国附近的薛地筑城，楚国、宋国也都虎视眈眈，滕国面临的形势更加危险。对于这样的局面，滕国能幸存下来已经很不容易了，孟轲要是再和滕文公说“行王道于天下”的道理，确实是不现实的。

所以当滕文公问起，滕国应当如何在大国的夹缝里自处的时候，孟轲只能无奈地说：“这不是我所谋划得了的。”孟轲认为，小国夹在大国之间，能做的恐怕也只有修整城池，与人民一起守卫自己的国家。只要人民豁出性命也不离弃这个国家，那就能保

①《孟子·梁惠王上》：“地方百里而可以王。”

卫好自己。[①]

如果要让人民愿意舍命来保家卫国，那就要施行仁政，让人民先安居乐业才行。至于施行仁政的关键，孟轲对滕文公讲得也很实际，那就是要保护好人民的财产。所谓“有恒产者有恒心，无恒产者无恒心”[②]，人民如果没有稳定的财产，敌军来了，当然无所谓这个国家亡不亡，甚至可能还会带头犯罪作恶；可如果有了稳定的财产，那就与这个地方产生了难以割舍的关系，人民为了保护自己的财产，会坚决地反对入侵的敌人，维护家国的秩序。

孟轲在滕国期间，曾在滕文公的支持下主导施行过一番仁政。但孟轲的理想不仅仅是治理好一个小小的滕国，他的理想是要把仁政推行到整个天下，这仅仅靠滕国的力量是绝对办不到的。

下一站，孟轲选择的是魏国，他在魏国都城大梁觐见了年迈的魏惠王，在《孟子》一书里，魏惠王也因为以大梁为都，而被称为梁惠王。

梁惠王是一位有为的国君，只是可惜的是，在他“有为”的五十年里，成功地把盛极一时的魏国发展成了一个二流国家。东边被齐国给打败，西边被秦国攻占了河西，南边又受辱于楚国，连大儿子都死在了战场上，整个魏国经过连年战火，已经疲敝至极。但是，梁惠王依旧发挥着锲而不舍的精神，想要再度发动战争。

面对这位老国王，孟轲是十分不客气的，言谈间多次讽

---

① 《孟子·梁惠王下》：“滕文公问曰：‘滕，小国也，间于齐、楚。事齐乎？事楚乎？’孟子对曰：‘是谋非吾所能及也。无已，则有一焉：凿斯池也，筑斯城也，与民守之，效死而民弗去，则是可为也。’”

② 见《孟子·滕文公上》。

刺梁惠王，说他自以为是贤明的做法，只不过是“五十步笑百步”——互相比烂而已。孟轲对梁惠王说，他真正应该做的，是施行仁政，因为只有仁者才能无敌。

或许是因为孟轲的雄辩，又或许是在回顾自己的失败时终于恍然大悟，梁惠王听进了孟轲的进言，表示愿意虚心向孟轲请教。可惜的是，年迈的梁惠王最终没有撑到起用孟轲的时候，在孟轲来到魏国的第二年，就与世长辞了。梁惠王的儿子梁襄王继位，这个人，孟轲一眼看去就知道他不像个人君的样子。孟轲于是就离开了梁襄王，前往齐国寻找机会。

然后就有了刚才所说的孟轲见齐宣王的故事。

齐国的王道

在孟子看来，齐国是推行仁政的最佳场所。

施行仁政有一个重大的困难，那就是仁政要求君王坚持底线，可在这个弱肉强食的时代，谁更没有底线，谁就越是吃得开；谁更野蛮，谁就过得更自在。比如仁政要坚持税收方面的底线，收税不能超过百分之十，超过这个限度的话，普通老百姓就会挨饿了。可统治者要是“霸道”起来，无底线地收税，压榨民力，虽然会失去民心，长远看更是在饮鸩止渴，但可以在短时间内集聚大量的资源，让兵力、财力迅速强大起来。由此可见，同等条件下，仁政的资源汲取能力显然不如无底线的政治。

在那个时代，“霸道”是最受欢迎的，比如齐宣王刚认识孟轲时就询问起的齐桓公、晋文公，就是典型的春秋时代霸主。在战国时代，统治者们必然是不假思索地学习春秋五霸，走霸道路线——在富国强兵之后，去兼并其他国家，然后就可以成为所有国家的首领。

这一点，孟轲看得很清楚，他后来就对学生说，仗着自己的实力而以仁义为名去征伐别国，这就是霸道，这条路确实是可行的，但前提是首先要让自己的国家成为大国。只不过，和霸道比起来，用王道来收拾人心、伸张仁义，并不需要到处兼并，就可以让天下人臣服。霸道只是以武力迫使人臣服，而依靠王道，却能让天下所有人真正地心悦诚服。①

“王道”和“霸道”是有根本区别的两条路线，霸者是以武力服人，通过征服的方式强迫他人服从自己，比如春秋五霸，战国时几乎所有大国的君王都属于霸者；而王者的一切政策，都是为了人民所立，所以才能让他人欢欣鼓舞地服从，实现“以德服人”。霸道看上去要容易一些，效果立竿见影，所获得的土地、人口、财富，都是看得见、摸得着的。但是，在这样的国家，人民只是默默承受着君王称霸梦想而受驱使的工具，称霸者们的野心越大，百姓就越是困苦。战国时期的兼并远比春秋时期要惨烈，这让孟轲深切地感受到了人民所承受的伤痛。人民从未像如今这样，深深憔悴于暴虐的施政！②

在这个时代，困苦的人民其实期望并不高，只要君王们做一点小小的改变，便足以让百姓感恩戴德了。只要不在百姓耕种的时候让他们去服劳役、兵役，百姓就可以好好播种、收割庄稼；统治者不大兴土木，不盘剥百姓，百姓就可以不挨饿、不受冻，好好地过自己的日子。作为君王，只要不干扰百姓正常的生产生

①《孟子·公孙丑上》：“以力假仁者霸，霸必有大国。以德行仁者王，王不待大，汤以七十里，文王以百里。以力服人者，非心服也，力不赡也。以德服人者，中心悦而诚服也，如七十子之服孔子也。”

②《孟子·公孙丑上》：“且王者之不作，未有疏于此时者也；民之憔悴于虐政，未有甚于此时者也。”

活，百姓就能安居乐业。做到这些，就实现了王道的第一步。

做到这一步，再保障好人民的私有财产，为老弱者解决生活问题，同时做好教育，让人们懂得礼义道德，那人民就能安居乐业，社会就能人伦有序。至此，王道便能基本完成。

这足以让一个国家产生治理优势，而对周边国家产生“降维打击”。

在大争之世劝说统治者不要扩张领土和浪费人力财力，这样的主张太苍白，这也是孟轲离开滕国又到魏国，十来年时间在各国兜兜转转却没有被真正起用的原因。

齐国面积足够大，人口足够多，掌握着全天下最富庶、商业最繁荣的地区，这都是齐国施行王道政治的资本。齐国没有被别的国家吞并的忧虑，也就不用再整天想着吞并他国国土，增加人口，大可以专心实施仁政，走一条真正令天下倾服的道路。

在孟轲觐见齐宣王后的一段时间里，两人曾经有过一段蜜月期。齐宣王似乎是个特殊的君王，身上具有很多明君的特质。齐宣王以及他的儿子所呈现出的“气”性，让孟轲十分欣赏。同样，齐宣王也十分看重孟轲，对孟轲礼遇有加，他们有过多次面对面的交谈，足可以看出齐宣王对孟轲的重视。

只不过，想要真正将齐宣王导向仁政之路，却存在着种种令人无奈的阻力。

百姓在水火中

公元前 318 年，孟轲再一次被齐宣王召见，这一次，是为了一个重要的国家决策。

齐国的北方邻国燕国，在这一年发生了“燕王哙禅让”事件[1]，导致了燕国全国大乱。

公元前 314 年，齐宣王果断下令出兵，北伐燕国，这次出兵获得了燕国各界的强烈欢迎，几乎没有费什么代价，五十天时间便占领了燕国，控制了乱局。

而齐宣王要问孟轲的问题就是：到现在这个程度，是否要进一步吞并燕国呢？

燕国虽然只是个二流国家，却也算是个“万乘之国”，原本打下来就不是一件容易的事情。但是齐国发兵后，仅用五十天时间便攻占了燕国全境，这在齐宣王看来，一定是冥冥之中自有天意。齐国要是不顺势吞并燕国的话，那岂不是辜负了上天的心意？

是否吞并燕国，齐宣王想征求孟轲的意见，孟轲也明白，齐宣王的心里早已经想好了答案。更何况，顺势吞并燕国似乎也是符合王道政治的，因为攻入燕国的齐军一路上受到燕国各界的欢迎，这不就是孟轲当时所说的“真正令天下倾服的道路”吗？

但是，孟轲的回答十分谨慎：“如果吞并燕国，能使它的人民高兴，那便可以吞并；若是人民不乐意，那便不能吞并。当初燕国的百姓箪食壶浆地欢迎齐国占领，难道还有什么别的原因吗？不过是想摆脱他们那水深火热的日子罢了。如果他们的日子变得更加水深火热，那他们也会转而去求其他的出路。”

孟轲虽然如此说，齐宣王却有着充分的自信，觉得燕国人民是真心拥护他的。最终齐宣王作出决定，准备吞并燕国。

但是，齐国的这一动作，打破了列国间势力的微妙平衡。齐宣王很快得到情报，燕国的另一个强邻赵国，正在集结其他诸

---

① 燕王哙于公元前 318 年将君位禅让给相国子之。子之称王三年，太子平联合将军市被起兵攻子之，构难数月，死数万人。太子平与市被都被子之攻杀。此后，齐宣王乘机攻破燕国，子之与燕王哙同时被杀。

侯，准备一起来对付齐国。这让齐宣王大为紧张，赶紧又来问孟轲有什么对策。

孟轲对齐宣王说："燕国百姓以为大王是要把他们从水深火热里拯救出来，结果却发现，齐国人杀死他们的父兄，抓走他们的子弟，毁坏他们的宗庙，抢走他们的国宝，这怎么能容忍呢？天下各国本来就害怕齐国强大，现在齐国的土地又扩大了一倍，而且还不施行仁政，这就必然会激起天下各国的兴兵！"

所以，孟轲建议齐宣王，马上释放燕国俘虏，停止搬运燕国宝藏，再与燕国各界一起商议立新的燕王，然后从燕国撤军，这样才能解决目前紧张的外部局势。[①] 这个建议，齐宣王最终没有采纳，最后齐国以一种极为狼狈的方式，灰溜溜地离开了燕国。

齐国处理燕国问题之所以失败，关键就在于统治者对形势的错判。在吞并燕国之前，齐宣王信心满满，觉得自己就是那个受到列国爱戴的真正王者——历史上有许多暴君，到头来也并不认为自己哪里做得不对，反而自始至终都认为自己是在为国家和人民做事情。

齐宣王一定觉得，他都为燕国百姓出兵解决内乱了，燕国百姓怎么如此忘恩负义，要反对自己吞并他们的国家呢？

这就是问题所在。

在孟轲看来，君王和普通人民在本质上并没有多大的区别，都是在履行各自的社会职能而已。君王之所以地位崇高，也只是因为在那个社会条件下，他恰好扮演着君王的角色而已。大家都是人，都一样有着恻隐、羞恶、辞让、是非之心，也都一样有着向善、成仁的可能，所谓"人皆可以为尧舜"，既然每个人都有成为圣人的可能，那每个人在本质上，就没有高低贵贱之分。

---

①《孟子·梁惠王下》："王速出令，反其旄倪，止其重器，谋于燕众，置君而后去之，则犹可及止也。"

孟轲曾去过齐国五大中心城市之一的平陆城，目睹了平陆城治理混乱、民不聊生的样子，他对这里的长官说："一个士兵失职，三天两头地掉队，马上就会被开除或者就地正法。那一个地方的主官失职，把这里治理得乌烟瘴气，人民流离失所，又应当怎么处置呢？"言下之意，就是统治者失职的话，也要受到相应的惩戒。①

君王和臣子、百姓都在履行各自的使命，无论谁做得不好，都有可能被替换下来。

所以孟轲说，君王视臣下如手足一样重要，那臣下对待君王就会像对待自己的腹心一样珍视；君王视臣下如土芥一样卑贱，那臣下对待君王就会像对待贼寇仇敌一样厌憎。

这一思想，是由孟轲的心性理论引申出来的必然结论，但这个结论实在是太过超前，以至时人都不能完全接受。

而孟轲与齐宣王之间的矛盾，也就必然越来越明显。这注定了他们总有分道扬镳的时刻。

五百年必有王者兴？

公元前 312 年，孟轲最终决定离开齐国。心灰意冷的孟轲决定放弃在齐国的卿位，回到自己的故乡邹地。

出于敬意，齐宣王主动去看望了孟轲，之后又托人转告孟轲，打算送他一套齐国都城黄金地段的房子，再以万钟之粟奉养孟轲的弟子们。但孟轲拒绝了这番好意——如果不能采用他的仁

---

①《孟子·公孙丑下》："孟子之平陆，谓其大夫曰：'子之持戟之士，一日而三失伍，则去之否乎？'曰：'不待三。''然则子之失伍也亦多矣，凶年饥岁，子之民，老羸转于沟壑，壮者散而之四方者，几千人矣。'"

政之策，那豪宅与俸禄又有什么意义？

在离去的路上，孟轲在齐国的昼邑逡巡，却始终没有等到齐王派来挽留他的使者。在离开前，他最后一次怆然回望，此后余生再未踏足齐国的土地。

在离开的路上，学生充虞问道："老师似乎怏怏不乐。但老师不是曾说，君子不怨天、不尤人吗？"

孟轲回答说："历史上，五百年必有王者兴起，其间必有留名于世之人。从周武王以来，已经有七百余年了，看年数，应该已经到了王者兴起的时候。这难道是天意不让天下安定吗？若是上天有意让天下得到治理，如今这世上，又舍我其谁呢？"

如今他已经是个六十多岁的垂垂老人了，过去他曾一度以为已经看到了平治天下的希望，但是随着希望逐渐渺茫，一向心志坚定的孟轲也不由得怀疑起悠悠苍天的意图——这个世界会好吗？

心志之苦，要发于声而后喻。怀着深深的忧患意识，孟轲悠长的叹息，恰似一百多年前，孔子在颠簸的车上的那声长叹。

不得已的"好辩"

晚年的孟轲没有再游说列国，而是定居下来，收徒、讲学，并且不停完善自己的哲学思想，以便能更好地驳斥其他学派。

那时，最受欢迎的已经不是孔子学派的儒家学说，杨朱、墨翟两派的学说才是显学。因为墨家学派的观点更直接、更容易让人接受，而杨朱学派提倡"为我"，也正契合了个体意识觉醒的需求。

所以，和杨、墨等学派论战，占据了孟轲一生中近乎一半的精力。这也让他落下了"好辩"的名声。对于儒家来说，这并不是什么好名声。孟轲坦然接受了世人为他贴的这个标签，只是无奈地解释说："我岂是一个好辩之人？只是不得已才如此罢了。"[①] 在这个"杨朱、墨翟之言盈天下"的时代，孟轲只有竭尽全力与这些学说相交锋，才能保持儒家学说的生机与活力。

除了这些事情，孟轲还开始了著书立说的工作，他和公孙丑、万章等弟子一起，编写出了《孟子》一书。

此时已经不流行孔子当年"述而不作"的做法了，思想家们的一项重要工作就是写文章——主要是一些短篇，用竹简誊抄，写完正好一卷竹简。这些单行本小文章就在列国的文化圈里流传，流传得越广，就说明其思想越受欢迎。为了与杨、墨之学相抗衡，孟轲就必须要有自己的著述。

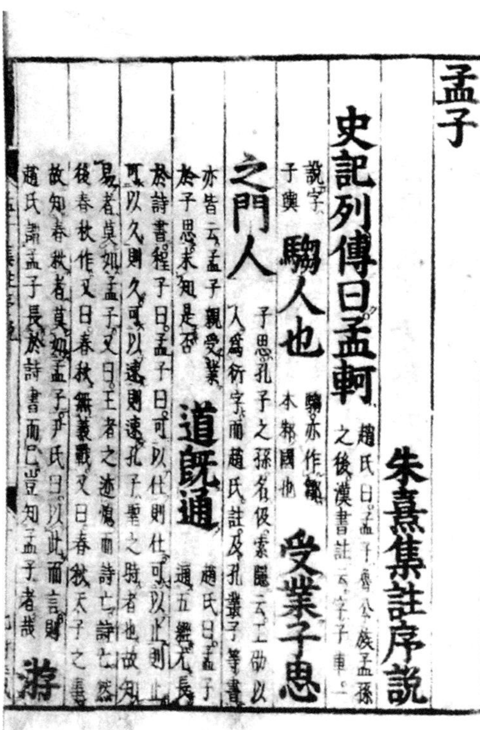
孟子
朱熹集註序說
史記列傳曰孟軻趙氏曰孟子魯公族孟孫之後漢書註云字子車一
騶人也騶亦作鄒本邾國也受業子思
之門人子思孔子之孫名伋索隱云王劭以人爲衍字而趙氏註及孔叢子等書亦皆云孟子親受業於子思未知是否道既通趙氏曰孟子通五經尤長於詩書程子曰孟子曰可以仕則仕可以止則止可以久則久可以速則速孔子聖之時者也故知易者莫如孟子又曰王者之迹熄而詩亡詩亡然後春秋作又曰春秋無義戰又曰春秋天子之事故知春秋者莫如孟子尹氏曰以此而言則趙氏謂孟子長於詩書而已豈知孟子者哉游

《孟子》书影

既然他的哲学与主张不能在这个时代实现，那就只能写在书里，让后人了解。

在《孟子》全书的最后一章，孟轲留下了一段意味深长的感叹："从孔子到今天，有一百多年了。圣人的时代距离我们其实并不远；圣人的

① 《孟子·滕文公下》："公都子曰：'外人皆称夫子好辩，敢问何也？'孟子曰：'予岂好辩哉？予不得已也。'"

故乡距离我们也并不远。但是，继承先圣之道的人还没有出现，恐怕也不会有了吧？”[①]

虽然养成了充塞于天地的浩然之气，但孟子在面对不可知的未来时，心中依然出现了某种波动。一种淡淡的忧思弥漫在他的字里行间——那从尧、舜到禹、汤，再到文王、武王、周公，然后又从孔子到子思，再传到孟子这里的先圣之道，是否真的会就此湮没了呢？

回应他的，或许只有沉默向前的历史。孟子所传承并修缮过的道，那些儒家思想中最为珍贵的精义，此后由于不再有人擦拭，而渐渐被历史的尘埃沉埋在故纸堆中，儒家思想也在孟子之后走向另一条歧途。在如今的时代，它是否依旧粲然如新，被我们这个时代所理解呢？摆在我们面前的，是无尽的问号。

本章推荐参考书目：

朱熹：《四书章句集注》

王夫之：《读四书大全说》

杨逢彬：《孟子新注新译》

蒙培元：《蒙培元讲孟子》

梁涛：《郭店竹简与思孟学派》

陈来：《孔子·孟子·荀子：先秦儒学讲稿》

---

①《孟子·尽心下》：“由孔子而来，至于今，百有余岁。去圣人之世，若此其未远也；近圣人之居，若此其甚也。然而无有乎尔，则亦无有乎尔！”

第七章

和庄子一起，游心于无穷

人间世里一个痛苦的哲人

楚王的邀约

关于这一章的故事，具体发生在哪一年，或许已经没有人能够说得清楚了。不过这没关系，因为这些故事发生的具体时间，只是整个故事里最微不足道的细节，甚至连故事的真实性都无法证实。但就在这部名为《庄子》的书中，充斥着玄谈奇想的寓言，蕴含着人类哲学史上尤为独特的智慧。

这天，一个叫庄周的人在一条叫作濮水的河边钓鱼。钓着钓着，身后忽然开始闹哄哄的，原来是来了两位大贵族，他们是楚国的大夫，带来了楚王的诏命：请庄周先生快点出山，楚王希望将国内的政事委托给您。

庄周拿着钓竿，头也不回，于是气氛一下子尴尬了起来。良久，庄周一边盯着眼前的鱼竿，一边说道："听说楚国有一只神龟，已经死了三千年了。国王把它盛在竹盒里，再用丝布小心包起来，供奉在庙堂之上。请问，这只龟，是宁可死掉，留下一把骨头受人供奉呢，还是想要好好地活着，在泥潭里摇着尾巴自由自在地爬？"

两位大夫想了想回答："应该是更想要摇着尾巴在泥潭里爬。"

"那么，两位就请便吧！我也更希望在泥潭里摇着尾巴爬下去。"

楚王所能提供的荣华富贵，对有的人来说是毕生所求，对庄周来说，却只不过是对他快意人生的一种束缚而已。如果庄周接受了楚王的聘请，那他就不是原来那个庄周了，而只是为楚王所用的一个工具。庄周早已经看透了楚王，楚王只是想拿庄周装点门面，在楚王那儿，庄周不可能真的有机会施展自己的才华，要是如此，那庄周只会是一个徒有形式却无内在生命力的躯壳而已。庄周不愿意成为那样的庄周。

他真正在意的，是自我的生命力。要是因为俗世的事务而牵绊了自己，让自己失去了自在的生命力，这绝对是一件不值得的事情。

两位大夫当然也懂了，所以最终遗憾地离开。[①]

庄周其人

庄周所处的时代，诸侯们忙着打仗，相互兼并。而哲人们也有很多事要干，他们要钻研自己的学说，务求标新立异，吸引世人的目光；还要忙着和别家论战，在一些关键的哲学命题上争论得面红耳赤；更重要的是要忙着拜访君王和权贵们，只有当权者对自己的学说感兴趣，才能获得职位、权力或资源，以便自己的学说受到重视，主张得到采纳。

比如同时代的孟子，也不能免俗。在庄周钓鱼、闲逛、打盹的时候，孟子就在忙着去滕国、宋国、魏国、齐国等处参加高端会面，虽然孟子最终没能真正实现自己的政治理想，却也算是从一场场的辩论、研讨中杀出了一条血路，赢得了崇高的声望。不管是良田美宅，还是高官厚禄，孟子只是不想刻意去求得而已，

① 故事见《庄子·秋水》。

庄子

但凡孟子想要，那也是谈笑间唾手可得的东西。

唯独庄周，作为一个特立独行的哲人，显得处处与时代格格不入。

他是一个非常纯粹的穷人——就是单纯地穷，一家老小都处在贫困线上。[①] 即使这么穷，他也从来不会对当权者假以辞色，他不喜欢的人，连正眼都不会去瞧上一眼，哪怕这个人是个当红显贵。

庄周是一名狂者。但是在一个虚伪而又扭曲的社会里，所有人都变得不正常，如果他选择做一个真实的人，往往会被视为“狂人”。就像身处一群精神病人当中，唯一的正常人看起来却最不正常；在一个充斥着疯子与变态的病态社会里，特立独行地坚持做一个正常人，才是最狂的行为。

而更多的人并不知道庄周，庄周也没有刻意去寻求名和利，试图在学术圈、政治圈的要人面前刷存在感。虽然庄周在两千多年后已经是一个家喻户晓的人物，可他在自己所处的那个时代，终归只是一个寂寂无闻的隐者。他做过的最高官职，也只是一个看管漆树园子的小吏而已。

庄周与孟轲年纪相仿，都是那个群星闪耀的时代中最为耀眼的星辰，但遗憾的是，他们两人，一辈子也没有产生过什么交集。

---

① 庄子的贫穷在《庄子》的《外物》《山木》《列御寇》等篇中都有体现。

坐在角落里的旁观者

历史潮流的进程似乎被按下了快进键，周公创立的制度，在春秋以来数百年的乱世旦土崩瓦解。

到了庄周出生时，西周的那套礼乐制度已经基本上被时代的潮流冲刷干净。当周天子承认了瓜分晋国的韩、赵、魏三家的诸侯之位，认可了田氏取代姜氏的齐国，周天子的最后一点象征性的权威也被挖空，成了新时代里毫无用处的历史遗存。诸侯们从此不屑于去做“尊王攘夷”的霸主，而是要兼并列国，成为真正的王。

庄周十七岁那年（前 353），齐国通过田忌、孙膑指挥的桂陵之战，击碎了魏国的崛起之梦。到了公元前 341 年的马陵之战，魏国大败，齐国成为东方最强国，随后称王。

庄周三十五岁那年（前 335），魏国与齐国和解，并在与齐国的徐州会盟后相互承认了对方的王位。

庄周四十二岁那年（前 328），庄周所在的宋国，暴君宋康王自命殷商之后，也自称为王。

随后，称王的狂潮席卷了天下各国，但凡有点实力的诸侯，都想要拿个王冠在手里玩玩。韩国、赵国、燕国、中山国、秦国等国君，都争先恐后地登上了王位。

春秋战国之际，生产技术也出现了一次飞跃，伴随生产技术一同飞跃的还有杀人技术。诸侯国的军事装备、军事组织能力、动员能力突飞猛进。在春秋以前，战争其实有点类似于大型团体类体育竞技活动，大家按照规则列阵、根据战争的礼仪进行一番交锋，哪边的战阵乱了就是输了，一场仗打下来，其实并没有太多的伤亡。可是，武器装备在战国时期出现了升级，战斗中的杀人效率大大提高了。而且还出现了孙膑、吴起这类兵家人物，专门研究“如何在战争中更方便地取胜”。于是战争成了一个技术

古代战争场景雕塑

活，牵扯到了部队的动员、物资的运送、兵力的排布、对军备与地形的利用等诸多问题。

从此以后，战争就打得越来越惨烈，一场战争动辄数万人伤亡。比如战国初期霸主魏国，在庄周出生之后，就经历了秦魏石门之战（六万将士被杀），齐魏桂陵之战、马陵之战（前后二十万将士大部分被杀），伊阙之战（韩、魏联军二十四万将士被杀）等多次高烈度的战争。可以说，到了战国，战争已经升级成了“全民战争”，各国都在征召大量平民参加战争，以至于到了战国后期，大国之间的决战常常是以五十万为单位发动兵力的。

在这些战争中，到处都能见到战国士人们忙碌的身影。负责研究打仗问题的兵家人士就不用多说了，除了孙膑这样的兵家以外，还有苏秦、张仪这样的纵横家，在每次战争的间隙里穿针引线，筹划种种阴暗的图谋，酝酿着下一场战争。

这个世界的变化节奏太快了，大家都在尽力跟上时代潮流，哲学家们也在忙着顺应时代提出主张，希望能用自己的学说来塑造未来的新时代。

而庄周，却只是一个时代角落里的旁观者。他静静地守着自己负责看管的漆园，同时也目睹着这个时代所承受的痛苦。

在庄周所写下的文字中[1]，到处可以看见一些肢体残缺的人物。这是不是那个时代的常态呢？就像两次世界大战以后的人类社会，总是能看到许许多多因为战争而伤残的幸存者，过着比常人更为阴郁的生活。

这些人间的痛苦，那些高居庙堂之上运筹帷幄的达官贵人们能感受到吗？或许只有庄周这样的哲人，住在陋巷，靠钓鱼谋生，生活在人间的底层，才能切身感知到这个时代最真实的声音。[2]

人间世的羁绊

庄周也已认识到，这是一个无道的天下，这个世界出问题了。

这是那个时代大部分哲人的共同看法，包括孔子、墨子在内的大思想家们，都深刻意识到了这个问题。到了庄周之时，由于时代的矛盾更加尖锐，这个世界的顽疾也就更加深切。

---

①《庄子》是庄子学派的主要作品，其中内篇（七篇）是庄周本人所作。

② 以下开始，主要介绍的是《庄子》内七篇的思想。内七篇在《庄子》中的顺序为：《逍遥游》《齐物论》《养生主》《人间世》《德充符》《大宗师》《应帝王》，这七篇浑然天成，用当代学者王博先生的话来说，内篇是天籁，从各种孔窍都发出声音，最后却归于空寂。外篇、杂篇则像是一个正在进行中的演唱会，不同的人物登场又退场，然后又是新的登场。无论内容还是形式，内篇都像是一个完美的艺术品。古今历来的研究者们，如成玄英、屈复等，都注意到了内七篇之间的逻辑关联。从清代藏云山房主人开始，提出了《人间世》作为七篇中心的“枢机”地位。笔者也顺着这一思路，以《人间世》为总揽，参考按照《人间世》《养生主》《德充符》《齐物论》《大宗师》《逍遥游》《应帝王》这一顺序，进入《庄子》内篇的哲学世界。

时人对于这个出了问题的世界，大抵有两种做法。一种是像孔子那样，明知道这个世界出了问题，依然“知其不可而为之”，执着地想要改变它。可惜的是，孔子、墨子都曾积极地想要挽救，却无一例外都没有成功。另一种则是像长沮、桀溺这些隐者那样，惹不起但躲得起，索性一走了之，独善其身，追求自身的完善。正如长沮所说，天下早就已经大乱，如同洪水肆虐，这个时候，明智的做法难道是以身躯阻挡洪水吗？不如先在安全的地方躲一躲，等到洪水退去，再重新施展作为，在废墟上重建家园。

这种避世的想法，是那个时代隐者们的共识，他们推崇西周初年的伯夷、叔齐——这两位隐者以逃避当世的方式来获取自己人格的独立，宁愿饿死也不吃周王朝的粮食，成了后来的美谈。

然而，这种方式真的就没有问题吗？像伯夷、叔齐这样的隐者，捍卫了自己的名节，保持了所谓的人格独立，但是他们是否尽了自己在伦理道德上的义务呢？他们的父母妻儿就不用照顾了吗？隐者们的洁身自好，其实是以其对人伦关系和义务的背弃为代价的。

我们终究不能与禽兽为伍，而要生活在人的世界中。

人终究是社会性的动物。我们所生活的“世界”，本身就是我们与周围一切有关联的人和事物的总和。生活在这样的世界里，人伦关系就是人生的一部分，是脱离不开的。庄周无奈地承认，这个世界有两个枷锁在禁锢着我们：其一是“命”，即血缘关系；其二是“义”，即社会关系。两者合一，就是我们的人伦关系。庄周把这两个枷锁称为“大戒”，因为它们是无法逃避的，从出生起，人伦关系就羁绊着我们，与我们血脉相连。①

---

①《庄子·人间世》：“天下有大戒二：其一，命也；其一，义也。子之爱亲，命也，不可解于心；臣之事君，义也，无适而非君也，无所逃于天地之间。是之谓大戒。”

庄周是一个向往自由的人，现实的沉重却时时刻刻在提醒着他：这个世界很糟，但真实。不管我们愿不愿意，我们都生活在这个世界中，所以我们不得不进入这个世界，并与它打交道。他不仅仅停留于隐士们遁逸出世的哲学中，更把目光放在此岸的世界里，探寻一种在这个世界里自由自在的存在形式，实现入世与出世间的统一。①

那么，问题就在于，我们该以怎样的方式进入这个世界。

庄周一定听过孔子的故事，知道他如何为了实现自己的道而周游列国。对于孔子，庄周是尊敬的，虽然他也会幽默地讽刺一下这位老夫子，但从庄周的著作来看，他始终把孔子放在一个很高的位置。甚至很有可能，庄周本人就曾是一个儒家弟子，也曾有过一腔热血，希望将自己的理想施展出来，改变这个世界，让世界充满正道的光辉。

> 庄子的出身背景，历代都有考证。通说认为，庄子是宋国蒙人，曾为漆园吏，自汉代以来，就被归为道家。但是唐代韩愈提出了新的考证结果——庄子最早为儒家门人，属于子夏的学生田子方的再传弟子。②明代沈一贯、清代谭嗣同、近代维新派领袖梁启超等，都支持此观点。郭沫若则认为，庄子出自颜氏之儒。③

① 这就是陆树芝所说的“要而言之，欲以身入世，而一如出世”，见《庄子雪》。

② 参见韩愈《送王秀才序》：“盖子夏之学，其后有田子方，子方之后，流而为庄周。”

③ 见郭沫若《十批判书》，“颜氏之儒当指颜回派，《庄子》书有《人间世》等篇有关于他的‘心斋’‘坐忘’的资料”。

只是，现实就是那么残酷，曾经志在天下的热血庄周，在经历了挫折与蹉跎之后，成了一个避世的哲人。这一转变是个痛苦而煎熬的过程，但在庄周这里，只是把这段痛苦的经历化作了一个轻描淡写的故事。

这个故事发生在孔子与颜回之间。颜回就仿佛那个急切地要踏入政坛，想要拯救世界的年轻庄周；而孔子，则是那个历经了颠沛坎坷，最后洞察人间世真谛的庄子。①

颜回拯救天下

故事发生在颜回前往孔子那里辞行的这天。颜回告诉老师，他要前往卫国，去那里匡正无道的国君，因为卫国国君年轻气盛而又一意孤行，滥用手中的权力，随意驱使国中百姓，却丝毫意识不到自己的问题，以至于民不聊生，百姓如同草芥一般流离失所。

颜回

其实，天下其他的统治者，何尝不是如此？

“我想遵守老师的教诲，去卫国帮助那里的人，那个国家或许可以在我的帮助下变得好起来。”

听了颜回的话，孔子发出了戏谑而又意味深长的笑声

① 下一节讲述“颜回请行”的故事，出自《庄子·人间世》。

既像是讥刺的冷笑，又如同当头棒喝，孔子对颜回说："你若是去了，那就必定会遭罪！"

孔子这样的反应似乎和他以往"知其不可而为之"的执着态度大相径庭。但孔子如此说，自然有他的深意。只听孔子继续说道："古时候德行至高之人，总是先保全好自己，然后才去保全别人。如果连自己都保全不了，又凭什么要去暴君的国度里去拯救其他人？"

但是，此刻颜回的神情依然坚决。对于一个守死善道的儒者来说，宁愿不顾个人的安危，也要拯救更多的人。

孔子则继续淡然地施以劝导："你凭什么觉得自己可以劝导别人从善呢？当你自以为高尚地在别人面前说教，劝导别人从善的时候，实际上，你的这种做法是灾祸的来源，因为当你在劝说一个暴君改正自己错误的时候，暴君同样想要抓住你说错的地方，然后穷追不舍地批判！你会因此自顾不暇，然后渐渐被迫屈就。而这，就是你灾难的开始，有了第一次，就会有第二次、第三次，然后你会不由自主地一次次被迫屈服于他。除非你与他强辩，让他恼羞成怒，最后的结局就是你死在他面前！"

孔子的这番话，若非对人性的幽暗洞察到极致，肯定说不出来。木秀于林，风必摧之。在大多数人都在直接或间接做坏人的时候，坚持做一个好人就会显得格外与众不同，那就会无可避免地受到大家的排斥。在一个拥有绝对权力却又残暴无道的国君面前特意显示出与众不同，最终的结局就可想而知了。

颜回犹豫了，孔子描绘的那个未来实在是有点黑暗，却极其现实，现实得近乎残酷。

"那若是我保持好态度，多劝导几次，这样可以吗？"

"暴君是不会被道理说服的。"

"那我可以保持内心的正直，假装俯首屈就，再慢慢感化国君。"

“暴君有太多的恶行需要被纠正，难道你想要逐一去感化他吗？”孔子反问。

这是孔子以来儒者们惨痛的教训，不管是孔子还是孔门弟子，乃至孟子，看似用道理把诸侯们说服了，但诸侯们怎么会真的采纳这些道理呢？

像颜回这样试图把自己全身心奉献给这个世界，恐怕只是一厢情愿的幻想。就像一只试图拿手臂阻挡滚滚车轮的螳螂，有些可悲，又有些可笑。①

听了孔子的话，颜回心中的那点幻想终于破灭了，他向孔子说道：“那我真的想不出什么办法了，老师，我究竟该怎么办？”

对于颜回的提问，孔子给出的答案是：“斋戒清心吧。”

“我家素来贫穷，酒肉都吃不上，几个月没有沾上荤腥了，这样应该算得上是斋戒清心了吧？”

颜回是出了名的穷人，贫穷得只能在陋巷里就着“一箪食、一瓢饮”度日，这已经成为春秋战国时期大家耳熟能详的“老段子”了。

“这只是祭祀时的斋戒，而我说的是‘心斋’，是对心的斋戒。”孔子说道。

“那什么是‘心斋’呢？”

孔子沉吟片刻，给出了他的答案，那个庄周想要借着孔子之口说出的答案——虚无空明的心境，就是“心斋”！

心斋，字面意思是斋戒自己的内心，其实是让自己的心处于完全虚静的状态。

那些追求功名利禄、抑或执着于改变世界的人们，正是被这些具体的认识所左右。他们不知道，这些认识未达万物之化，充

---

①“螳臂当车”的典故也出自《庄子·人间世》，“汝不知夫螳螂乎？怒其臂以当车辙，不知其不胜任也”。

满了不确定的欲望与偏见。执着于救世的颜回，和轻用其国的卫君，本质都是一样的。

所以，要做到心斋，关键就是知道自己根本上的无知。在这一“无知之知”的基础上，排除情感、思虑以及一切嘈杂的心理状态，让心保持虚静，凝聚精神，超越原有的感官之知。① 既然这个世界无可逃遁，不得不面对它，那我们就去面对它好了——只不过在这个世界面前，我们最好还是不要动心吧！不去动心，也就可以不受这个世界的限制，不为这个世界所累。

说到此时，颜回终于恍然大悟：“我明白了！当我不曾做到‘心斋’时，那个颜回就是一个实实在在的颜回；而当我做到了‘心斋’时，其实也就从来不曾有过一个颜回了。”

“你终于明白透彻了。”孔子对颜回说道，带着满意的笑。

若是真正进入“心斋”的状态，那对于颜回来说，就从来不曾有过一个颜回，因为当颜回进入这种境界时，他就是无心的，只是把自己作为一个过客，借宿在这个不得已要落脚的世界，就像这个世界原本就没有颜回本人的信息一样。此时此刻，这个世界于颜回而言，没什么好索取的，也没什么可失去的，也就不会被这个世界所牵累了。

心不在这个世界里，那在哪里呢？孔子对我们说（抑或是历经了人世间沧桑后的庄周在对我们说），它不会去别的地方，直接就飞上天了——这当然不能理解成“得道飞升”之类的玄幻段子，而是一种哲学意义上的“超升”。进入“心斋”的状态后，终于从这个繁杂琐碎的人间世中超越了出来，庄子把这种超越的状态叫“无翼之飞”：虽然我们的身体仍然留在人间世界，但我

---

① 这种方式，《庄子》中称之为“听之以气”，这一过程同样与心、知有关，是更高层面的精神体认。参见杨立华《庄子哲学研究》，北京大学出版社 2020 年版。

们的心已经摆脱了种种世俗生活的引力，飞到了更高的境界里。

也就是这样，庄周从“心斋”当中，找到了一条独特的超越之路。

动荡世界里的存身之地

庄周的过往难以考证，如果猜测一下的话，他一定曾经被这个残酷而晦暗的人间世伤得很深吧。他曾像故事里的颜回那样，纵使身临险境也要救民于水火，但这种理想最终在冰冷的现实面前破灭了，破灭得稀碎。

即便如此，庄周依然对这个世界保有深切的温情。人间世里那些人和事始终让他放心不下，所以他选择了不逃避。只不过，在这个动荡的世界里，他认为只能用“心斋”的方式生存着，这也是在这个世界里仅有的存身之地。

如果这是一个有道的世界，庄周或许会像故事里的颜回那样，毅然踏上救世之路，做一个有为的人。然而现实是，庄周只能用这种极端的存在方式，来对抗人间世本身的极端。

这种极端的方式，不仅仅是在内心放弃有为之心，达到无我之境；还要放弃拯救世界的行为，以及为了有所作为而储备的知识与才能。

从一开始，你就要做一个无用的人。

他曾在旅行的路上见过一棵参天大树，树干粗壮，枝繁叶茂，高大得离谱，引得无数游人驻足观看。但这棵大树之所以能长得如此茂盛，其实只是因为它不适合被当作任何材料，哪怕是稍微修剪一下它的枝丫，都是对人力的一种浪费。正因为没有一点用处，所以这棵大树长期以来无人砍伐，因此得以安享天年。

这种“无用之用”，就是大树保全自己的方式。[①]

他也曾在齐国遇见过一位名叫“支离疏”的隐者，这是我们所能想象到的外貌最为怪异之人。他两腮贴近肚脐，肩膀比头顶还高，脑后的发髻朝天，大腿和胸旁的肋骨贴在一起，活脱脱跟一个“哥斯拉”一样。可是没有比支离疏过得更好的人了，他替人家缝洗衣服，就可以养活自己，而到了诸侯征兵的时候，同龄的青壮男性全都被征发走了，他却可以惬意地在人群中看戏，因为他畸形的残疾，使他幸免于服役。

这种残缺，就是支离疏存身于人间世的保护色。[②]

这便是庄周对于人间世的感悟。他发现，这个世界过于危险，只有当自己毫无用处，甚至连自己都不幸残缺的时候，才能让自己真正保全下来。支离疏的残缺，是身体四肢的支离破碎，这靠的是大自然的“馈赠”。而庄周没有这种身体上的“馈赠”，他也不希望大家都变成残疾之人，那就只能让自己的道德、知识变得支离破碎。——不是要让自己变成一个没有知识或者道德的白痴，而是抛却那些功利性、目的性的知识与道德，真正做一个对社会、对世界没有用处的人。

“我都已经毫无利用价值了，那你总该放过我了吧？”这样的反诘，也许就是庄周对于人间世无奈的嘲讽。

---

① 这个“栎社树”的故事，出自《庄子·人间世》：“仰而视其细枝，则拳曲而不可以为栋梁；俯而视其大根，则轴解而不可以为棺椁；咶其叶，则口烂而为伤；嗅之，则使人狂酲三日而不已。子綦曰：‘此果不材之木也，以至于此其大也。嗟乎，神人以此不材。’”

② 这个“支离疏”的故事，同样出自《庄子·人间世》：“夫支离其形者，犹足以养其身，终其天年，又况支离其德者乎！”

狂者的悲歌

庄周曾是一个儒者吗？这我们无从得知。但他对于孔子“知其不可而为之”的态度，无疑是深表同情与理解的，只不过他选择了自己的那条路，那就是“知其不可而不为之”。毕竟，世上无难事，只要肯放弃。

庄周改写了那个“楚狂接舆歌而过孔子”的故事，将楚狂接舆唱给孔子的歌，改写得更加无奈、更加深沉。那首歌，依旧是唱着“凤兮凤兮”，只是庄周在歌词中又说：

> 天下若有道，圣人做成了事；
> 天下若无道，圣人苟全偷生！
> 如今这时代，只求免于刑辱。
> 福轻如羽无可承载，祸重如山无可躲避。
> 算了吧，算了吧！
> 莫在别人面前炫耀自己。
> 危险啊，危险啊！
> 莫要画地为牢让人盲目钻进去。
> 你看这路遍地荆棘，只求不要妨碍我的行走！
> 你看这路弯弯曲曲，只求不要伤害我的脚底心！①

这仿佛是他对儒家的告诫，又或许是真实发生过的与儒者之间的心灵交流。庄周从来都不是一个胆怯的人，他并没有把人

---

①《庄子·人间世》中楚狂接舆唱的歌词是：“凤兮凤兮，何如德之衰也！来世不可待，往世不可追也。天下有道，圣人成焉；天下无道，圣人生焉。方今之时，仅免刑焉。福轻乎羽，莫之知载；祸重乎地，莫之知避。已乎已乎，临人以德！殆乎殆乎，画地而趋！迷阳迷阳，无伤吾行！却曲却曲，无伤吾足！”

生的希望寄托在来生，抑或沉迷于缥缈的过去。他是一个勇敢的人，虽然经受了人间世里的无数痛苦，但依然直面这险恶的现实。而且，他还在这个所有人都在奋力挣扎的人间世里，始终以一种超然豁达的态度对待森罗万象。

甚至，他还找到了一条独属于自己的超越之路。

在你的全世界游过

令人窒息的新世界

战国时期的人们，相信曾经有过一个田园般的时代。

那个时代当然不会如后来的人想象的那么美好，美好到充满诗意、如画如歌。如我们在前面所说，那个时代充斥着蒙昧的巫术、血腥的杀戮，生产力更是落后，统治者们也未必像歌谣里夸赞的那样，个个都是爱民如子的贤君。百姓物质匮乏，甚至食不果腹。

但是，哲人们留恋过去的时代，虽然那时并不完美，但那时的人们至少可以选择。伯夷、叔齐那样崇尚“自由”的隐者，可以通过避世的生活，来躲开国家政权和礼乐秩序的束缚。因为国家并没有成为一个无所不在的强权，诸侯们只能管理住在城池里的“国人”，城池以外的统统被称为“野人”，国家是管不到的。隐士们离开国都，随便找一个适宜人居住的地方，就可以过上理想的隐居生活，神仙、皇帝都管不着。

然而，到了庄周的时代，这样的生活一去不复返了。国家的权力持续地集中、加强，君王的管理之手向乡野地区延伸，不断填补权力的空白。隐者们逃遁避世的小天地变得越来越狭窄，只能在权力的夹缝里求得生存。

所以，庄周才无奈地叹道，权力给人的束缚，让人“无所逃于天地之间”[①]，只能留在这个充满束缚的人间世里。只有变成一个毫无利用价值的人，才能躲开人间世的纠缠。

这真的是一个悲哀的回答。只有把自己变成像支离疏那样丑陋的人，一个所有人都厌恶、看不起的存在，才能获得“免于受到伤害的自由”。很多人只有刻意去“摆烂”，活成别人都觉得不像话的样子，才能高枕无忧地“尽其天年”。

看看庄周举出的“无用之物”都是些什么东西吧——舔一口就能让人烂嘴巴的树叶，鼻孔上翻的猪，生了痔疮以至于不能用来献祭的活人……配上丑八怪支离疏，简直就是一个“畸形秀”嘛！难道为了好好活着，都要把自己整成这样？一个玉树临风的美男子，难道为了防止自己被人间世所拖累，一定要把自己整容成一个怪物？这个答案，也太过讽刺了。

庄周不是一个睡在烂泥里仰望星空的犬儒哲人，更不是一个兜售“摆烂”哲学的混子，他对生命，从来都是抱着最为认真的态度去对待的。

只不过，这个无可理喻的世界，只配让人这样活着。

无用，又能如何？

更何况，让自己变得没有利用价值，就真的可以消灾避祸吗？

庄周曾经与学生一起去山里旅行，在山上看见一棵大树，因为不成材所以没有被山民给砍掉。这也算是庄周经常教导学生们的内容了，所以他笑眯眯地进行了一场现场教学，告诉学生们：“这树就是因为不成材，才能够尽其天年。”

---

① 见《庄子·人间世》。

当他们下山后，夜宿在庄周的一位旧友家里。好客的旧友为了招待庄周一行，特地吩咐童子杀一只鹅，炖给大家吃。童子问："咱家有两只鹅，是杀那只会叫的，还是那只不会叫的呢？"

"就杀那只不会叫的吧！"主人说。

于是，那只"无用"的大鹅成了当晚的盘中餐，而那只"有用"的大鹅，则顺利地苟活了下来。

第二天，庄周的学生们就向他提出了这个疑惑——不是说"无用"方能尽其天年吗？怎么那只大鹅却因为无用而被吃了呢？①

这个问题，其实从形式逻辑上很容易回答。那只大鹅之所以被杀，不是因为它在鸣叫方面无用，而是它在为人类提供优质蛋白方面有用。要是大鹅真的不是什么好食材，那也不会被杀掉吃了。

但是，庄周不会把问题回答得这么肤浅，他看到了大鹅被杀这个现象背后更加深刻的问题——作为普通人，无论有用与否，个人的生死由君王的意志决定。这不正是那个越来越逼仄的世界的写照吗？在这个时代里，你想要全身自保，与世无争，尽力去做一个无用的人，但君王派出的官吏总会在你意想不到的时候找到你。

正像与庄周同时代的孟子讲过的一个故事那样。齐国有个叫陈仲子的隐士，一心一意想要过与世隔绝的日子。但是这一愿望注定不能实现，邻国赵国的王太后就带着嘲讽去问齐国使者："贵国有个叫陈仲子的，把百姓都带坏了，变得毫无用处，你们

---

① 故事见《庄子·山木》："明日，弟子问于庄子曰：'昨日山中之木，以不材得终其年；今主人之雁，以不材死。先生将何处？'"

怎么至今还不杀了他？”[①]

对于陈仲子这样的人，孟子有点挖苦地说：“除非是变成蚯蚓钻到土里，否则他这个寻求清净的愿望，就永远不会实现。”[②]在政治权力日益挤压普通人生活空间的情形下，君王会认为“无用”本身就是罪名。这就更加让试图以“无用”来寻求自我保全的尝试变得希望渺茫了。

就连他们在山里看到的那棵大树，都要由衷感谢伐木工的不伐之恩。但凡这棵大树不是长在深山老林，而是长在马路牙子上，抑或是伐木工师傅经验不足，辨别不出木材的好坏，这棵大树都会被无情地砍伐。现实就是这么残酷，有时候大树能不能幸免，起决定作用的同样不是树本身成不成材、有没有用，而是伐木工手中的利斧。

面对学生们的疑问，庄周的回答一如既往地直指问题的核心之处。他要回答人如何在人间世里自处的问题。

“我将会处于有用与无用之间。”他笑着对学生们说。

处于有用与无用之间是个“既要又要”的要求，大道理都被他说完了，至于实际怎么做却又没说清楚。

其实，硬币的反面还是硬币，不管是“有用”还是“无用”，它们的落脚点依然停留在“效用”上。而庄周并不局限于“无用”，更想要超越有用和无用这种单向度的价值尺度，进入“道”的层面。所以进一步说：“如果仅仅只是在乎自己有用还是无用的话，那还是不能从祸患中幸免。”

关键的问题在于，我们凭什么要被定义为有用还是无用？在

---

① 事迹见《战国策·齐策四》：“於陵子仲尚存乎？是其为人也，上不臣于王，下不治其家，中不索交诸侯。此率民而出于无用者，何为至今不杀乎？”

② 事迹见《孟子·滕文公下》：“若仲子者，蚓而后充其操者也。”

我们纠结自己到底是有用还是无用时，其实依旧使自己沦为被估价、被使用的工具。我们在利用世界上的客观事物的同时，也在被这个世界当作客观事物驱使着，成了活脱脱的“工具人”。最终，我们被困在令人窒息的人间世里，不论是个人的生死，还是日常的行动，全都丧失了自主权。

那么，我们如何在这个令人窒息的世界里好好活着呢？这个问题，庄周在此时终于给出了他的最终答案，那就是——乘道德而浮游，在这个世界里，顺应其自然，“游”心于万物。

像一场游戏

在庄周的处世哲学中，“游”是最重要的一个概念。

对于庄周来说，人间世界是桎梏我们的樊笼，既然我们不得不身处其中，那就不如看开这一切吧，让我们带着心去这个世界里遨游（也就是“游心于世”）。

游心于世，意味着我们不再被人间世里种种政治、伦理命令所驱使，而是完全自主地到处遨游。

游心于世，又是游戏的“游”。在沉重的人生义务面前，庄周选择了用嬉乐的态度去化解这种沉重。正如颜回救世之不可能，严肃的生活同样不可能，他把人生当作一场游戏，那些压在人生上的重担，既然只不过是游戏的一部分，那又何必让人如此沉重呢？也正是在这场人生和世界的无限游戏中，我们乐在其中，实现自己精神上的自由与自适。①

① 颜世安先生把庄子的生活态度理解为游戏，是切入庄子思想的很好思路。参见颜世安《游世与自然生活：庄子评传》，湖南人民出版社 2022 年版。

“游戏”本来就是其他哲学家阐释其思想的方式。如康德在《判断力批判》中提出的“游戏论”，维特根斯坦在《哲学研究》中提出的“语言游戏”等。尤其是德国哲学家海德格尔，将“存在”与“冒险游戏”联系起来，认为永恒的游戏让存在得以栖居，并成其自在。[①]这一观点与庄子的“乘道德而浮游”有异曲同工之妙。

人生是否真的就是一个角色扮演类游戏呢？在这个游戏里，我们随机获得了各自的身份角色，成了贵族、士人，或者是农民、工匠，既来之，则安之，那便扮演好游戏中的角色。既然这只是一场游戏，那也不必像人间世里的世俗大众一样，演得过于投入；也不必像清高的隐者那样，拒绝进入这场角色扮演。我们进入了这个游戏场景，但同时又是一个客串角色的玩家，这样就可以用一种旁观者的心态，来静观世事变幻——这就是庄周所说的“观化”，即静观万物之运化。

这个世界难道不正是如此荒谬吗？你如果打开微博或者微信，就有海量的社会新闻跳到你的眼前，其中有多少让你咋舌的故事，让你怀疑这个世界到底怎么了？但是，如果你真的把这个世界看作一场电子游戏，那是不是就合理一些呢？毕竟在电子游戏里，再天马行空的剧情也只是场景设定而已。你可以告诉自己或者别人，世界上发生的事情都不需要当真，纵使它再难以令人接受。

你没有与这个世界妥协，相反，你的内心依旧在与那些荒谬

① 可参见海德格尔《林中路》（上海译文出版社 2004 年版）中的《诗人何为？》一文。

的事物顽抗。你把世界当作一场游戏，不过是你避免头破血流的一种方式而已。

它只是你与世界暂时的和解，而且也仅此而已了。

庖丁的刀

既然庄周主张“游心于世”，那接下来的问题就是：如何把这场游戏给玩好呢？

就像我们活在这世上一样，同样是游戏于人间的做法，有的人就从此一辈子沉沦，而有的人则在“游心”的路上提升了自己的境界。同样游世，却有不同的结果，原因就在于是否掌握了“游心于万物”的窍门。

这个窍门，用庄周的话来说，就是“缘督以为经”——“督”是连通身体命门的中间之脉，所以庄周的意思，是要我们顺着事物中间的脉络空隙，找到其中的容身之所。既然是游戏，那就不要过分执着于世俗所认为的是非善恶，而是要跳出这一层，然后游戏于其中，只要做到这一层，那便能保全自己、颐养天性，然后尽享天年，成为这场人生游戏的大赢家。

你打过一场酣畅淋漓的电脑游戏吗？如果打过，那也许就能体会到“游心于万物”的操作方式了。庄周讲过一个近乎游戏的故事，叫作“庖丁解牛”。

庖丁是这个“解牛”小游戏里的“微操大神”。“解牛”就是要用最高效的方式，去肢解一整头牛。这种残酷的样子，像极了人间世的本来面貌。

庖丁只是手持一把普通屠刀，却准确地切入最合理的位置，整场屠宰就犹如一场酣畅淋漓的舞蹈表演，让人联想起殷人那充满神秘色彩与暴力美学的《桑林》之舞。

一旁看着庖丁的文惠君赞叹说：“厉害了，技盖至此乎？”

文惠君一般认为就是那位被孟子反复批评的梁惠王，傲慢、自以为是，而且轻用其国，隐隐与颜回本来打算去劝诫的卫君形成互文。[①] 庖丁放下刀对文惠君说：“这是因为我已超越了技术层面，关心的是‘道’。”

正如《老子》中所言，道是无法用日常语言去描述的超越存在。庄周正是用一个游戏般的故事为我们讲述了一个关于“道”的隐喻。

呈现在人们眼前的牛，是一个庞然大物，这个巨大生物的骨骼关节复杂，肌肉与经络盘根错节。如果是新手刚开始操作的话，一不小心就会切到坚硬的骨骼，这种骨头连狮子老虎都啃不开，刀要是切进去，要么就拔不出来，要么就会崩了刃。

庖丁还是个新手的时候，眼前就是一头大牛，只能找准了牛的主要关节，一点一点地小心切割。

等到如此训练长达三年，庖丁的眼前就不再是一整头牛了，而是牛的一个个部位，看到哪里，他就知道是牛的哪个部位，手起刀落，一块肉就被切削下来。

就这样一步步，庖丁就完全是另一副样子了。在他的操作下，根本不需要用眼睛来观察牛的身体部位，他只需要运用起心神，就可以得心应手地操控屠刀。面对这头牛，庖丁感受它的内在理路，手持一把利刃，凭着出神入化的手感，一刀一刀探入筋骨间的空隙，顺着牛本来的骨节构造，避开那些筋骨错综复杂的地方。也因此，庖丁的刀在牛的关节肌肉缝隙之间游走，奇妙地做到了“游刃有余”。

---

① 这是《庄子》中君王的普遍面貌，杨立华先生将其描述为对自己掌控力的自信，而这种自信，就是因为忘掉了自己本质上的无知处境。参见杨立华《庄子哲学研究》，北京大学出版社 2020 年版。

庖丁解牛的操作，蕴含的就是如何在这个世界里安放生命的哲理。

解牛，是一件复杂又危险的事情，充满了各种各样棘手的问题，正如人类面对人间世的各种难题一样。

认清了牛的整全，我们不得不进入到“牛”本身。一开始，我们战战兢兢，小心地观察“牛”的内在理路，我们可以将探入“牛”体内的屠刀理解成游于万物的“心”或者生命本身。我们必须小心谨慎，因为一不留神，刀就会碰到硬骨头而卷了刃，如同我们的生命在这些难以对付的挑战面前损伤了自己。随着我们熟悉了“牛”的构造，对“牛”的一切了然于胸，动刀的时候也就挥洒自如，巧妙地发现这一团团复杂问题中间的缝隙，优游于其中。

此即庄周所说“缘督以为经”的真实意思。这场游戏的“通关秘诀”就在于把眼前的“牛”看真切，将其完全了然于心，找到“牛”的中空之处，来安放我们的生命。这个杂乱的人间世界，也只有这些空隙之间，才有生命的回旋余地。否则的话，难道我们还要去面对那些硬骨头和大筋腱，在残酷的现实屏障面前撞得头破血流吗？

对于一个清醒而干净的人来说，人间世界充满了枷锁与禁锢，只有真正洞悉它，发现它枷锁间仅存的缝隙，才能获取那一丁点畅快的自由，然后翩然舞蹈、游戏。

人生的通关攻略

庖丁的故事，隐寓着人寻求超越的过程。在这个充满无奈的人世间，我们至少不用听之任之，可以寻找生活的缝隙，在夹缝中生存——当然，找到缝隙的前提是你要对世界的万事万物了然于心。

要洞悉万事万物本来的样子，这又是一个大问题。庄周并没有说知识是应该被否定的东西，问题在于我们获得的知识，是让我们成为可以主动掌控事物的人，而非成为知识的奴隶，为了求知而求知，忙碌于追逐事物的过程中。倘若追求事物的知识成了生命的全部，那就是在试图用有限的认知去追逐无限广阔复杂的事物，这其实是一场没有终点的马拉松赛跑，你迟早会累趴在跑道上。[①]

对知识的追求，原本就应当成为完善生命的补充。就像庖丁肢解牛一样，关注的应当是刀刃将要抵达的地方，别的部位，哪怕是珍贵又可口的牛眼肉、菲力、雪花肉，也不能为之分心。否则，一边操刀，一边盯着那片雪花肉，手里的刀什么时候崩断都不知道。我们的心也一样，心应当是虚的，如果塞满了功利心，如何能游走在人间的空隙里？

但是，追求世界的知识，还只是达到了庖丁的第二阶段境界。真正出神入化的境界，应当是“官知止而神欲行”，不再用感官所能获取的知觉与常识去体认世界，而是用心去“神遇”这个世界。

人的认知范围是有限的，但是世间万物是无限的，我们无法以有限的认知，去把握无限广阔的世间万物。

就像我们用牛顿运动定律的知识去看待物理世界，却无法把握微观的量子世界和宏观的相对论宇宙。人类的常识，哪怕是科学，都只是帮助我们认识了这个无限广大的宇宙中的很小一部分。

---

① 也就是《庄子·养生主》中所说：“吾生也有涯，而知也无涯。以有涯随无涯，殆已！已而为知者，殆而已矣！”

那么，既然我们无法像庖丁那样清楚而全面地洞悉“牛”的存在，如何能找到这个庞然大物中的空隙呢？

最后的通关

还是让我们把眼光放在生命本身吧。浮游于人间世里的生命，虽然暂时在仅有的角落里找到了安身之处，获得了片刻自由，但也仅仅是暂时而已。那个复杂难测的造化，总是有未知的变数在影响着人的生命，生命本身又有限且短暂，在无限的宇宙造化面前，生命所获得的片刻安宁，是不是显得十分悲哀？

这牵涉到人生的最后一关，也是至关重要的一关——死亡。死亡在人生尽头等待着，让人避无可避。

如何面对死亡呢？即使是庄周，最初看到亲人的死亡，也一定会悲伤难过。但是，当庄周意识到死亡乃是生命的必经过程，和人的出生一样身不由己，对这一切也就释然了。所以多年以后，当庄周的妻子去世时，庄周的心中并没有产生过分的悲痛，反倒鼓盆而歌，既是对亡妻的悼念，也是对儿女的告慰。[①]

有人说，这真是无情啊。

这一点，庄周自己也毫不否认——浮游于世间的人，原本就应当是无情的。因为人不应当有违背自然的喜怒哀乐，不能因为这样的好恶而损伤自己的生命。生死原本就是自然所成就的，人不应当执着于此，产生违背自然的哀乐。安心于自然的安排，坦然面对包括死亡在内的变化，就不会因为多余的感情而损伤自己内在的生命。

---

① 故事见《庄子·至乐》：“庄子妻死，惠子吊之，庄子则方箕踞鼓盆而歌。”

这就叫作“帝之县解”——是上天赐予你的解脱。

也正因为此，当时间又推移了很久很久以后，庄周自己也来到了生命的尽头时，他的内心也同样是淡然的。

庄周曾说过，灯烛与薪柴总会燃尽，但火种却会传续下去，而且永远不会有熄灭的时候。[①]

人生如白驹过隙，终究是短暂的。但人生又是宇宙大化中的一个环节，这一环节的结束，又是下一环节的开始。生死存亡，本来就是这样连成一体的，这一局游戏被你打通关了，又会有新一局游戏启动，这款游戏会更新迭代，不断升级，可以一直玩下去。看透了这一层，方能做到真正的达观。

①《庄子·养生主》：“指穷于为薪，火传也，不知其尽也。”

挣脱常识世界里的是非

你怎么知道鱼的快乐？

众所周知，惠施是庄周的好朋友，甚至可能是庄周唯一有名有姓的好朋友。

庄周在他那个时代并不算非常有名，虽然得到了许多圈内人士的看重，甚至引得楚威王重金聘请他去楚国执政，但也许是庄周自己人生态度的原因，他并没有与那个时代的思想界产生太多的接触——他对这个世界太过于认真，又太过于失望，最终选择了浮游于人间世，像一只自由自在的乌龟在烂泥里随性地打滚。

庄周结识惠施，多少是有些戏剧性的。就像是那只烂泥里的乌龟忽然抬起头，见到了岸上的另一只乌龟，这只乌龟干净体面，是一只供奉在庙堂上的“神龟”。这两只处境截然不同的乌龟，在对视中互相从对方身上发现了与自己相似的有趣灵魂。像庄周这样绝顶聪明的人，每个时代都是极其罕有的，也只有惠施这样的人，可以与庄周开展直接的对话。从此之后，庄周与惠施成了朋友，他们时常一起讨论各种各样稀奇古怪的问题。

只不过，惠施虽然是和庄周一样的智者，却不是庄周的同路人。从学术流派上说，惠施是典型的“名家”，喜欢研究事物概念之间的关系问题。惠施很喜欢在树荫底下高谈阔论，谈论那些逻辑色彩十分浓厚的哲学问题，累了之后，就倚着梧桐树休息。

庄周应该是看不惯惠施的做法的，因为庄周的哲学虽然看起来十分空灵高远，但根基是极其接地气的。很少有哲人比庄周更关注普通老百姓的日常生活，庄周的寓言里充满了屠夫、工匠的故事，庄周就在这些最普通、最不起眼的事情上发掘其内含的哲理。与惠施这样喜欢一边喝着下午茶，一边侃大山的爱好，并不是一个套路。

虽则如此，庄周的许多思想灵感，都是在与惠施一起漫步闲聊中产生的。

一天，庄周和惠施一起出行，来到了濠水的桥上。只见清澈的水中，一群群白鲦鱼在自由自在地游着。鱼在水里畅快地游，恰似庄周所说“游心于世”这一怡然自得的状态。庄周见此情景，不由得感慨道：“鲦鱼悠闲从容地游着，这就是鱼的快乐啊！”

旁边的惠施出于名家哲人的专业习惯，立刻反驳道：“你不是鱼，怎知鱼是快乐的？”

庄周回敬道：“你不是我，又怎知我不知鱼的快乐？”

惠施再度反驳道：“我不是你，所以我确实不知你。你既然也不是鱼，那么你也很显然同样不知鱼的快乐。”

辩论到这里，惠施已经形成了天衣无缝的逻辑。你不知道我的认知，我也不知道别人的认知，每个人的认知都是不同的，所以大家都请安分一点，不要随便说自己知道别人的想法。

庄周与惠施的辩论，乍一看是在讨论鱼的快乐问题，其实他们的对话只有一个核心关键词，那就是“知”。关于我们能否知道鱼的快乐问题，实际上触及了一个更深层次的问题——我们的知识是否可靠？

按照惠施的说法，每一个个体的认知都是独特的，我们无论如何都不会知道另一个个体的心灵状态，也不知道其他的个体对世间万物的看法。我们感觉到的红色，在别人眼里也许就非常地绿；我们感觉到的快乐，在别人那里也许就是痛苦、激动之类的

《濠梁图》

情绪；而照此说来，每个人所掌握的关于这个世界的知识，只在自己这里才有用，对于别人来说，那也许就是无用的知识。人类所积累起来的知识，也许归根到底就是无用的。

庄周当然不会赞同这种说法，但他也没有花费太多的口舌来与惠施讨论关于“我”之“知”的问题。他没有进一步去强攻惠施建立的逻辑防线，而是干脆从辩论中跳了出来：“我们还是从头说起吧！你问我是怎么知道鱼的快乐的，那其实就说明你已经知道我知道鱼的快乐，所以才问。我是怎么知道鱼的快乐的呢？我在濠水的桥上，知道了鱼的快乐。”①

这句回答，看起来是庄周的诡辩，他偷换了概念，把惠施的“怎么知道”偷换成“在哪里知道”，然后告诉惠施，他就是在濠水之上知道的。但实际上，庄周的话已经回答了惠施反驳的一切：当庄周站在濠水之上时，庄周与濠水之中的鲦鱼就处在同一时空，鲦鱼与庄周就是一体的。庄周的“知”，已经不再局限于“我”本身的知觉认识，而是包容了这个时空宇宙里的所有事物。在这种情况下，庄周能知道鱼的快乐，难道是一个需要讨论的问题吗？

当惠施还在执着于个体的认知是否共通时，庄周的思想早已飘浮在了上空，不论是濠水中的游鱼，还是碧空中的飞鸟，都与他的心相连通。

和庄周的“大知”相比，惠施的这种“小知”不过是执着于“我”本身认知的一种常识思维，看起来是在高谈阔论地进行思辨，讨论高深的逻辑问题，其实仍然只是囿于自己为自己树立起的藩篱而已。对于庄周来说，真正要做的是达到“游心于万物”的状态，真正洞悉世界的本来样子，找到天地造化中可以从容存

---

①“濠上对”的故事，见《庄子·秋水》：“庄子曰：‘请循其本。子曰“汝安知鱼乐”云者，既已知吾知之而问我，我知之濠上也。’”

身的空间。而要真正洞悉世界，就必须正视那个时代里层出不穷的各种思想，尤其是像惠施这样的思维，然后将其一一破除。

哲人们的是非

作为一个不在乎人间世里种种纷扰的哲人，庄周并没有像孟子那样，把大部分的精力花在与其他学派的论辩上。因为在庄周看来，这种思想论战从根本上说是没有意义的。不管是儒家还是墨家，大家之所以乱糟糟地打笔墨官司，原因就在于各自的“成心”——这是所有人都存在的主观意志。

所谓“每个人的心里都有一个哈姆雷特”，主观意志真的是一件很难说得准的事情。汝之蜜糖，彼之砒霜，四川人喜欢吃的麻辣火锅，在广东人那里就是地狱美食；印度人喜爱的咖喱糊糊，放在中国就成了短视频网站上令人啧啧惊叹的谈资。这就是由每个人的“成心”无可避免地产生出的“成见”。在每个人各不相同的成见之下，人人都固执己见，才会有了“我”和别的“我”之间的对立与冲突。

春秋战国时期的儒家和墨家，就是这么一对典型的冤家。儒家主张“仁爱”，墨家就非要说“兼爱”；儒家重视“乐”的教化，墨家就大谈“非乐”；儒家要“宪章文武”，提倡周文王、周武王的礼法，墨家就要找个比儒家还要老、还要权威一些的大禹，作为他们的祖师爷。不只是在春秋战国，后来的每个时代里的人们，又何尝没有这种“成心”？如今互联网上时不时引爆热搜的那些话题下的论战，什么贫富对立、阶层对立、男女对立，还有“饭圈”间的站队、互骂，本质上也都是成见在作祟。

心本该是虚明的，通过心斋而呈现万物。但是成心却让人变得滞重，有了自己的喜恶，那些“纷然淆乱”的争辩都由此而来。

庄周对这种做法，抱着嘲弄的态度：这不就跟动物园里的猴子一样吗？饲养员分橡子给猴子，说要猴子早晨吃三颗，晚上吃四颗。猴子听了都吵嚷着不同意。饲养员于是改口说，那就给你们早晨吃四颗，晚上吃三颗。猴子听了之后，这才高兴起来。[①]

猴子没有意识到，“朝三暮四”和“朝四暮三”，其实本质上没有什么区别。

在庄周的时代里，市面上充斥着这样囿于自身成见的学说，它们其实都没有真正揭示这个世界的本来面貌。而各种似是而非的看法交织在一起，扰乱着人们的日常认识，反而让这个世界愈发割裂。

惠施的哲学

相比之下，惠施的学说是诸子百家学说里得分最高的那个，因为他似乎意识到了“成心”的存在。

正如惠施与庄周在濠水上所争论的那样，我们无法知道鱼之乐，我们也无法知道别人的心思，每个个体的认知注定只能是一座座孤岛。对于某件事物，每个人的理解都是不同的。这就导致人们根据观察所得到的认识，与常识大相径庭。比如在有些情形下，高高在上的天看起来会像大地一样低矮，群山会让人觉得像沼泽一样平坦，这都是因为观察者不同，而产生了认识上的变化（即“天与地卑，山与泽平”）。

又比如，有个叫老王的人告诉我们说，他今天前往越国，但

① “朝三暮四”的故事，见《庄子·齐物论》：“狙公赋芧，曰：‘朝三而暮四。’众狙皆怒。曰：‘然则朝四而暮三。’众狙皆悦。”

几天以前就来了（即“今日适越而昔来”）。[①] 这种不可思议的情况之所以发生，同样也是因为认知的相对性：对于出发地来说，老王是今天动身；而对于几天之后这个人将要抵达的越国来说，抵达了越国的老王是几天前来这里的。大家都没错，只不过是对“老王去越国”这件事情的主观感受不同，才造成了彼此冲突的认知。

那些喋喋不休为了某个观点而争论的人，其实争论的原因也在于此。大家看一件事情的角度不同，自然会有不同的结论。

> 针对概念的相对性问题，惠施提出了十个命题，被称为“历物十事”。历物，指普遍地考察分析事物的本质和规律。

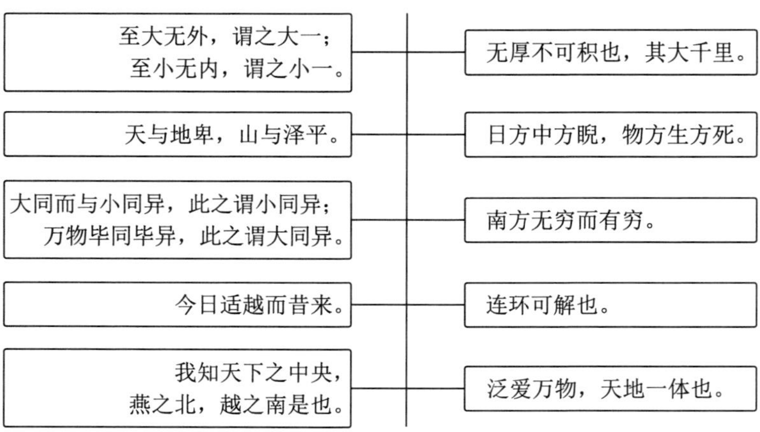

“历物十事”示意图

① 以下关于惠施思想的系统论述，详见《庄子·天下》。

对于人们因为主观角度不同而产生的巨大分歧，惠施提出了“合同异”的主张：既然公说公有理，婆说婆有理，那不如一起看看你们的道理，把你们的道理找出共性来，再把共性的结论作为继续讨论下去的基础，这样一步一步，逐渐找到所有人对事物的共性认识，这样就能得到共同的知识。

对于那个和鲜血一样的颜色，老王叫它“红色”，老李叫它“赤色”，老约翰叫它“red”，不管怎么样，我们找到了其中的共同处，那么老王、老李、老约翰对于这个颜色就有了共同的知识。再推而广之，大家都一起合计，那除了红绿色盲之外，人们就对红色具有了共同的知识。继续推而广之，事物之间在更广阔的范畴里，也能找到它们的共同之处。天地万物均有其共同之处，也有其差异之处，这些“同”和“异”就形成了一个统一体，关联起了变化万千的世界。

这就是以惠施为代表的名家给出的解决方法。惠施在常识之上，建构出了一个由观念组成的世界（也就是“名”的世界），来弥合日趋割裂的现实世界。

惠施的“合同异”思想，是一个很好的哲学想法，两千多年后的德国古典哲学（比如康德），在思路上就与惠施有些相似。而庄周对惠施的想法同样十分欣赏，但令他失望的是，惠施给出了一个很好的思路来将世间万物的观念重新统一起来，可惠施这么做的目的，竟然只是为了让常识世界的运转看起来更加顺畅一点。

惠施本来可以像德国古典哲学那样，建立起法度森严的哲学体系。但惠施自己把它整得稀碎，掌握着一门“合同异”的哲学方法，却只是用在具体问题的分析与辩论上，和其他辩论爱好者整天讨论一些“三只脚的鸡是不是鸡”“有尾巴的青蛙是不是青蛙”“能否将一根木棍无限二等分”之类的问题。这些问题确实都是好问题，同时代的古希腊哲人也同样热衷于探讨，但这并不是庄周思想的旨趣所在。对于庄周来说（也和过去的大多数大思想家们一样），最值得讨论的，永远是关于存在本身的问题。

和这个大问题比起来，惠施拿着这么好的哲学方法论来搞辩论，差不多就像是操着降龙十八掌打蚊子，用纳米级的集成电路拼起来当小桌板。总而言之，就是格局不够开阔。

有一天，惠施对庄周说："魏王曾经送给我一粒葫芦种子，我把它种活了，收获了一个巨大的葫芦。可这葫芦既没法做水缸，又没法做成瓢，白长这么大，真是毫无用处，最后我只好把它敲碎了。"

庄周听了，揶揄道："如此看来，你真是不善于使用'大'的东西啊。你有了这样一个巨大的葫芦，何不把它系在腰间，然后浮游于江湖？结果你却在忧虑它没法用来装东西，这说明你的心已经被茅草塞住了！"

可不是嘛！在惠施的眼里，只有物体本身的效用，并没有真正把眼光放在更广阔的天地之中。当惠施沉迷于辩论物与物之间的异同关系时，他的心也被锁在了这些水缸和瓢组成的常识世界里，无法自拔。

白马非马，有什么意义？

出自名家的辩者中，与惠施齐名的，还有来自赵国的公孙龙。公孙龙的成名一战，就是用自己强大的辩论能力，在外交上严词驳倒了燕国、秦国，为赵国赢得了外交胜利。公孙龙从此声名大振，连孔子的后代孔穿都虚心拜入公孙龙门下，向他学习。

公孙龙最为著名的论题就是"白马非马"论。与惠施的"天与地卑"之类的逻辑分析一样，都是使用了人们日常生活中的概念，却得出了一个与常识迥然不同的结论。

白马为什么不是马？公孙龙说，"白马"是在颜色上限定为白色的马，和"马"相比，并不是一个概念。

事实上，“白”和“白马的白”同样不是一个概念，因为“白”只是一般的颜色概念，可以用在石头上、衣服上，而“白马的白”则是马身上的一种独属于马的“白”，并不是所有事物的共同属性。[①]

更复杂的则是“坚硬的白石”，“坚”“白”两个概念，虽然看起来都是石头的属性，但两者同样都是独立的概念，随便哪个都可以单独用于限定石头的属性。[②]

公孙龙

就这样，公孙龙具体规定了万物的概念，这些复杂的概念集合在一起，就构成了庞大而繁杂的概念世界。这是一个由各种事物的概念构成的世界，它们彼此相区别，但又形成了一个整体。公孙龙的这一思路被称为“离坚白”，与惠施的“合同异”一样，是名家要弥补这个割裂的世界的又一种尝试——将万事万物的特殊概念相联结，终于形成一个整体，从而规定着我们的日常生活。

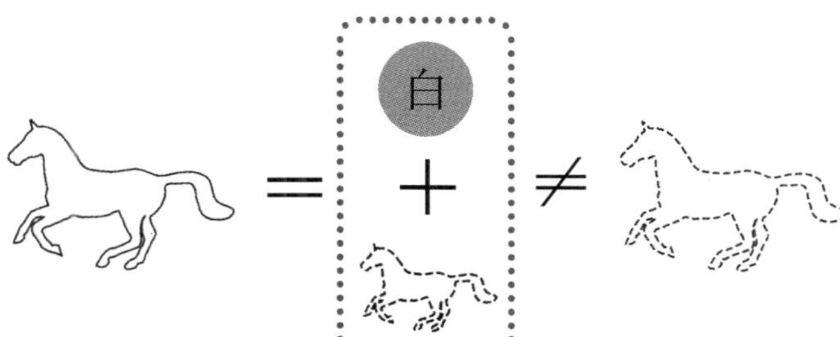

“白马非马”论示意图

①“白马非马”的典故，详见《公孙龙子·白马论》。

②“离坚白”的典故，详见《公孙龙子·坚白论》。

然而，在庄周看来，公孙龙热衷于讨论“离坚白”的问题，同样是过于执着于观察万物，却意识不到抬头仰望天空。公孙龙热切地想要把所有事物各自的概念都分析出来，从而获得关于这些概念的知识，他或许“懂”得很多，又懂石头又懂马，但他懂生命的意义吗？公孙龙或许从来没有特别关注过，只是徒然在物的概念世界里流连忘返，不知不觉也成了物质的奴隶。[①]

不管是公孙龙还是惠施，他们看似是在常识世界中又往前跨进了一步，但实际上关注的仍然只是“物”的层面，透过物的现象，看到的仍然是物，徘徊流连于关于物的名辩，“玩物丧志”，没有真正走出常识世界。仿佛解牛的庖丁，达到了第二层境界，眼前所见已经不是一整头牛，而是透过牛的外表看到了牛的内部肌理。可庖丁真正为之踌躇满志的，是他的第三层境界，“以神遇而不以目视”，跳出了感官认识，而用心神去体认面前的牛。

此时的庖丁已经不再停留在关于物的技艺上，他所流连的，是“道”。这时，我们的心已经不再仅仅是浮游在万物之中，而是超越了常识世界，终于开始“游心于道”。

摆脱常识世界

我们生活在由物质填满的世界里，如果仅仅通过识别物质的概念来获取知识，这些知识尚只是常识。

---

① 对公孙龙这样的做法，庄子在《齐物论》中评价得很到位：“一受其成形，不亡以待尽。与物相刃相靡，其行尽如驰而莫之能止，不亦悲乎！终身役役而不见其成功，苶然疲役而不知其所归，可不哀邪！人谓之不死，奚益！其形化，其心与之然，可不谓大哀乎？人之生也，固若是芒乎？其我独芒，而人亦有不芒者乎？”

就像太阳每天东升西落，似乎就是地球人都知道的常识。可我们之所以如此笃信，其实来源于对经验的总结。就像英国哲学家休谟说的那样，明天的太阳是否会从东方升起，这是一个不确定的问题。

我们往往因为一件事情反复发生，就认为这是理所当然的。这是我们的常识思维。发生了一万次的常识，也只是关于一件已经过去了的事情的知识，这种片面而僵死的知识，又如何能用来了解和适应变化无常的世界？

所以，常识是无法依赖的。通过常识来看世界，就好比井底的青蛙通过仰望井口来看天空，只能看到一个狭小的圆形，却以为这是天的全部。[①] 有时候，这样的常识知道得越多，反而越无知。那些一直以来理所当然的常识限制着我们的生命，妨碍我们去体认世界本来的样子。有时候你必须像换衣服、蜕皮一样，把附着在身上的那些属于常识世界的东西蜕去，留下真实的人心和人性。

这个过程，也就是一个“忘”的过程。庄周把这个对于生命至关重要的过程，依旧放在了颜回和孔子的故事里：

> 颜回对孔子说：“老师，我进步了。”
>
> “你指的是什么呢？”孔子问。
>
> “我已经把仁义给忘了。”颜回说道。
>
> “很好，但还不够。”孔子说。
>
> 过了几天，颜回见到孔子，说道：“老师，我又进步了。”
>
> “你指的是什么呢？”

①“井底之蛙”的比喻，见《庄子·秋水》：“井蛙不可以语于海者，拘于虚也。”

> “我已经把礼乐给忘了。”
>
> “很好，但依然不够。”
>
> 又过了几天，颜回再次见到了孔子，说道：“老师，我终于又进步了。”
>
> “你指的是什么呢？”
>
> “我已经‘坐忘’了。”颜回说道。
>
> 听得此言，孔子终于动容了，带着惊异的样子问道：“何为‘坐忘’？”
>
> “忘却自己的形体，抛弃自己的聪明，摆脱形体和智能的束缚，与大道融通为一，这就是我的‘坐忘’。”颜回说道。
>
> 孔子说道：“与万物混同于一体就没有偏爱了，与万物一起变化就没有偏执了。你果真是贤明啊！我愿意追随在你的身后。”[①]

那个在我们故事最开始，宁可毁伤自己也要救民于水火的颜回（庄周或许在心里已经把自己比作了颜回），在人间世里兜兜转转了一圈，历经了种种希望与失望，终于在此时大彻大悟。他终于意识到，一直以来认为重要的仁义与礼乐，也只是这个悲哀的人间世里时刻限制着他的藩篱。所以，他抛弃了原本视若珍宝的仁义和礼乐，放弃了以往的所有常识，当不再通过自己的感官来认知这个世界之后，终于可以摆脱那些强加在身上的限制，返回到真实的状态。

这时的颜回，终于可以在人间世里优游了。从他坐忘的那一刻起，那些原本一直限制着他的条条框框，那些在所有人头顶悬

① “颜回坐忘”的故事，见《庄子・大宗师》。

着的枷锁，全都不复存在了。他终于可以从那些桎梏间的孔隙出发，游心于物，游心于道，直至游心于造化。

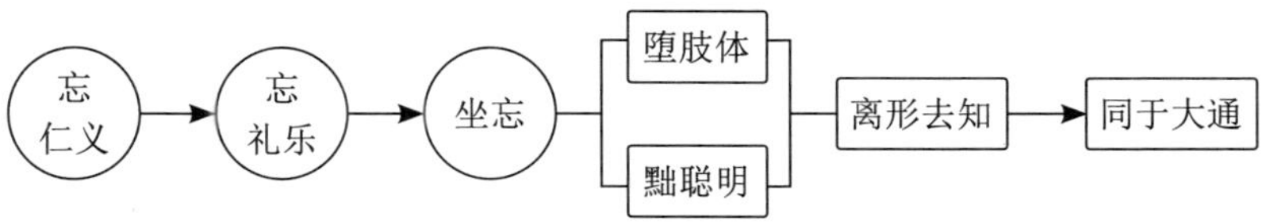

颜回坐忘

吾丧我

坐忘的关键，在于“忘”。如果只是忘掉附着在身上的常识思维，就像最初的颜回那样，仅仅忘掉了仁义和礼乐，那这还是对某种具体事物的遗忘。庄周告诉我们，真正的“坐忘”，是要忘掉自己的肢体，忘掉自己的视觉与听觉，达到形若槁木，心如死灰的状态。

总而言之，要丢掉常识世界中的一切——包括留在常识世界里的自己。

庄周讲过一个南郭子綦的故事：南郭子綦靠着茶几，仰头朝天，呼吸吐纳，一副“丧极了”的样子，像是丢了魂魄一样。在一旁陪着的颜成子游见状，忍不住问道：“你怎么这样呢？一个人固然可以使自己的形体如槁木，难道真可以让心也如死灰一样毫无生气吗？”[①]

南郭子綦听了，夸赞颜成子游提出了一个很好的问题，然后

① 南郭子綦的故事，见《庄子·齐物论》：“南郭子綦隐机而坐，仰天而嘘，荅焉似丧其耦。颜成子游立侍乎前，曰：‘何居乎？形固可使如槁木，而心固可使如死灰乎？今之隐机者，非昔之隐机者也。’”

告诉他，这种状态就叫作“吾丧我”。[1]

“吾丧我”，用形式逻辑来说，就是“我丢掉了我”，根本就是一件说不通的事情。可要是真这么理解，就又回到了用常识思维来理解问题的老路上了。“吾丧我”根本就不是名家辩者们的辩题，而是在“道”的层面上叩开世界大门的一块砖头。它告诉我们，若想真的体认到这个世界的本来面目，就要抛去一直困扰我们的“成心”。不再囿于因成见而产生的喜好或者厌恶，不再把这个世界切割成一个个“我”的小部分，也不再有“我”与世界的分别。

不再有成心，不再有“我”，“我”的心在此时此刻与天地万物成为一体，原本割裂、扭曲的世界，也随着“我”与世界之间差异的消失，终于重新回归成了一个统一体。

这个世界依然是充满了差异的世界，但是在至高的“道”面前，它们都是相通的。在“道”的层面上，万事万物没有界限，也没有分别。

这就是庄周想要完成的“齐物”，当他排除了自己的成心之后，他通过“道”，看清了世界的本来面目，得以畅游其间。

惠施、公孙龙之流从一开始就错了，齐物不是在常识与概念层面穷追不舍，它从来都只和生命的状态有关，它是一种生存的状态与境界。

龙喜欢在天上吞云吐雾，乌龟喜欢在泥潭里钻洞打滚，青蛙喜欢在池塘呱呱乱叫，麻雀喜欢在枝头叽叽喳喳。它们是如此各不相同，却各自静好，所谓“万类霜天竞自由”，就是这样的状态。而“齐物”的真谛，就是以道心来静观万物，让万物按照本来的样子而存在，不要以己度人，不要将自己的标准强加在他人身上。

---

① “吾丧我”指本然之真我忘掉了社会关系中的俗我。

世界那么大，到处都是熙熙攘攘的人群，而我只是静静地看着，心静如水。

在此，我们或许能体会到庄周深刻到极致的孤独：当我摆脱了常识世界的羁绊之后，世界一切的繁华虽然近在咫尺，却与我无关了，如同雾里看花、梦中窥镜，世界如此真实而又如此不真实，如同一场清醒的幻梦。

清醒的梦

庄周说，他曾经做过一个奇妙的梦，梦见自己成了一只蝴蝶，翩然飞舞，在花丛中任意畅游，完全不记得自己在进入梦境之前，其实是那个人间世里痛苦而孤独的庄周。可是这个梦倏忽

庄周梦蝶

之间就中断了，睁开眼，面前是黑暗中四壁空空的房间，看看自己，依旧是那个枯槁而颓唐的可怜哲人。

庄周心中只有错愕和迷惘，他问着自己：究竟是庄周梦为蝴蝶，还是蝴蝶梦为庄周？真实的世界究竟是梦醒之前，还是梦醒之后？也许都是，也许都不是。①

滞重的庄周、轻灵的蝴蝶，两种截然不同的存在，在梦境中成了一体，它们之间的差别也变得模糊不清，甚至不再有差别。这就是齐物中的关键一环——物化。在这里，我们仿佛一齐进入了这场幻梦一样，我可以是你，你也可以是他，一切都在宇宙造化中连为一体，彼此相互依存。

如同我们都接入了元宇宙的接口，在名为“宇宙大化”的服务器的支持下，大家可以随意互换身份，体验彼此的角色。而如果你看清并选择以这种游戏的方式生活下去，角色间的对立冲突，就成了乐趣的来源。我们也就真正在这个梦与现实交织的世界里取得了渴望的安定，用现代人的话来说，这就是心的自由。

---

①“庄周梦蝶”的故事，见《庄子·齐物论》：“昔者庄周梦为胡蝶，栩栩然胡蝶也。自喻适志与！不知周也。俄然觉，则蘧蘧然周也。”

扶摇而上，成为这个世界的帝王

做个“逍遥派”

翻开《庄子》这部天籁之作，读者会发现，我们即将展开的这个有关逍遥的故事，其实是整部书的开篇。这或许是《庄子》中最为大家熟知的概念，“逍遥”一词，一听就有自由自在、无拘无束的洒脱境界。

其实，庄周所说的“逍遥”，原本就是人生这段痛苦的寻找历程的终点。从人间世出发，我们开始尝试着保全自己，做个无用之人，然后想要养生，试图游心于世；再试图齐物，抛去成心，游心于道。最后，我们终于抵达了一直寻找的终极目标——逍遥地游于无穷。

“逍遥地游”，是庄周追求的存在状态。它的关键在于抛弃自己在常识世界中的成心，当人不再汲汲于功利价值，也不再对人间世有什么期待，也就不再因为人间世的枷锁而受到限制，就能进入最高远广阔的存在。此时，我们虽然形体依旧留在人间世界里，心却在无穷的存在里遨游。

《北溟图》

像鹏一样飞起

庄周用鲲与鹏的故事，向我们展现了真正的广大。[①]

北冥之地的大海里，有一条巨大的鱼，名叫“鲲”，谁都不知道鲲的身体到底有几千里长。后来，鲲化成了一只大鸟，名叫“鹏”，人们同样也不知道鹏的双翼到底有几千里长。当鹏奋而飞起时，它的双翼就像遮天蔽日的黑云。正是这只大鹏，到了海流涌动的时节，就要前往南方，去那里的天池。

大鹏翅膀拍打水面时，能激起三千里的巨波，它环绕着旋风，飞上了九万里的高空，乘着六月的风，一路向南。当

① 关于鲲、鹏的故事，见《庄子·逍遥游》：“北冥有鱼，其名为鲲；鲲之大，不知其几千里也！化而为鸟，其名为鹏；鹏之背，不知其几千里也！怒而飞，其翼若垂天之云。”

鹏在这样的高度俯瞰人间时，也许就像我们在地上仰望青天吧？只能看到一片茫茫的青色。

这就是成道者的境界。当你摆脱了成心的困扰，真正看清世界的本来面目之后，世界将会前所未有地广阔起来。你不再想要，也不再需要被人间世里的琐事困扰，而去追求那些常识中被视作好东西的功名和利禄。

或许有人会问，你不想要这个、不想要那个，那你要追求什么呢？毕竟我们的存在都需要一点意义不是？

如果真要认真回答这个问题，答案就是两个字——图南。像鹏那样扶摇而上，为的是去往南方。《庄子》里有很多关于“南”的隐喻，比如之前那个一脸丧气、心如死灰的南郭子綦。“南”象征的是道和超越的存在。对于超越者来说，南飞的意义就是飞本身，他已经不仅仅是浮游于世，而是飞了起来，处在更为自由的状态。[①]

可是向南这条路，注定是绝大多数世俗之人无法理解的。就如同看到九万里高空中飞翔的鹏时，地上的蝉与小斑鸠的态度不是惊叹、崇拜，而是嘲笑。

这也说明人与人之间最无法逾越的鸿沟，是彼此的眼界。寄生在肠道里的阿米巴虫不知道除了排泄物以外的东西，寿命只有一个夏天的蝉不知道一年之中还有春秋。同样地，在这个名为“日常”的监牢里重复着琐碎生活的人们，也不能够理解那些“得道者”所看到的世界。那些将生活的意义都放在某个具体目的上的人，他们也把生命的意义限定在了这些具体的功用上。[②]他们如果不真正窥见大道，那就永远无法从自己的日常监牢中超越出来，更无法理解那些得道者们的境界。[③]

对于蝉与小斑鸠的嘲笑，鹏有什么回应吗？并没有，鹏只有沉默的高飞。在《庄子》的世界里，得道者总是沉默无言的，因为他们不需要言说，尤其是不需要向这些尘世中不理解他们的闲杂人等解释自己的心境，他们需要做的，只是像鹏那样，沉默着一路向南，在超越的存在里任意飞翔。

---

① 在《庄子》中，向南也是寻找老子的方向。如《庄子·庚桑楚》：“今吾才小，不足以化子。子胡不南见老子。”《庄子·寓言》：“阳子居南之沛……而遇老子。”老子在一定意义上代表的是“得道者”，而“南”也可以看作是得道者的标识。《秋水》《山木》等篇中的异鸟，被庄子用以自喻，也是从南方而来。

② 这里《庄子·逍遥游》中说得很好：“故夫知效一官、行比一乡、德合一君而征一国者，其自视也，亦若此矣。”

③ 参见杨立华《庄子哲学研究》。

当代学者杨立华先生将《庄子》内七篇中的人物分为三类，除了蝉与小斑鸠之类的无知之辈外，还有闻道者（或知道者）、无言者（或至德者）两类。前文所提到的南郭子綦、孔子、颜回等，都是知晓或部分知晓大道之人，但这些闻道者其实并没有达到至德的境界，真正达到至德境界者，都是无言的，比如藐姑射之山的神人、扶摇九万里的鹏。由于至德者默不作声，所以庄周也就借着闻道者之口来阐述自己的哲学。

应然的帝王

行文至此，我们依然会忍不住提一个问题：已经到达了如此广阔境界的庄周，会如何看待人间世界里的种种问题？

曾经的庄周，是一个像颜回那样热切想要拯救世界的人，只是经历过无法想象的磨难之后，庄周选择了逍遥游的方式，与这个世界若即若离地关联着。可是，在漆园里独守内心安宁的庄周，如果看到百姓切身经历的苦难，真的会无动于衷吗？

归根结底，庄周的思想源自对人间世界的失望，因此创立了这个为失意之人代言的哲学。如果天下有道，庄周也许会做一个进取的人。就像贤明的帝尧在位时归隐的许由那样，开心地享受着贤君创造的秩序，安静地做一个在一旁鼓掌的人。①

但纵使国家的君王是如尧、舜一般贤明的人，对于庄周来说，君王也休想干扰他的自由。君王只是在人间世界里扮演“统

① “尧让天下于许由”的故事，见《庄子·逍遥游》，同时，在《庄子·徐无鬼》等篇中也有关于许由的故事，但可能并非庄周本人所作。

治者”这一角色而已，甚至未必是我们生活的一部分。世界丰富多彩，政治从来不是全部。君王更不能强行动用自己的意志，让这个世界变得整齐划一，君王真正要做的，应该是让所有事物都按照它们本来的样子存在着。

就像很多贤明的君王所做的那样，完成了盖世的功业，让天下人过上安定富足的生活，但人们并不觉得这是君王的功劳。因为君王看似什么都没做，只是让所有人都按照自己喜欢的方式生活，而恰巧这件事情本身，就是君王所做的最伟大的事情。[①]

相忘于江湖

只不过，此时此刻的我们，并不在那样一个天下有道的时代。相反，这个时代如此糟糕，如同一汪即将干涸的水，我们都是这水里即将窒息的鱼。

这个时代的许多人，提出了各种各样的拯救方法，儒家说要克己复礼，墨家说要兼爱非攻，大家想尽了办法要让这个世界变得更好。如同干涸的水中，这些鱼在相互救助，向着彼此大口呼气，为对方保湿补水，还相互用唾沫来润湿。这样“相濡以沫”的做法，确实令人感动，可再令人感动，都改变不了鱼儿即将窒息而死的命运。

不如大家都快意地游在江河湖泊里，大家彼此相忘于江湖。

统治者于民众而言又何尝不是如此呢？其实君王不需要整天扮演勤政爱民的样子，只要默默保护着百姓，让他们自在地游，那便足够了。大家谁也不要打扰谁，同样相互忘却，这或许就是最好的状态了。

---

① 此即《庄子·应帝王》中所说的：“明王之治，功盖天下而似不自己，化贷万物而民弗恃；有莫举名，使物自喜；立乎不测，而游于无有者也。”

浑沌的七窍

庄周所设想的秩序，也许永远也不会实现。君王不再是过去那些无为而治的贤君了，他们总是喜欢想出点花样，做点事情，好体现出他们的存在。这一点，庄周自己大概也心知肚明，关于帝王的设想，只不过是他飞翔于九天之际时，为他生存着的人间世，留下的一个温暖童话。

童话终究只是童话。人类社会真的能达到那个理想的秩序吗？对此，庄周是悲观的，在《庄子》内篇的最后，庄周用了一个黑暗的寓言，作为他的这段思想旅行的尾声：

南海的帝王名叫倏，北海的帝王名叫忽——庄周特意为他们取了两个滑稽的名字。南海之帝与北海之帝喜欢去中央的帝王浑沌那里会面，浑沌对他们也很好。倏与忽就一起合计着，想要给浑沌一点表示以报答他的好意。他们认为："人都有七窍，浑沌却没有，要不也给浑沌弄出个七窍来吧？"于是，他们说干就干，每天都为浑沌凿通一窍。

到了第七天，七窍全通的时候，浑沌死了。[①]

七窍，就是人用来认识世界的感官。

然而，倏与忽不知道，浑沌不需要七窍，因为无言的浑沌原本就是无知无觉的。浑沌不是别的，正是这个世界本来所呈现的整全，是人们带着成心而制造的常识遮蔽了这个世界本来的样子。当倏与忽将浑沌凿开了七窍，浑沌还是原来的浑沌吗？伴随着感官认知的涌入，浑沌不复存在。

在庄周的时代，中国哲学已经实现了"哲学的超越"，人们越来越主动地用经验知识填满自己的世界，试图获取尽可能多

① 《庄子·应帝王》："倏与忽谋报浑沌之德，曰：'人皆有七窍，以视听食息，此独无有，尝试凿之。'日凿一窍，七日而浑沌死。"

的常识，让这个世界为自己所利用。在这样一个时代里，浑沌是注定要七窍流血而死的。就像在现在这个科学技术昌明的时代里，我们不能忍受任何的不确定因素，恨不得把世界上的一切都纳入我们的知识范围里。但是，那个无限广阔的世界真的如同我们以为的那样符合我们的认知吗？对未知的存在，足够傲慢的人可能会给出肯定的回答，但正如“朝菌不知晦朔，蟪蛄不知春秋”，我们如此肯定，只是因为我们见到的世界还不够广阔罢了。

在这个浑沌已经被杀死的世界里，一切还会变好吗？庄周没有确切地回答这个问题，他只是放下了这个小小的问号，义无反顾地继续一路向南，在广袤的宇宙里，逍遥地任游。

本章推荐参考书目：

郭象：《庄子注疏》

公孙龙：《公孙龙子》

杨立华：《郭象〈庄子注〉研究》《庄子哲学研究》

章启群：《庄子新注》

王博：《庄子哲学》

颜世安：《游世与自然生活：庄子评传》

陈鼓应：《庄子浅说》《庄子人性论》

刘笑敢：《庄子哲学及其演变》

［德］汉斯－格奥尔格·梅勒：《游心之路：〈庄子〉与现代西方哲学》

［法］奥斯卡·柏尼菲、［俄］维多利亚·契尔年科：《与庄子哲游》

第八章

在稷下学宫里，有哲人们的齐国梦

论法的问题

学宫的回忆

在衰败的临淄城，年老的荀卿时常回忆起他第一次来到临淄时的样子。如今这片弥漫着烧烤香味的土地，是那时的齐国都城临淄，彼时它是天下当之无愧的第一大城，商贾云集，一片繁荣。所谓“临淄三百闾”，街市之上，车毂击，人肩摩，张袂成阴，挥汗成雨。

但荀卿最怀念的不是这些，而是临淄稷门旁边的那座学宫，后人称它为“稷下学宫”，那是汇聚当时最优秀的士人的地方。

这座学宫是在田氏代齐之后，田齐桓公田午在位期间设立的[①]，目的是网罗天下贤才，作为齐国变法改革、施展宏图的人才库，提升齐国人才的“板凳深度”；同时也为国君决策提供重要咨询。学宫中的士人在研究学问的同时，也可以一起议论朝政，为国君献计献策。

到了齐宣王的时候，齐国国力达到鼎盛。齐宣王原本是一个具有雄才大略的君王（这在后来被视为好大喜功），他利用齐国空前富有的国库，向天下招揽贤人。只要你是业内认可的杰出人才，经国君“面试”过，聊下来觉得不错，那就可以给你优厚

① 据东汉徐幹《中论·亡国》说，“昔齐桓公立稷下之官，设大夫之号，招致贤人而尊宠之”。

的待遇。那时的孟子来到齐国，就得到了这样的礼遇，国君不仅给了孟子豪宅，还给孟子配了车队，把孟子的整个门派都供养了起来。

那时的稷下朝气蓬勃，齐宣王更是从各学派中挑选了七十二位一流人才，赐给他们一人一套豪华府邸，以及上大夫的爵位。[①]这更使得稷下成为天下游士们心中的圣地，无数哲人都梦想着能前往齐国，在那里受到齐王的赏识，得以封爵赐宅，实现心中理想。对于哲人们来说，这个“齐国梦”的诱惑实在是太大了，连孟子他老人家都未能免俗，在齐国盘桓了多年。

与稷下学宫同时代的古希腊，也曾有过相似的学园，柏拉图、亚里士多德相继在学园开设课程，教授学生们哲学、数学等知识。只不过，稷下学宫从一开始就不纯粹是一个学园，它由国君出钱打造，目的不仅仅是学术研究，更是齐国的“资政院”，为国君提供专业的咨询意见。它可以追溯到上古时期的黄帝、尧、舜等贤君开设的用以听取老百姓意见的明堂，这样的学宫，自始至终都与政治捆绑在一起。也正因如此，这个学宫才吸引了一批又一批的士人。

从桓公时期的初创，到宣王时期的兴盛，稷下学宫的规模日渐扩大，在册学员已经达到了数千人。这当中自然不乏鱼目混珠之辈，冒充有才之士混迹其中，成语“滥竽充数”就是用来讽刺这些“南郭先生”[②]（稷下学宫就在临淄的南郭附近）的。

好在这时的齐国足够富有，东海是大自然的馈赠，为齐国带来源源不断的盐和食材。财大气粗的齐王也乐意多花点钱，来供

① 《史记·田敬仲完世家》：“宣王喜文学游说之士，自如驺衍、淳于髡、田骈、接予、慎到、环渊之徒七十六人，皆赐列第，为上大夫，不治而议论。”

② “滥竽充数”出自《韩非子·内储说上》，韩非子作为荀卿的弟子，应当也有过在稷下学习的经历，对“南郭先生”这类现象也算是感同身受。

养这些有文化的士人。士人们则在这样宽裕的环境下，将精力放在学问上。

于是，在东方的齐都，呈现出一派“百家争鸣”的场面。

百家争鸣的时代

自春秋时期以来，经过孔子这位继往开来的大思想家后，终于实现了“哲学的突破”，华夏人通过审视自己的存在与意义，开始了对人与世界的思考。儒家和墨家就代表了春秋到战国时期的主要思潮。

除了儒、墨两家之外，还有杨子（杨朱）创立的“为我”之学。同时，在远离中原的楚国，因为独特的隐者文化，产生了以《老子》为代表的“无为”思想。虽然杨朱和老子之间并没有太大的关联，但他们在对“道”的尊崇与淡泊避世的人生态度上是共通的，所以自西汉的司马迁、东汉的班固以降，都将他们视为“道家”。当然，庄子的哲学，也被归入道家的范畴内。

到了战国中期，以惠施、公孙龙为代表的“名家”兴起了，他们讨论的“合同异”“离坚白”等概念问题，都引发了士人的极大兴趣。

但是，到此为止，各个学派的思想都是在有限的范围内，以一种极其缓慢的速度传播。没有现代社会便捷的通信工具，诸子百家的学说靠什么传播呢？很简单，就是写一篇篇小文章，把文章抄在竹简上、丝帛上，然后从一个地方带到另一个地方。我们今天看到的诸子的文章，基本上都是一篇篇言简意赅的小短篇，因为一卷竹简写不了太多字，不得不惜字如金。且这样的书简，抄写量必然有限，从一个地方流传到另一个地方，也往往需要几年甚至几十年的时间。

同一时代的孟子与庄子没有什么交集，也许就是因为庄子的书简没有流传到孟子这里——尽管孟子的老家距离庄子的老家只有几百公里。[①]

还有一种方式，就是靠口耳相传。比如孔子的思想，是靠他的门徒们开枝散叶，四处传播。子夏去了西河，言偃去了江南，孔子的学生们到了哪里，哪里就是孔子思想的播种机。所谓"儒分为八""墨离为三"，并不是什么坏事。孔子周游列国时所见到的那些隐者，比如楚狂接舆、长沮、桀溺都有很丰富的思想，只不过他们的思想无人传播，只能遗憾地消失在历史的长河里。

在那个时期，哲人们在提出自己的思想后，也许毕生都得不到有价值的回应，可能要等到去世多年之后，才有另一位哲人提出针对性的思想，又或者永远也得不到针锋相对的回答。

这种龟速的思想交流方式存在的弊端，随着稷下学宫的出现，得到了根本解决。解决方式就是：让大家在一起交流辩论。

在齐王的全力赞助下，稷下学宫汇聚了来自列国的学者，当时几乎所有学术流派的大佬们都在其中。在这个文化中心，学者们的思想成果诞生后，就可以直接在学宫里一起交流。

这些被称为"稷下先生"的学者开坛讲课，学宫中的学生可以自由听课。学生不仅可以在课上和稷下先生问答辩论，还可以把讲课要点记下来，回头讲给自己的老师听。许多思想上的交锋，就通过这种形式来完成。

除了讲课，公开研讨也是一种重要的形式。大家围绕一个问

---

① 庄子与孟子是同时代的大思想家，却都没有在各自的著作中提到对方，其中的原因，历代学者都在讨论。朱熹认为，这是因为两者行踪轨迹不同，孟子去的是齐、鲁、宋、魏，庄子则主要居于楚国。但更大的原因则在于"庄子当时亦无人宗之，他只在僻处自说"，此言甚为有理。在那个百家争鸣的时期，庄子思想并没有太大影响力，《尸子》《吕氏春秋》等著作提到春秋战国时期的各个思想家，却都漏过了庄子不提。

题，各抒己见，意见不同还可以吵上一架，谁辩论赢了对方，谁就更有水平。比如那个著名的“白马非马”的问题，就是一位名叫兒说的稷下先生首先提出的，兒说当场与其他稷下先生辩论“为什么白马不同于马”，最后所有人都败下阵来。而公孙龙后来又提出了自己的一套“白马”论，同样也是在辩论中折服了其他人。

这就成就了一个真正“百家争鸣”的时代。稷下先生中，留名于后世的大师数不胜数，比如邹衍、慎到、环渊、接子、田骈、邹奭、告子、宋钘、尹文、公孙龙等，每个人都可以自成一派。以至于到了后来，谁是儒家，谁是墨家，谁是杨朱学派，谁是名家学派，这些问题已经渐渐模糊起来。因为大家都吸取了各家学派中的优点，每个人的思想都带有好几家的内核。

思想只有交流起来才能发生更剧烈的化学反应，学者们在交流中才能生发出各种各样的新奇思想。这些思想相互碰撞，又产生了更新的思想，如同一场又一场的头脑风暴，掀起了一股又一股的思想浪潮，各种新奇学说如浪花一般涌动出来。

让大家怎样活着?

在稷下学宫的一场场辩论中，有一个最核心的基本问题——人应该怎样活着?

是像儒家那样，在礼乐的规范下践行自己的仁义，还是像墨家那样，永远相亲相爱，永远热泪盈眶?又或者像老子所说的那样，在道德中过着清净无为的日子?

关于生活方式的选择，背后往往隐藏着思想家认为的人类社会该有的样子。除了庄子这样不争、不抢、什么都不在乎的哲人，大多数思想家都会努力寻求建立一种秩序，来让大家以他们所希望的方式活着。

比如墨家，为了让大家都做到“兼爱”并且相互之间不打仗，一边拿着上天与鬼神的意志来吓唬人们，一边利用强制力，让所有人都整齐划一地遵从最高贤人的指令（即“尚同”）。

儒家为了让人践行仁义，同样也抬出了“天道”这个超越的存在，认为礼是关于人类文明生活方方面面的规范，而礼又蕴含着天道。所以每个人都要遵守礼所约定的秩序。

但随着战国时期社会日新月异的变化，墨家与儒家的主张都或多或少地有点不合时宜了。不管是墨家“尚同”原则下贤者“发宪出令”所进行的赏罚[①]，还是儒家提倡的用礼来“治政安君”[②]，都不是什么特别清晰的标准。孔子就极力反对把刑罚规定刻在鼎上，认为礼从来都应当是因时制宜的，没法给出明确的成文规定；而墨家的那种指令就更是以最高领袖的意志为准绳，赏罚的标准也只是取决于圣王审时度势后的裁量。

像礼这种不成文规范，在春秋以前的社会里应该是够用的，因为那时的社会关系简单，战国时期则大不相同，此时的社会已经越来越复杂，军人、游士、农民、商人、手工业者……各种各样的社会角色之间产生了各种各样的新型关系。在这种情况下，大家行走江湖，要是全靠一张嘴，根据礼的原则来判断分析每个问题的矛盾点，那就不知道有多累了。尤其是在“道术将为天下裂”[③]的割裂的时代，大家根据自己固有的成见，对某些问题的对

① 《墨子·尚同中》。《墨子》中也曾提出过“法令”“刑法”之说，如《尚贤中》：“贤者之治国也，蚤朝晏退，听狱治政，是以国家治而刑法正。”但这里所谓的“法”并不是指具体的成文法，而是一般意义上的“法度”之意。

② 《礼记·礼运》：“是故，礼者君之大柄也。所以别嫌明微，傧鬼神，考制度，别仁义，所以治政安君也。”

③ “道术将为天下裂”的论断出自《庄子·天下》，此篇对各个学派的思想进行了点评。

错各持一端，导致了“彼亦一是非，此亦一是非”，一件事情的是非对错，就更加难以判断了。

特别是在商业领域，一个简单的买卖关系，聪明而有经验的商人就会知道事先约定好什么时候收钱、什么时候发货，要是没来得及发货怎么办，要是没来得及付钱怎么办，要是出现了不可抗力怎么办……类似这样的种种问题。只有把每一种特殊的情况都估计到，并且白纸黑字地约定好，商业买卖才能安安稳稳地往前推。

所以，在商业极为发达的齐国，这座稷下学宫里出现了一股思潮，一群自认为是老子之门的学者开始推崇一种叫作“法”的学说，希望用这种成文的规定，来成为人们行为的准绳。

文子与“法”

什么是“法”？

严格而言，“法”不是个新概念。从根源上讲，“法”是作为普遍规则的“道”的具象化产物，用来确定“道”在具体情况下如何运用。[①] 如果说“礼”是衡量是非对错的一般依据，那“法”就是一根看得见的准绳，拿着这根准绳就可以衡量事情的是非曲直。

人性总是复杂的，人类社会也因此同样复杂。在“礼”确定君臣伦理的各项基本原则（也就是“大义”）之后，难免会遇到各种各样的特殊情况，这些特殊情况下如何适用“礼”，就是考验人性的大问题。

---

① 这个说法来自马王堆帛书《经法·道法》，“道生法，法者，引得失以绳，而明曲直者也”。此篇被认为是代表黄老学派思想的文章。

就像我们现在的《民法典》合同编主要是保障合同规定的双方权利义务，之所以要把合同编写成五百二十六条，四万五千多字，就是因为要尽可能地考虑到各种特殊情况，比如合同签了一半不想签了怎么办，合同签好以后刚出门又反悔了怎么办，合同履行了一半不想再履行了怎么办……

这些特殊情况，古人称之为“权”，权就是杆秤上的秤砣。我们用秤来称物体的重量，就要拨动手中的秤砣，让它最终处在一个让两边平衡的位置。对一些特殊问题作出应对解决之道，就是古人说的权变。

战国时期，社会日趋复杂，人性之恶愈发严重，礼所面临的两难问题也越来越多，比如孟子那个著名的“嫂子掉到水里你该不该救”的问题：要是小叔子救了嫂子，孤男寡女、浑身湿透、肌肤相亲，在当时就犯了“男女之大防”；可如果坐视嫂子在水里淹死，那不就是见死不救了吗？

在模糊不清的礼制面前，难免会有人铤而走险干坏事，统治者只有把这个社会的规则明明白白地写出来，让大家看清楚，哪些事情是绝对不能犯的，犯了之后要承担什么样的后果，这样才能让那些为心险恶之人不敢触碰社会的底线。[①]

最初一批提倡“法”的人中，有一批打着“文子”旗号的学者。相传文子是老聃的学生，后来隐姓埋名，著成《文子》一书，他在后世没什么名气，但据说他有一个著名的学生，那就是

① 这就是《管子·枢言》中对于法的理解：“人故相憎也，人之心悍，故为之法。法出于礼，礼出于治，治、礼道也，万物待治、礼而后定。凡万物，阴阳两生而参视，先王因其参，而慎所入所出。”

陶朱公范蠡。[①]《文子》其实代表的是齐鲁地区流行的学派，但从文子的身世，以及《文子》中通篇与楚平王的对话来看，这个学派的楚国哲学浓度很高。

《文子》中，哲人开始严肃地思考“法”背后的哲学意义。他们继承了《老子》中“大道废，有仁义”的思考，但思考的角度更为现实——道德毁弃，已经成为目前的现状，如何解决这个失道时代的种种问题？那只有通过制定“法”“度”，来匡正社会的混乱和失序。在《文子》中，法是根据社会的现实制定的，要考虑人民如何遵守，因而归根到底，法应当合乎人心，依循人性，在实施中不断完善。[②]

于是，“法”成为这个时代关注的焦点。从春秋时期的郑国执政官子产铸刑鼎，到战国初年韩相申不害倡导用法来统御群臣[③]，以法而治的理念一下子在各国风靡起来。传入齐国之后，法

---

① 这一说法来自班固《汉书·艺文志》，而北魏李暹《文子注》说，文子号计然，是范蠡的老师。高新华先生考证后认为，文子与文种可能是同一人，《文子》应该不是本人所作，而是战国时期后学的托名之作（见高新华《文子其人考》，载《文史哲》2012 年第 4 期）。传世的《文子》一书由于与《淮南子》内容雷同，所以一度被认为是伪书，但 1973 年河北定州出土的《文子》残简，改变了以往的认识。目前一般认为，《文子》成书较晚，是庄子之后的思想作品，因为前者大量引用了庄子的语言。见陈鼓应《中国哲学创始者：老子新论》，中华书局 2015 年版。

②《文子》：“法生于义，义生于众适，众适合乎人心，此治之要也。法非从天下也，非从地出也。发乎人间，反己自正也。”关于《文子》中法的生成问题，参见吴勇《论〈文子〉法的生成及其意蕴》，载《江淮论坛》2019 年第 5 期；郭梨华《〈文子〉与黄老哲学》，载《国学学刊》2016 年第 2 期。

③ 申不害著有《申子》，《汉书·艺文志》著录《申子》六篇，现仅存唐《群书治要》辑录《大体》一篇。其他片段文字散见于《艺文类聚》和《意林》等。《艺文类聚》中有段对《申子》的引文，反映了关于法的思潮，“君必有明法正义，若悬权衡以称轻重，所以一群臣也”。

就成为稷下学者们公认的好东西，不管是儒家、墨家，抑或是其他的各路名家，都很大程度上认同了“法”的作用。

稷下的儒家吸纳了“法”的理念，于是有了“礼”与“法”并重的为政之道，认为在把“礼”作为治国方针、施行德政的同时，也要适当运用刑罚，这样才能使百姓们服从，才能让政令得以畅行。①

稷下的墨家人物虽然不多，但稷下学派的文集《管子》中有许多带着墨家色彩的篇章，它们主张要让天下人能整齐划一地与君王保持一致——而保持这种一致的工具，就是法令，通过让百姓严格遵守法令，从而整齐划一地贯彻君王的意志。②

“法”的理念与各家思想相结合，让稷下的百家争鸣变得更加多样，并且更具有自身的特点。

盛大的葬礼

齐宣王十年（前310），负有盛名的稷下元老淳于髡去世了。这位曾经靠几句话劝谏齐威王，使其说出“不鸣则已，一鸣惊人”的壮语后发愤强国，后来又曾与孟子等名家交锋过的老一辈稷下学者，终于在齐国最强盛的时候离开了人世。在淳于髡发丧之时，数千门生为他沿路送丧，这样的场景在后来被反复引为美谈。这时的学宫正处在极盛期的最后几年，稷下的学者们为各种各样的哲学和政治命题高谈阔论，享受着齐国盛极的繁华。

---

①《管子·牧民》。《管子》是稷下学者们观点的集成，而《牧民》则带有儒家色彩。

② 这方面的思想，见《管子·重令》：“凡君国之重器，莫重于令。令重则君尊，君尊则国安；令轻则君卑，君卑则国危。”

那时稷下学宫的学者与齐国的百姓似乎都已经形成了这一认识：只要君王与天下人站在共同的立场上，就可以得到天下人的心。[①] 这一天，似乎正一点点地接近。毕竟齐国人当初支持田氏代齐，很大程度上就是因为田氏太公能积德行义，愿意带领齐国上下共同谋求利益。

荀卿刚刚来到稷下时，应该从学宫的口耳相传中听说过几年前的那起大事件，也受到稷下学宫里这股乐观氛围的感染。但是，那时的他们还不知道，淳于髡的那场丧礼，不是稷下学宫繁荣的标志，而是它衰落的序曲。

---

① 参见相传为姜太公望撰写的《六韬·文韬·文师》，《六韬》一书多被认为出自稷下学派，其中的观点可以代表稷下学派兴起的思潮。

来自黄帝的学问

楚国哲学的启发

还有一位震古烁今的文坛泰斗到过临淄，那就是来自楚国的三闾大夫屈原。那时屈原奉楚怀王之命出使齐国，受到了齐王高规格的接待。随后，屈原凭借他总览时代风云的敏锐洞察力、渊博的学识、雄辩的口才，成功说服了齐宣王，促使了“六国反秦同盟”的成立，圆满完成了此次出使任务。

那时的稷下学宫，理所当然地迎来了三闾大夫的来访。屈原与稷下学者们应当进行过一番切磋。

屈原不是唯一来到稷下的楚国学者。另一位名叫环渊的楚国人也跋山涉水，来到了这个文化中心，受到了齐王的欢迎，被尊为“列大夫”。人们流传说，环渊是老子的弟子，但要是核对一下时间，他肯定不是两百多年前那位老聃或者老莱子的学生，这种说法要么是以讹传讹，要么就是环渊自己给自己脸上贴金。[①]不过忽略这些的话，环渊对于《老子》的学问是实打实的，他将最纯正的《老子》之学带到了齐国。

屈原

① 环渊的身世背景，详见《史记·孟子荀卿列传》。

在稷下等待着环渊的，是慎到、田骈等一批中原学者，他们将“法”的思想与墨家思想、杨朱思想、儒家思想、名家思想相结合，形成百家思想的汇聚。

“势”的威力

主持这场思想融合的，是被尊为“慎子”的赵国人慎到。他是从齐威王时就来到稷下的元老级人物了。他的重要思想成果，是在“法”的思潮流行的同时，提出了“势”的理论。而这也在不远的未来被吸收作为在中国历史上举足轻重的新生学派——法家的重要内容。

“势”理论的关键要点在于，慎到发现人与人之间的关系永远是不平等的，在任何关系中，总有人占优势，有人占劣势，这种人际关系的优劣或强弱之势，就是慎到所说的“势”。其他社会关系也一样，不管是在家庭，还是在社会，都存在着一方“强势”、一方“弱势”的情况。

而我们人类社会的秩序，就是建立在这种“势”上的。在慎到看来，君王之所以能对别人发号施令，往往不是因为他们自身有什么高明之处，而是因为他们占据着有利的权位。[①] 所以，只要把权位巩固了，确立起人主的“势”，不管君王如何更迭，都不会影响统治秩序的稳定。

慎到认为，“势”是可以通过适当的方法建立起来的。统治者需要“借势”，借助权位的帮助，充分发挥其作用，才能无往而不利。

---

①《慎子·威德》：“故无名而断者，权重也；弩弱而矰高者，乘于风也；身不肖而令行者，得助于众也。”

那么，最关键的问题来了：统治者应该如何建立起自己的“势”？

慎到从“法”的思潮与老子思想中得到了灵感。他认为，要确保君王的“势”，需要“法”的支撑。以法律为准绳，评判是非得失。当君王确立了法律说一不二的地位，便同时让自己拥有了说一不二的权威。[①]

那靠什么来保障法律说一不二的地位呢？慎到的处理方式是将“道”与“法”统一在一起。要是有人问：法律凭什么说一不二？大家凭什么都要遵守法律？慎到的回答是，法律是根据“道”这个宇宙的普遍法则制定出来的，它之所以说一不二，是因为“道”这个绝对的超越存在本来就是说一不二的。

《老子》说“道可道，非常道”，认为“道”是绝对超越于我们的日常生活的，不可能被具体化。但经过慎到等稷下学者的研究之后，他们认为，“道”是可以运用在实际生活中的，我们虽然不能掌握“道”，但可以顺应“道”这个一般规律形成法律，然后为我们所用。

就这样，慎到将“道”“法”“势”三者联结成了一个统一体，《老子》中原本就隐含着的“道为天下主宰”的倾向，竟然与慎到浓厚的“法家”思想结合，原本崇尚虚无、清净、无为的老子哲学，经过稷下学者的改造，成为一套切实可行的、有实际效果的治国理念。

① 这方面的观点，见《慎子·君臣》。

黄帝是我们的祖师爷

这套治国理念后人称之为“黄老之道”（或“黄老之学”）。因为主张这种治国理念的学者们，把黄帝、老子视为他们的祖师爷。

在当时，很多学说往往要托名于上古，才能引起人们的注意。因为在古人看来，这个世道是一点一点变坏的，一代不如一代——战国不如春秋，春秋不如周文王、周公的那个时代，周文王、周公的时代又不如夏商、五帝这样的上古时期。孔子时代的儒家，视周公为圣人，想要推行周文王的为政之道。处处针对儒家并试图压倒儒家的墨家，则推崇大禹，自称是在施行大禹之道。而到了孟子时代，为了再度盖过对方，选择了比大禹更早一点的尧、舜作为榜样，故“言必称尧、舜”。而到了慎到、环渊等稷下学者之时，古代圣王们已经被认领得差不多了，所以他们选择了更为古老的轩辕黄帝，宣称他们的学说最早是由黄帝提出的。

轩辕黄帝像

其实，黄帝距离稷下学者们生活的时代，至少已经过去了两千多年。对于当时的人来说，已是缥缈难测的上古时期。慎到、环渊等人自称为“黄老学派”，把他们的学说称为“黄帝之言”，也只是让黄帝挂个名罢了。

更重要的是，齐国国君田氏，据称其家族历史可以上溯到黄帝。把这原本就出自黄帝的治理理论献给轩辕黄帝的后裔田氏国君，请他施行于齐国，确实是一件兼具现实意义与象征意义的大事，正可以帮助齐国国君继承先祖黄帝一匡天下的功业。

而黄老学派追认的另一位祖师爷老子，则确确实实为黄老之道带来了楚国哲学的思想灵感。

比如老子的“无为”思想，就是黄老之道里最关键的要点。《老子》中的无为思想，要求人清心寡欲，减少内心对于外部世界不必要的欲望和要求，这样才能保持怡然自得的精神状态，以使自己去追求真正想要的东西。这一点也正完美切合了稷下学者们的政治主张。

黄老之道的代表人物——宋钘，也就是《庄子》里说的那位“举世而誉之而不加劝，举世而非之而不加沮”的宋荣子[①]，他认为，人一辈子最基本的生理需求，顶多不过一天吃五升饭。要是欲望太多，想要更多的物质利益，就会成为物欲的奴隶，这与《老子》中去欲、守朴的思想一脉相承。同样，国家也要去除对领土的欲望，像人保养自己身体一样保养自己的人民，所以要“禁攻寝兵”，停止不必要的扩张战争。

与宋钘齐名的尹文，也是黄老学派的代表人物。他曾与齐宣王讨论“如何做好国君”的问题。尹文的回答就是“无为而治”，不过，这种无为而治不像《老子》中那么富于思辨色彩，而是一套十分具体的方略：人君要尽量不折腾自己的百姓，只要做到这点，那就已经成功了一半。剩下的事情交给法律来解决——让法律简便易行，方便百姓们遵守，做到这些，即使人君看起来什么都没有做，但天下已经井井有条了。

---

① 在《庄子·逍遥游》中有提及。

关于宋钘、尹文的思想派别，学界存在一定的争议。有说是名家的，如班固在《汉书·艺文志》中将尹文与惠施、公孙龙并论为名家，虽将宋钘列为小说家，但也将宋钘、尹文并称。有说是墨家的，如《荀子》将墨翟、宋钘合论，近代学者梁启超、冯友兰、钱穆均持此观点。也有说是黄老学者的，如郭沫若认定此二人属道家黄老学派，侯外庐、赵纪彬、杜国庠等也持此说。[①]考察宋钘、尹文的学说，笔者认为，虽然他们提倡“情欲寡”说，与墨家的禁欲色彩相近，而“禁攻寝兵”之说也与“非攻”主张相似，但这两个观点也可见于道家、名家的思想。从宋、尹对“无为而治”“接万物以别宥为始”的提倡来看，他们应当更接近于黄老学派的思想。

渴望法律

从黄老学派的主张里，我们能清晰地感受到他们对天下安宁、百姓安居乐业的渴望，而这也是黄老学派创立的初衷。

他们希望，君王心系天下，法律绝对公平。反对君王以私欲干涉法律，凭一己好恶实施赏罚，只要法律予以明确规定，即使是君王，也不能随便在法律之外再有个人的主张。[②]

① 这一方面的考察，可详见朱智武《关于宋钘、尹文学派划分的思考》，载《南京邮电学院学报（社会科学版）》2001 年 12 月第 3 卷第 4 期。

② 见《慎子·逸文》中“有道之国，法立则私议不行”，“事断于法，是国之大道也”，“法之功，莫大使私不行；君之功，莫大使民不争”。

他们更希望，君王不能随意操纵和僭越法律。[①]与黄老学派渊源很深的《文子》中也明确提出，“法”“度”首先要成为君王的约束，使君王不能恣意专断。[②]

在战国这样一个失序的时代里，黄老学者们渴望有一个确定的东西，能让国家的政治、普通人的生活回到正轨，重新恢复应有的秩序。这个确定的东西，就是法律，法律以它严肃刻板的条文，规定人们的一举一动，法律既定，就不应当违抗。君王们最好少干些尔虞我诈的事情，从此无为而治，把事情都交给法律来裁断。

为此，慎到不惜用情感代替逻辑，在他的文章中大声疾呼：“我喜可抑，我忿可窒，我法不可离也；骨肉可刑，亲戚可灭，至法不可阙也。”

慎到等稷下学者虽然想办法提高君王的权力，但君王集权并非他们的最终目的，他们之所以要增强君王的权力，归根结底还是为了让君王能更好地治理天下。

狐援的悲歌

然而，黄老学派的政治理想，终究还是在冰冷而坚硬的现实面前被撞得粉碎。

齐国的国君齐宣王死后，他的儿子田地继承了王位，他就是

① 这已经是整个黄老学派普遍认可的共识。参见王中江《黄老学的法哲学原理、公共性和法律共同体理想——为什么是“道”和“法”的统治》，载《天津社会科学》2007 年第 4 期。

②《文子·上义》：“故人主之制法也，先以自为检式，故禁胜于身，即令行于民……法度道术，所以禁君，使无得横断也。”

后来的齐湣王。齐湣王是一个比他父亲还要好大喜功的人，他继位以后，四处征战，几乎把当时的六国都挨个打了一遍。连年的战争让百姓疲敝，士人憔悴，偌大一个齐国的民力也在齐湣王连年征战之中逐渐枯竭。

无休止的征伐，也影响到了稷下学宫。战争的开销实在太大了，齐王虽然财大气粗，但也经不起这样的消耗，原本用来供养稷下先生们的经费，很多都被挪用去填补战争带来的财政窟窿。这很快让一些清贫的稷下学子断了粮，学宫里的待遇一天不如一天，甚至出现了挨饿的现象。

稷下学子开始逃离这个他们曾经的梦想之地。

这对于黄老学派的稷下人士无疑是一个沉重的打击。他们的学说也遭到了拷问——黄老学派主张无为而治，可君王愿意乖乖地无为而治吗？他们掌握了关乎国计民生的各种权力，又怎么会克制自己的欲望，安心无为地治理国家？黄老学派的思想虽然意义深远，却还是没有解决它的适用问题。

对于齐湣王的暴政，稷下学者们站了出来，其中有一位，就是狐援——此人也许就是齐宣王时来到临淄的楚国人环渊。[①] 不过因为史料缺乏，我们已经不能确认他们是否是同一个人了。

狐援为那些在暴政之下无法聊生的百姓哀痛，所以鼓起勇气，向齐湣王极力主张防止亡国之患，不要在错误的道路上越走越远。但是，齐湣王依旧一意孤行，没有听从狐援的劝说。

狐援怀着悲愤与无奈，大哭了三天三夜。然后吟出了一首充满讽刺的歌：

先出走的人啊，还可以穿戴细葛和苎麻；

---

① 提出此观点的学者有王志民等人，参见王志民主编《稷下学公开课》，商务印书馆 2016 年版。

后出走的人啊，早已经填满了整片囹圄。
如今我看着人们栖栖遑遑，纷纷扰扰，
一起向东逃亡，茫然不知该走向何处。[①]

听闻狐援的悲歌，齐湣王勃然大怒——你狐援吃着我齐王赏的饭，竟敢放下碗就骂我齐王的娘？于是齐湣王派人抓住了狐援，然后问执法的官吏："有人恶意为国法而哭泣，这怎么处理？"

执法官吏说："当斩。"

狐援做的毕竟是"哭国"行为，按照齐法必须判处死刑。

"那就执行法律！"齐湣王下令。

就这样，狐援作为齐国暴政的炮灰，在临淄东门的行刑台前被处决了。这位主张依法而治的黄老学者，死在了恶法恶政之下，无疑是个充满讽刺的结局。

狐援的死，让稷下学者都"狐死狐悲"起来。这个地方对于他们来说已经没有什么值得留恋的了，反倒充满了恐惧与不安。既然如此，何不离开这里？

于是慎到、接子、田骈等稷下学者纷纷逃离稷下，离开了这个是非之地。

此时距离齐国最终崩盘，已经不剩几年了。

荀卿也离开了稷下，他要到楚国去，到郢都去，去那里与楚国学者交流，去看一看更大的思想世界。

---

①《狐援辞》以及狐援的故事，出自《吕氏春秋·贵直》，原文为："先出也，衣絺纻；后出也，满囹圄。吾今见民之洋洋然，东走而不知所处。"

阴阳家的图谋

流亡的“阴阳师”

齐湣王末年，发生了一件改变战国局势的大事件——齐国在五国的围攻下，短短几个月全面崩盘，齐湣王被楚国将领淖齿所杀，这个曾经雄踞于东方的超级强国，就这样轰然垮掉了。

齐国霸权的崩溃，很大程度上是纵横家苏秦实施反间计的结果，他通过劝诱齐湣王四处征战，成功地惹怒了几乎所有国家。随后齐湣王灭掉了宋国，更是引发了诸侯们的强烈不满，最终导致了齐国的落败。①

在这起大事件发生之前，齐国的崩溃早已经有了征兆——稷下学宫的学者们，纷纷离开这里。人才的流失，是一个国家衰落的前兆。在离开的学者中，有一位学者一路向北，来到了寒冷的燕国。

这位学者名叫邹衍，是与公孙龙同一辈的大师级人物。与爱好黄老之道的稷下先生们不同，邹衍喜欢谈论的是天地运转的大问题，是宇宙万物的终极规律。也正因如此，学宫里的人们给邹衍取了个外号，叫“谈天衍”。从这个绰号里我们也能看出，邹

---

①“纵横家”也是战国时争鸣的百家之一，但因为我们的重点主要放在哲学思想上，所以本书不展开说明。关于苏秦在齐国实施反间的故事，出自《战国纵横家书》。

衍想必口才、文采俱佳，由于他所谈论的是些高深莫测的话题，他也因此成为稷下学宫的“明星”，他在黄老学派之外另辟蹊径，提出了自己的学说——后人把邹衍的这一派称为“阴阳家”。

燕国一直是个蛮荒苦寒之地，有追求的学者都不屑于到这里来。但此时在位的燕昭王建起黄金台，招揽天下名士，给予丰厚的待遇。邹衍正是在这一政策的吸引下来到燕国，并受到了燕昭王国士一般的接待。燕昭王修建了一座名叫“碣石宫”的大宅，请邹衍和学生们居住，还拜邹衍为师，以学生的身份亲自去碣石宫聆听邹衍讲课。

邹衍前往燕国定居，这在当时是件震动诸侯的大事。诸侯们听说燕国居然请到了邹衍前来定居，不由得对燕昭王肃然起敬。而在燕国当地，邹衍更是被视为神一样的人物。人们流传说，有一次邹衍仅靠着一支律管，吹了三天三夜，竟然把渔阳的气候一下子从严冬变成了春天。

区区一个学者，为什么引起列国诸侯如此强烈的关注？这就要从邹衍的思想说起了。

“谈天衍”眼中的世界

邹衍号称能“谈天”，自然有他谈天的底气。据史料记载，他对名山大川、飞禽走兽、花鸟虫鱼、自然地理、天文数理等知识，无一不精，无一不晓，活脱脱是一套行走的百科全书。[①]

邹衍为我们描述了这样一个无穷大的世界——

传说在古代，我们称之为“天下”的这片土地，被大禹分为九州：冀、兖、青、徐、扬、荆、豫、梁、雍。其实这就是古人

---

① 邹衍的事迹，见《史记·孟子荀卿列传》。

所能探索到的世界的极限。

但是，在邹衍看来，华夏人所知道的天下，其实只是真正的天下的一小部分。华夏列国活动范围内的这个“九州”之地——人们所说的“中国”，不过是整个世界里许多个大州中的一个而已。这个大州名叫“赤县神州”，和其他几个大州一起，组成了更大范围内的“九州”。

在这个“大九州”之外，有大海环绕，名叫“裨海”，将这个“大九州”与更大的世界相隔绝。“大九州”不是世界的全部，裨海之外，还有九个这样的“大九州”存在，被另一个更大的海洋“大瀛海”所包围。大瀛海的周围，被称为“八极”，也许就是这个世界的尽头了，但也许不是。邹衍没有急着下论断——也许这个大瀛海所环绕的世界之外，同样有着更为广阔的世界，但是谁又能知道呢？

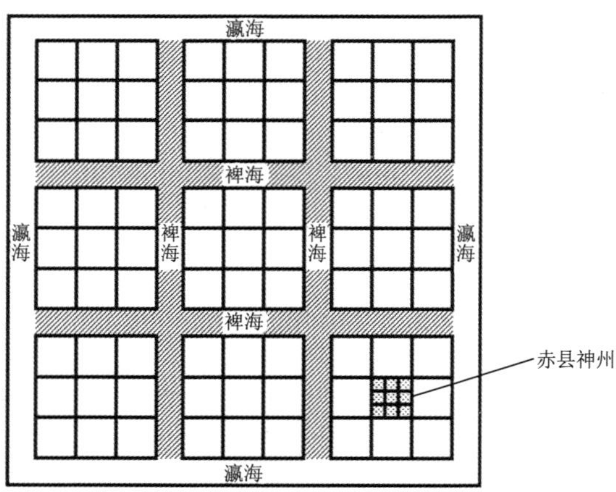

邹衍“大九州”示意图

（图片源自杨振红《“县官”之由来与战国秦汉时期的“天下”观》）

这种对于世界的想象，和庄子所描绘的那个无限大的世界相比，是两种不同的风格。邹衍不像庄子那样，用深邃的哲学思辨来打动你，以浩瀚的哲学意境来折服你，而是实打实地把一幅画卷放在你面前，将这幅绚丽的画卷徐徐展开。你顺着展开的画卷，依次看到一层又一层的世界，你以为到这里就结束了，结果他还能继续将这幅画卷展开，仿佛这幅画永远没有尽头。

邹衍描绘的这个世界，灵感从何而来，后人已经不得而知了。我们猜测，齐国原本就是一个海运发达的国家，或许邹衍从那些来自海边的人那里，听闻了一些关于海外的只言片语，这些真假难辨的海外奇谈，引发了这位哲人源源不绝的思考。又或者，关于这一无穷宇宙的理论，是邹衍在海边眺望蜃楼海景时，心中迸发出的灵感。

邹衍之所以喜欢谈天，谈这些缥缈无限的宇宙问题，其实落脚点依然是人。他试图告诉我们，人在这个世界里究竟处于什么样的位置。

人和无穷大的世界相比，注定是渺小的存在。曾经在那个巫术的时代，人们相信万物一体，人可以通过巫术来与万物取得联系。但是，到了春秋战国这个剧变的时代，人们越来越难以相信这一点了，比如功利主义色彩浓厚的墨家，就从根本上否定人有命运的说法。

可要是人与天之间毫无联系，是否就注定了人会纠缠在庄子所描绘的人间世的枷锁里呢？倘若真的如此，那人的命运实在太过可悲。

而邹衍想要做的，就是重新唤起人与天之间的联系。他立足于自己广博的学识，决定向世人证明，天人之间是一个互相联系、互相统一的整体。

万物皆可阴阳

“万物生于有，有生于无”，这是《老子》告诉我们的道理。在《老子》中，有与无，是事物的正反面，万物都由正反两面构成。正面被称为“阳”，反面被称为“阴”，万物都负阴而抱阳，阴阳两个因素交织在一起，既对立冲突，又和谐共生，共同构成了生机勃勃的世界。

邹衍发现，万物都可以视为阴阳相对的关系。[①] 比如大自然中，就随处可见这种阴阳关系：天与地，白天与黑夜，水与火，炎热与寒冷，光明与黑暗等。不仅如此，人类社会也同样存在这种阴阳相对的情况：男与女，长与幼，高贵与低贱，兴盛与衰落等。阴阳之间是相互矛盾的，但同时又在相互转化、消长，就像昼夜与冷热，对立双方截然不同，但又无法分开，白天注定会变成黑夜，冷热之间也始终相互转换着。阴阳在矛盾中成为一个统一体。

在邹衍看来，世界的变化运转有一种内在的本质规律，那就是阴阳。阴阳的交互，就是世界运转、发展的内在动力。这也是后人将邹衍所开创的学派称为“阴阳家”的主要原因。

人与宇宙自然也在这种阴阳交互中成为一个整体。人是宇宙中的一员，宇宙万物内在的本质规律，同样也是人内在的本质规律。如传统中医认为，人身体健康的关键在于阴阳调和，如果出现阳虚或者阴虚，那就说明人体阴阳失衡，意味着身体病了。[②] 中医阴阳调和的思想，就来自阴阳家的理论。

---

① 邹衍的这种观点，在出土的帛书《黄帝四经·十大经》中体现得更清楚：“无晦无明，未有阴阳。阴阳未定，吾未有以名。今始判为两，分为阴阳……”

② 这方面的学说，具体可以参考《黄帝内经》。

既然阴阳规律是普遍规律，那要让人类社会变得更好，自然也要遵循阴阳调和的法则。在阴阳家看来，要治理好人类社会，需要处理好“德”与“刑”这对阴阳关系。德是德政，即用仁德、劝赏、教化等温和的方式来对待百姓；刑是刑政，即用刑罚、法令这些严厉的强制性手段来管理百姓。只有两种方式结合使用，做到恩威并施，才能让社会形成良好的秩序。[①]

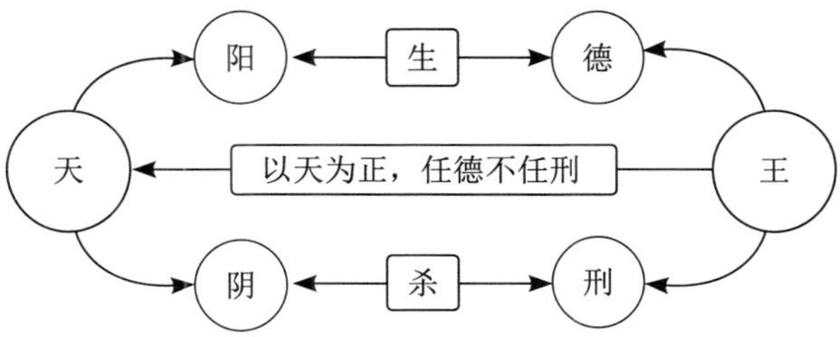

“德”与“刑”阴阳关系示意图

在阴阳家构想的世界里，万物都处在和谐的阴阳关系中。什么时候采用德政，什么时候采用刑政，时机的选取也要遵循恰当的阴阳时令。比如在一年里，春夏两季阳气充盈，万物萌发，属于阳盛阴衰的季节，适合实施德政，采取一些奖励百姓的措施；秋冬两季阳气下降，万物肃杀凋残，属于阴盛阳衰的季节，适合实施刑政，如组织秋狩、实施刑罚、出兵征伐。

此一理念有一部分也为后世所遵循，如朝廷下令大赦一般会选在春季，而处斩死囚一般会在秋冬时节。

要是人违反了阴阳规律会怎么样呢？

按照阴阳家的看法，正如人体阴阳失调就会生病一样，人类社会阴阳失调，同样也会生病，其外在表现为灾难或者异象。一旦气候失常引发水旱灾害，或者发生地震、蝗灾，甚至一道闪电

① 即《黄帝四经·十大经》中所说的“刑晦而德明，刑阴而德阳”。

把君王的宫殿或院子里的树给劈倒了，这些都被视为上天降下的警告，说明人间社会阴阳失调。而阴阳失调的原因，就是政治上刑德运用失当，需要君王好好反思。

所以，一旦出现灾异事件，君王都需要从自身找原因——就算没有原因也一定要强行找出原因，总之要自我检讨，下诏罪己，看看哪些地方做得不妥，然后改正这些错误，让施政行为重新符合阴阳之序。

这是一种人与自然相互感应、相互协调的理念，代表阴阳家试图重新修补人与天之间日益割裂的关系。

人与超越存在之间日益割裂，可不是什么好事情。要是统治者不再关心超越的存在，不再敬畏头顶的老天爷，就会更加肆无忌惮地为所欲为，常常会做出祸国殃民之事。阴阳家的“天人感应”之说，无疑会让统治者意识到，他们的任性行为会遭致上天的警告甚至惩罚，这无疑对统治者的权力有制约作用。

五行相生相克

除了对阴阳规律的阐发之外，更成体系的“五行”理论也是阴阳家的创举。

在战国时期，每个地区都是有地域标签的。比如时人对楚国人的刻板印象就是狂傲，比如楚狂接舆，还有宁可投江而死也不与这肮脏世界妥协的屈原，都把楚国人浪漫而冲动的狂劲展现得淋漓尽致。

对郑国人的刻板印象就是迂腐，迂腐到出门给自己买双鞋子，都会因为没有带事先量好的尺码而要专门回家去取。“郑人买履”的故事，在当时也就是安在郑国人身上最适合。

对宋国人的刻板印象则是愚笨。诸子百家的书里，没少写故事来编排宋国人，故事中宋国人的形象总是笨笨的。比如《孟子》中所讲的“揠苗助长”的故事，就是宋国人的光荣事迹。

而齐国人在大家眼里热衷于奇闻怪论。或许是处于滨海之地，汇聚了各种从海外漂来的新奇见闻的缘故，齐国人总是热衷于这些离奇古怪的“冷知识”。当时有本叫《齐谐》的书，就是专门汇集各类奇谈的小册子。诸子百家中有一个流派叫“小说家”，同样也是出于齐国的稷下。这种地域风俗，让齐国的“奇幻风”氛围浓厚。

也正是在这样的氛围中，阴阳家的五行学说才有了巨大的突破。

“五行”在《洪范》的时代已经有了超越的属性。阴阳家所研究的“五行”则更进一步，在更为抽象的层面上，发展出了将五行的范畴对应到万事万物的理论体系。阴阳家将他们从自然界和人类社会观察到的各类事物，都塞进“五行”的框架。比如东、西、南、北、中这五个方向，宫、商、角、徵、羽这五音，心、肝、脾、肺、肾这五脏等，都与五行存在着隐秘的关系。

同时，阴阳家还进一步阐述了五行之间的相生相克关系。

五行中的各要素相互生成，木生火、火生土、土生金、金生水、水生木。道理很简单，木头点燃了会生出火，火燃烧尽了木头就变成了灰土，土中的矿石投入到炼炉里能提炼出金属，金属的表面受温度变化影响很容易凝结出水分，这些水又能让草木得以生长。

五行相克则更好理解：木克土，因为草木生长会让土地松动；土克水，因为水泛滥之后能阻挡水流的就是土做的堤坝；水克火，因为水可以灭火；火克金，因为金属遇到高温会熔化变形；金又能克木，因为斧子等金属工具能砍断草木。在相生相克的循环中，没有绝对的强者，也没有绝对的弱者，它们互相克服，相互生发，便形成了富有生机的矛盾统一关系。

但问题在于，五行之间的相生相克不仅仅局限于这五种事物，万事万物都和五行一样，既相互矛盾对立，又彼此依存相生，推动着各自的发展。

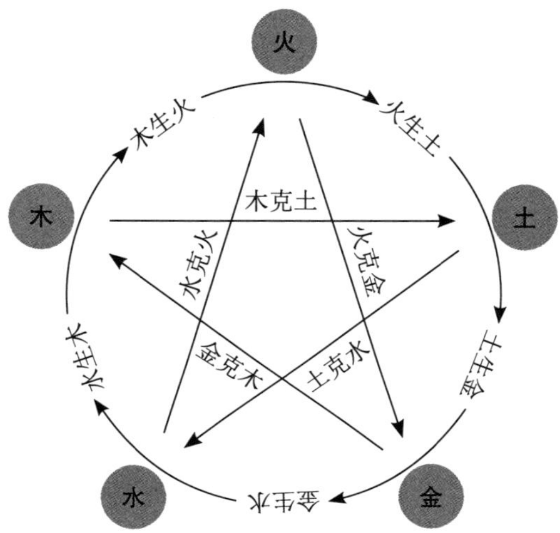

五行相生相克示意图

五德的无尽循环

诚如邹衍所设想的那样，万事万物都可以纳入五行的相生相克关系中，那么，我们这个世界本身，是否也存在着如同五行一样的矛盾运动呢？邹衍的回答是：“当然。”

这个世界本身，也是五行的映照。邹衍认为，五行映照在人类社会里，就有了金、木、水、火、土五种德性。而这五种德性同样也遵循着五行的规律，相生相克地变化着。

历史上每一个朝代都具有自己的德性。每当一个新的时代将要到来时，上天能感受到这种德性的变化，从而降下一些稀奇古怪但具有象征意义的东西，即所谓的“祥瑞”。天降祥瑞，意味着新的朝代将要出现。

华夏的历史从黄帝开始，黄帝是土德，所以上天显现出了巨型的蚯蚓和蚂蚁的形状，而黄帝顺应天意，就将衣冠、旗帜之类的主色调定为“土”所对应的黄色。

后来，木德的夏禹取代了土德的黄帝（木克土），上天显现出了草木在秋冬之际仍然欣欣向荣的景象，就是因为木气比较旺盛。而夏禹顺应天意，就将衣冠、旗帜之类的主色调定为“木”所对应的青色。

夏商易代时，金德的商汤取代了木德的夏桀（金克木），上天显现出了精光四射的刀剑之象，预示着金德兴旺的时代来临。而商汤顺应天意，将衣冠、旗帜之类的主色调定为“金”所对应的白色。

到下一次改朝换代的时候，火德的周文王取代了金德的商纣王（火克金），上天也同样降下了对应的祥瑞。周文王继位时，有赤鸟衔丹书立于社庙之上，昭示着火气的旺盛。而周武王灭商之后，也顺应了天意，将“火”对应的红色确定为新王朝礼仪用品的主色。

这就是邹衍创立的“五德终始”理论。这五种德性随着历史进程不断相生相克，周而复始。这也意味着，历史总是周而复始，没有永恒存在的王朝，也没有万世一系的国家。任何朝代都会有消亡的那天，到时候自然会有新的王朝取而代之。

春秋战国这个乱世已经纷纷扰扰数百年了，天下列国相互兼并，此时已经形成了七个主要国家，在这七大诸侯中，像韩国这样的国家已经基本没有胜出的可能。齐国经过那次崩溃之后，也自觉退出争夺。天下人已经看到了新时代来临前的曙光。而此时，武王、周公所建立的秩序已经基本荡然无存，周王朝的火德也到了烧尽的时候，注定会由新的朝代取而代之。

答案已经呼之欲出了，代替火德的必然是水德，天下将会有一个崇尚黑色的水德王朝冉冉升起。谁拥有了水德，谁就能够成为新时代的主人。

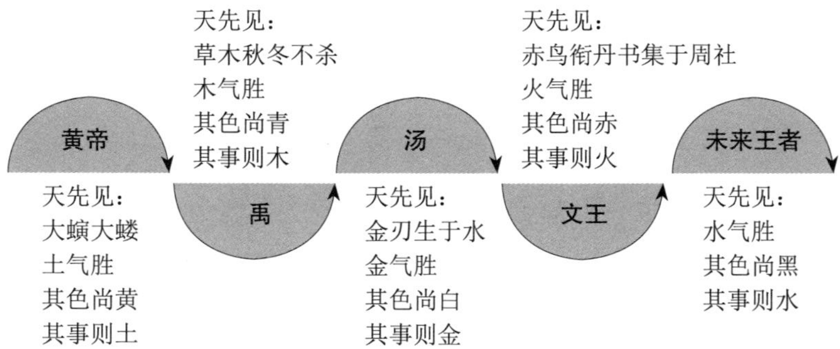

“五德终始”理论示意图

谁将成为新的水德之主呢？放眼望去，燕国处于北方，是一个属于冬天的国度，气候寒冷，在五行之中，这些都对应着“水”。而燕昭王筑黄金台，招揽天下名士，燕国正处于国运的上升期，谁又能断言，燕昭王不会成为下一个周文王呢？

邹衍提出的“五德终始”说引起了统治者的兴趣，时代需要这样的理论，需要它为下一个时代的来临提供合法性支撑。

恰在此时，燕国正兴起一场新的轰轰烈烈的称帝运动，人们希望燕昭王能像以前的秦王、齐王一样，晋升为“北帝”。邹衍的学说恰恰论证了燕国将是下一个受命于天的国度，这为燕昭王称帝提供了合法性。

但是，这场称帝运动没过几年就戛然而止了，因为万众期待的北帝候选人燕昭王，在战胜齐国不久之后就离开了人世。没过多久，齐人田单就趁着燕国国君更迭、政权尚未稳定之际，利用火牛阵破燕，趁势收复了齐国七十余城。燕国政坛也发生剧震，一代名将乐毅出逃投奔赵国。这一连串事件，让原来蒸蒸日上的燕国一下子受到了沉重的打击。

形势剧变之下，原本十分受器重的邹衍因为燕惠王听信谗言，被当作齐国间谍抓了起来。这位阴阳家的大师邹衍，就成了政治斗争的牺牲品，充当了燕国对外战争失败的背锅侠。

监牢之中，深陷于悲愤与抑郁中的邹衍，只能仰天痛哭，泪流满面。据说炎热的六月时节，忽然乌云密布，顷刻之间，纷纷扬扬的霜雪落下，燕山雪花大如席，片片吹落轩辕台，整个北国在北风与霜雪中迷茫成了一片，仿佛天地也因哲人的遭际而色变。

“六月飞霜”的故事，也就从此而来。[①]

后来邹衍因为名满天下的声誉而被无罪释放，但他还是郁郁地离开了燕国，游走在列国之间。最后在秦国统一天下的前夜离开了人世。

新时代将要到来了，后来君临天下的秦王嬴政，最终采用了邹衍的“五德终始”学说，将新王朝的德性定为“水德”，将服饰定为黑色。邹衍所预言的水德帝国如期而至，但并非他原本所想的样子。

① 李善注引《淮南子》：“邹衍尽忠于燕惠王，惠王信谮而系之。邹子仰天而哭，正夏而天为之降霜。”

荀子：稷下之学的集大成者

稷下归来

随着田单击破燕军，重新复国，齐湣王的继任者齐襄王光荣地回到临淄，随后他做的一件重要的事情，就是重振稷下学宫。只不过，经过了数年的动荡，学宫的人才流失严重。极盛时期的那些稷下学者里，慎到、田骈等老一辈学者已经逝世，有些学者（比如狐援）已经被齐湣王定罪诛杀，还有些像邹衍、公孙龙这样的人物已经在别的诸侯那里另谋高就了，留在稷下的人才实在少得可怜。

齐襄王效仿以前齐王们的做法，准备重新给那些有声望的稷下先生授予“大夫”之类的官爵，在这些先生中，资历、声望、学养最好的，也就数荀卿先生了。所以荀卿被任命为祭酒，也就是稷下这所“大学”的学长。[①] 这位当年坐在听课席里听大师们相互争鸣的年轻学生，此时成了撑起稷下学宫的顶梁柱。

离开齐国的这几年，荀卿在楚国栖身。不过他运气不太好，在楚国待了没几年，公元前 279 年（也就是燕昭王去世的这一年），秦楚鄢之战爆发了，名将白起率领秦军逆势而战，大破楚军，次年攻陷楚国的郢都。荀卿这时听说了齐襄王复国的消息，

---

① 事迹见《史记·孟子荀卿列传》：“齐尚修列大夫之缺，而荀卿三为祭酒焉。”

荀况

于是再度动身，回到了齐国。正巧碰上齐襄王重振稷下，荀卿作为稷下硕果仅存的大师，就顺理成章地成了稷下的祭酒。

从师承关系上看，荀卿当然属于儒家，他是孔子的学生冉雍（也就是仲弓）的后代徒孙，但别忘了，这是在百家争鸣时期的稷下。荀卿从十五岁起就在稷下求学，可以想象，在他求学的三四十年间，极有可能听过田骈、慎到的课，也曾向宋钘、尹文求教，还可能与同一辈的学霸型人物邹衍讨教过，头脑里早已浸染了稷下各个学派的思想，如黄老学派、墨家、名家、阴阳家等，都在荀卿的思想里留下了印记。而作为稷下学宫的学长，荀卿也有职责用中立的态度来对待学宫里争鸣的百家。

以至于和许多其他稷下学者一样，后人已经很难说清楚荀卿究竟属于哪个学派了。

从创立以来，稷下学宫已经经历了百年的风风雨雨。它如同一座巨大的熔炉，以这个历史时代的激烈剧变为能量，将各家各派的思想熔炼在一起，最终形成了你中有我、我中有你的格局。经过这番锤炼的大思想家，必然在深刻思索时代剧变的同时，博采各家观点。而荀卿，就是这样一位集大成者。

一个灵魂拷问

荀卿相比孟子，差不多年轻了一个甲子。在荀卿的时代，儒家面临着愈发严重的危机。

从孔子开始的儒家，一直都作为正统学派而流传，其宗旨是“祖述尧舜，宪章文武”——整理和诠释自尧、舜以来传承下来的典籍，将其中的训导作为行为的依据。这个特点，让儒家在发展中有天然的优势，不管是墨家、名家还是黄老学派、阴阳家，经由儒家来学习经典都是必修课，就像是成为士人的基础课，不管流行的学说怎么变，儒家都是当世之显学。

但另一方面，这也给人一个刻板印象，那就是儒家是一群食古不化的学究，坚持上个时代的圣贤们立下的金科玉律，却不考虑时代的变化。时代已经变了，这时诸侯国面临着比过去严酷得多的局势，稍有不慎，就可能从一个超级大国跌入到灭国的万丈深渊，那些传了几百年的旧道理，并不能帮助他们应对可怕的生存环境。

所以我们常常看到这样的情形：儒家的先生们去游说列国君王践行仁义时，君王们都连连点头，承认先生说得对，但回头仍是照旧。儒家的先生把嘴皮子说破，君王仍旧不愿意采纳儒家的主张。

这就是荀卿迫切要解决的问题。

公元前 262 年，暂时卸任稷下学宫祭酒的荀卿跟随赵国的平原君赵胜前往秦国，在咸阳宫里面见了秦昭王[①]。

和喜欢奇谈怪论的齐国不同，秦国的风格就是务实。自秦献公以来的几代国君，都是这种风格。

见到出身儒家的荀卿，秦昭王单刀直入地提出了他的灵魂拷

---

① 即秦昭襄王嬴稷，在《荀子》中被称为秦昭王。

问："儒家是否无益于人之国？"

这真是一个没有礼貌的问题，却是那时的君王们对儒家不约而同的灵魂拷问。当年孟子见梁惠王时，梁惠王也曾问过类似的问题：老先生不远千里而来，有什么对我国有利的东西呢？结果被孟子劈头盖脸地批判了一番，说你一个国王干什么张口闭口谈利益，有仁义就行了。[①]

但荀卿并不像孟子这样誓死不妥协地坚持儒家的理想主义。

荀卿打算告诉秦王，儒家的学说不仅是正确的，更是对君王有利的。

重新定义儒者

关于儒家是否"无益于人之国"的问题，以下就是荀卿为秦国的大王所作的解答：

首先，认为儒者食古不化，其实是对他们的误解。真正的儒者，确实坚持着礼义价值，那是因为他们身后，有从尧、舜到周文王、周武王传承延续千百年的智慧与法则，更重要的是，他们是一群好人，他们将会扮演好臣子的角色，致力于将尊荣与权威带给自己的君王。

其次，任用儒者做臣子，对君王有好处。

儒者得到起用，他们会兢兢业业，认真地恪守自己的职责。未能得到起用那也无妨，他们会安安分分地做遵纪守法的老百姓。就算走投无路，乃至饥寒交迫，他们也一定会坚持自己的原则，坚守底线，不走歪门邪道来谋求不义之财。他们是这个社会最清醒的人，知道这个社会本来应当遵循的原则。他们时刻准备

① 《孟子·梁惠王上》："王，何必曰利？亦有仁义而已矣。"

着，一旦得到合适的机会，就会立刻做自己应该做的事情，并且以自己的实际成绩，赢得人们发自内心的尊重。①

这就是一个真正的儒者本来所具有的感染力，他们可以释放自己的能量，影响周围的人，让周围的人都潜移默化地接受公序良俗的教化。儒者所到之处，都会变得更美好。

再次，君王成为儒者，则好处更多。

儒者居于高位，那他们就能自始至终坚持自己的原则和应有的礼法，让内外事务都按照规则与法度运行，人民也会成为遵纪守法、讲究美德的好人。

这个说法，乍一看好像和黄老之道特别相似，荀卿的思想原本就吸收了诸子百家的主张。儒者作为君王的好处还不仅是这些。

君王能做守法的表率，律法才能取信于人，人民才能发自内心地赞美他、向往他，四面八方的人才会竭尽全力地前来投奔他的国家。

真正的大儒不会拘泥于陈旧的规则，而是一个开创者，做一些常人不敢做却势必应当做的事情。比如当年的周公，在周武王英年早逝、主少国疑之际，毅然决然代替周成王执掌天子的权柄；为了天下的稳定而承担压力，锐意而行，通过制礼作乐而奠定了周朝近八百年的王业。儒者所做的就应当是这样的事情，在国家危亡的时刻，敢于突破常规，承担起最沉重的责任，来谋求天下的安定。

这番慷慨激昂的陈词，终于换来了秦昭王的一句“善”。

在荀卿这里，儒者的含义在不知不觉间发生了改变，他们不再只是封建时代受过特殊训练、承担辅佐为政职责的一个职业群体，而成了一个精神上的共同体，只要你肩负起传承历代先王仁

---

① 关于这段论述，可参见《荀子・儒效篇》。

义精神的使命，坚持儒家的原则，那就是一名儒者。儒者在这个变化中的新时代里必然是有用的，任何人都不能低估一名儒者的能量。

新的社会改造方案

秦昭王并没有给荀卿施展才华的机会，崇尚严刑峻法的秦国，最终走上了与荀卿的主张背道而驰的道路。不过在秦国游历的这段经历，也给荀卿带来了很深的触动。

至少，荀卿更加深刻地意识到，旧的时代已经接近尾声，一个所有人都不曾看到过的新时代即将到来。周公建立的那套社会秩序必将不复存在。新时代将会是什么样子，需要思想家细细描绘。

新时代不同于过去的地方在于，它的社会关系更为复杂，社会分工更加精细，人们的利益关系也更加彻底，人们不再像过去那样朴实，其私利心更重，每个人都有自己的小算盘。

所以，要处理好这么复杂的社会问题，至关重要的是每个人能各安其分，要明确每个人的“分”，让人们知道自己该做什么、不该做什么，然后把它变成所有人都遵守的秩序。

荀卿清醒地看到，人与人注定是不同的，有的人只能看见眼前的利益，有些人看见的却是整个天下。所以，不同的人要各自守好的职分也是不同的。

对于普通人而言，随大流即可，但有些人做着与寻常人不同的事情。他们坚定地遵奉着法度规则，自觉地节制自己的私欲，不被欲望和利益冲昏头脑，始终保持清醒的判断力。能做到这些，十分难能可贵，这样的人可以被称为“劲士”。

比劲士更高一层的，是君子。君子在严格遵奉法度的同时，还能依据法度来完善自己，进而影响其他人，带动其他人一起做个好人。这样或许就是达标的笃厚儒者了，社会因为他们的存在而有了中流砥柱。

君子之中，能真正达到孔子七十岁时“从心所欲，不逾矩”这种境界，把规矩与法度把握得如同四季时节一样自然的，就是圣人。对于圣人来说，法度规则已经是他们生命的一部分，因此圣人可以自始至终按照统一而整全的法度来处理事情。这个整全的法度就是“道”，儒家的六经都在道的融会贯通下得到了深刻的掌握，达到这样的高度后，圣人就能坚持不变地用最好的方法来治理国家。

只有达到这样的层面，我们才能开始谈法度本身。荀卿对稷下学宫的崇“法”思潮予以吸收和内化。他认为，“礼”与“法”都是君子、圣人治理天下的方式，它们毫无疑问都很重要，是所有人都应当遵守的法度——礼用来端正人的行为，是明确国家与社会行为的规范与准绳，而法是礼的衍生，通过强制力量来约束人们遵守“礼”的规范。[①]

不论礼还是法，它们都只是一些规矩，最终还得靠人来执行，得靠君子们自始至终地坚持原则，维护礼法的权威。没有能永远发挥作用的法律制度，只有靠人去遵守它、维护它，法律制度才能维持下去。[②]

这样的人，就是君子，就是荀卿所描述的儒者的样子，他们才是成就理想秩序的根本，是法的生命之源。

---

① 关于“礼”与“法”的论述，见于《荀子·强国篇》《荀子·君道篇》《荀子·成相篇》等。

② 见《荀子·王制篇》。

君子制造机

荀卿的理想社会需要无数的君子来维系，所以荀卿花了大量的时间研究“如何批量生产君子”。

关于人性的善恶问题，在荀卿以前已经讨论了很久。身为稷下学宫的前任祭酒，荀卿当然知道孟子与告子间的人性争论。孟子在看尽人性之恶后，用极大的勇气选择相信人性最初的善端，进而从恻隐之心里阐发出了善良与仁义。

但是，如果一个哲人目睹过可怕的长平之战，他还有勇气认为人性的本原是善吗？这场发生在秦赵两国之间的举国之战，最终以秦国的胜利告终。秦将白起在取得胜利之后，悍然将已经投降的四十多万赵军尽数坑杀，整整一代赵国青壮，毫无意义地死在了长平的万人坑中。荀卿是长平之战这段黑暗历史的见证者，长平之战发生时，荀卿正在赵国做平原君的客人，对于这起灾难性事件，他有比后人更切身的体会。

千言万语汇成九个字：“人之性恶，其善者伪也。”①

都说在经历过奥斯威辛之后，写诗是残忍的；那么在经历过长平之战后，上天或许也是沉默的。面对惨绝人寰的暴行，人当然会怀疑人性。

不过，纵使人天生就会作恶，但人依旧是可以变好的。只不过，人所养成的善，本质上是“伪”的，是人为养成的。

为什么人要为善？是因为如果大家一味做坏事，相互争夺，结果将不利于所有人。所以圣人制定了礼义规范和各种制度，用来约束人，通过正确的引导使得人们逐渐遵守社会的礼义，才养成了善。

善本质上是后天培养而成，通过后天的教化，圣人可以培

① 这是《荀子·性恶篇》开篇第一句话。

养出更多的君子。成为君子的门槛之低超乎我们的想象，甚至随便找个路人，就可以把他培养成大禹这样的圣人——只要让他了解仁义礼法，让他专心致志地学，日复一日地积累自己的善行即可。

如何批量生产君子？答案就是“学”。荀子的名篇《劝学篇》就是“君子量产制造机”的使用说明。一根木头，要把它做成圆圆的轮子，就要通过𫐓的工艺将其弯曲；人要成为君子，同样需要自己好好地学，摆脱原有的属性，逐渐变成好人。

君子并非天生就与众不同，只是善于借前人的智慧，突破自己原有的局限。[①]批量制造君子的关键是要求人们“博学而日参省乎己”。只要一个人努力学好先王的经典，坚持积累，就可以比那些光靠自己整天思索寻求提高的人更快、更高效地掌握君子的能力。

孔子的“学”、孟子的“养浩然之气”，或许更适合提供给少数人，以助其追求超越存在。而荀卿提出的“劝学”，相比之下就属于“零基础养成”理论。在“博学”的纲领下，儒者被要求广泛而深入地学习诗书礼乐等典籍，把这些典籍当成教材，逐一进行攻克。这对于广大普通学子来说都是福音，荀卿不知道，在多年以后，全天下的读书人都在循着他当年的指导，日复一日地奋力做着功课。

孟子与荀子是孔子之后儒家的重要思想家，但荀卿的儒学更接地气，综合了那个时代流行的黄老之道后，改良出了更符合战国诸侯需要的新儒家学说。只不过，儒家从孔子到孟子一直熠熠闪耀着的理想主义气息消退了，儒者不再是黑暗中举着火炬试图照亮他人、宁可遍体鳞伤也要拯救百姓于水火的“孤勇者”，而只是荀卿口中遵纪守法的好公民，只是那些能为君王的治理带来

① 《荀子·劝学篇》：“君子生非异也，善假于物也。”

利益的好人。

当儒者不能在恶行或者恶法面前挺身而出，坚持心中的道义，而只是致力于做一个好人时，这与孔子当年所深恶痛绝的“乡愿”又有什么区别呢？

后世的芸芸儒生们，确确实实成了荀子所描述的儒者，他们参加大汉帝国的“贤良文学”考试，借此取得出身。从传承和适用的意义上说，荀卿才是后来儒家的真正主流。后来清末的谭嗣同也如此感慨：“二千年来之学，荀学也，皆乡愿也。”[①] 不管这一切是否出于荀卿的本意，后来儒家在大是大非面前表现出的守旧、迂腐、缺乏担当，或多或少都可以把原因归结到荀卿这里。

站在新时代来临的前夜

公元前 256 年，周赧王五十九年，血腥而残暴的长平之战结束后四年，秦昭王出兵征服了周天子最后的领地。拥戴周天子的西周君将三十六座城邑和三万居民通通“献”给秦昭王。不久之后，最后一任周天子——周赧王驾崩，秦昭王便将周室的九鼎移到秦都咸阳，延续了近八百年的周王朝宣告覆灭。

这一年，还有另一件事情发生：将周公旦所创制的礼乐一脉相传，诞生了孔子、墨子等伟大思想家的鲁国，被楚国正式吞并。鲁国末代君主鲁顷公被迁至莒邑而死后，鲁君绝祀。

周王室和鲁国，是旧秩序在这个时代保留的最后一点僵死的躯壳。至此，天下向着新的秩序全力冲刺。

同样也在这一年，魏国大梁的一个刘姓家族诞下了第三个儿子，后来他们迁居到了沛县一带。这个男孩，就是日后被称为汉

---

① 见谭嗣同《仁学》。

高祖的刘邦。

荀卿，被后人尊称为荀子，是站在时代革命中承前启后的一位大思想家，他在风云际会中隐约看到了天下的未来——诸侯并立的格局终会结束，天下将并于一，新的大一统时代在列国的残躯上浮现。荀子提出的“王道”政治，正是那个即将出现的大一统时代需要的治理方案。

荀卿相信，在新秩序下，会有一个掌握着前所未有强大权力的君王来制定新的礼与法，让天下人严格遵行。荀卿提出的学说，是为了保证这个新秩序下的礼法是善良的，能让百姓们过得更好，而非充满暴虐。荀卿希望这个秩序能由一批善良的好人来实施和遵守，而不是被一群恶棍当作统治另一群恶棍的工具。

晚年的荀卿开始更加平和冷静地看待秦国。这个国家按照“商鞅之法”运行着。荀卿并没有像孟子那样激烈地批判这种“霸道”政治，而是秉持着一种中立态度，发现了秦国上下可圈可点的地方：这里的百姓作风淳朴，官吏一丝不苟，官府的工作呈现出一种简洁而高效的状态。这让荀卿感慨，秦国如今的强盛，或许就与它的这番气象有关。[①] 荀卿也承认，“霸道”确实能让国家快速强盛，不过要真正实现天下一统，仍然需要尊礼隆贤，实施王道。

那个将要到来的新时代，荀卿是看不到了，他所做的不过是为新时代的到来做好准备。剩下的时间，就交给他的学生好了。

荀卿有一个学生名叫李斯，学成之后选择了前往秦国寻求入仕。在那里，有一位新即位的秦王，怀着虎狼之心，睥睨着诸国。

或许很多人不知道，荀卿还有另一个学生，人们称他为“浮丘伯”，浮丘伯后来自己开课办学，教授《诗经》，他的学生里有

---

① 荀子对秦国的评价，详见《荀子·强国篇》。

一个名叫刘交的年轻人，后来成了楚国的王。当然，这不是因为刘交与春秋战国时的楚国王室有血缘关系，而是因为他的哥哥是刘邦。

秦时明月汉时关，秦汉两朝的君王，就以这样一种千丝万缕的联系，在与荀卿发生着奇妙的共鸣。

本章推荐参考书目：

王先谦：《荀子集解》
郭沫若、闻一多、许维遹：《管子集校》
陈鼓应：《管子四篇诠释》
陈来：《孔子·孟子·荀子：先秦儒学讲稿》
邓小虎：《荀子的为己之学：从性恶到养心以诚》
王沛：《黄老法理论源流考》
王志民：《稷下学公开课》
白奚：《稷下学研究：中国古代的思想自由与百家争鸣》

第九章

画出未来帝国的蓝图

墨者在秦国

西方之墨

当东方的齐国正以稷下学宫为中心，将诸子百家荟萃于临淄之时，远在函谷关以西的秦国，迎来了一批特殊的客人。

他们是一群墨者，之前墨家的巨子孟胜为阳城君守城，最后与弟子自杀而死，楚国墨者受到了沉重的打击，其中一部分人离开楚国，前往西陲之地的秦国落脚。

秦国在春秋时期曾是一方霸主，很长一段时间里，连头号强国晋国都要给秦国三分面子。但在进入战国之后，秦国因为内乱等原因，陷入了长期的低迷。此时，秦献公痛定思痛，决心要富国强兵，让秦国再度强大起来。

墨家的到来，为秦献公带来了新的契机。

秦国向来是战国七雄中的一枝奇葩。对士人而言，秦国是个没有吸引力的国家，秦国对士人也没有兴趣。秦国的国君们打心眼里就没觉得诸子百家争鸣有什么意义。所以，后来荀卿来到秦国访问了一圈后，发现在这里竟然找不到与他同道的儒者，不由得感慨秦国无儒。[1] 这多半也是秦人对儒家不感冒的缘故。

墨家却不一样，他们的看家本领并不是诗书礼乐，而是工匠知识。墨家弟子也许不太懂祭礼、丧礼、婚礼、冠礼的仪式步

---

① 见《荀子·强国篇》。

骤，但他们懂得云梯的多种造法。这种技能特长，对于讲求实际的秦献公来说就像是捡到了宝一样。就这样，墨者们在秦国安了家，成了墨家中的重要一支——秦之墨。

在秦之墨者的帮助下，秦献公开始了对秦国的改造。

趣味相投的理念

墨家主张“非攻”，反对人与人、国与国之间的相互侵害。但墨家并不排斥战争，相反，正因为他们反对侵略战争、反对大国对小国的霸凌，所以他们会帮助弱小者抵抗别国的侵略。

扶危济困，是墨者的使命。墨家从骨子里就透着侠义精神，他们会路见不平，拔刀相助。只不过墨者不仅是在马路边拔刀帮助弱者这么简单，而是来到一个国家，帮助这个国家的人民积极准备战争，甚至可能先发制人，用主动出击来实现积极的防御。

所以，当墨者来到秦国后，开始帮助秦国富国强兵，积极防御魏国这样的霸权主义国家的侵略。

其实，墨家的“非攻”理论本身就蕴含着“以战止战”的可能性。按照这个思路，是可以为了诛灭那些“坏人”、实现将来更长远的和平，而主动挑起战争攻击其他国家的——只要战争是为了正义，就可以打着“义战”的名义去发动战争，这时的战争就不是简单的攻伐，而是诛灭暴乱。①

对于墨家来说，“义”从本质上来说就是“利”，要是战争能让大家从根本上受益，那就是最大的正义。就像商汤诛灭夏桀，周武王诛灭商纣王一样，都是正义的战争。

对“非攻”理论的这种理解，让墨者的形象陡然间画风突

① 这方面的观点，详见《墨子·非攻下》。

变，从朴素的和平主义者，一下子变成了最为狂热的战争推崇者。他们的理论支持着秦国国君，用战争来保证自己的安全。秦国的国界没有终点，除非一直扩张到世界的尽头，他们会不停地发动战争，来保障自己的安全。

全国是个大军营

墨家的“尚同”思想中，蕴含着专断的因素。

墨家构想中的社会，是一个从最底层的小家庭到最高层的君王，上上下下高度统一的社会。这要求每个普通人都在生活中自觉与上级保持高度一致，上级再遵从更上级的指令，由此做到“上下一般粗”。为了达到这个目的，墨家不惜坚持最为绝对的专制集权主义，强调所有人对最高统治者的绝对服从。

如何构建这样一个绝对服从的体制呢？

一直到战国时期为止，严格的专制集权制度还未完全形成。此时的集权体制下，君臣之间各自遵守着大义，臣只要在“礼”的规定下履行自己的职责就可以了，并不是君上说什么，就一定要做什么。君上不能肆无忌惮为所欲为，臣下也不必绝对服从。

放眼天下，恐怕只有墨者最有条件想象专制集权，因为他们有一个体系森严的墨家组织。在墨家组织中，巨子拥有绝对的权威，在整个组织里说一不二，所有墨者都要绝对服从巨子的命令。就像孟胜要部下跟着他一起守护阳城，手下的墨者们二话不说全都跟着一起死守。连前去向田襄子报信的两个墨者，也在完成了使命之后重新赶回去。

所以，从秦献公开始，秦国就根据墨者们的建议，效仿墨家组织的管理方式，重新改造秦国社会。

他们用了一种影响中国两千多年的管理方式——户籍制度。

后人常常以为，户籍制度始于秦献公之子秦孝公时期的商鞅变法，但其实，早在秦献公时期，就开始推行户籍管理。[①]秦献公接受墨者的建议，下令将全国人口重新编订户籍，详细记载每户的人数、姓名以及年龄等。然后，以户籍为单位，每五户设立一个“伍”，每十户设立一个“什”，将整个秦国像军队一样管理了起来。一旦有哪一户人家作奸犯科，就会导致“连坐”，同“伍”同“什”的其他家庭都会一起被定罪。

除了户籍制度以外，秦献公还在墨家的帮助下，设计了另一个沿用了两千多年的制度——县制。县就是一个个直属于国君的军事据点。这些都成为未来大秦帝国的构造机理。[②]

就这样，整个秦国逐渐变得如同大军营，所有臣民都开始按照君王的安排来行动。

墨者之法

要实现“尚同”主导下的专制制度，还需要一套自上而下所有人都严格遵守的规范。这个规范，自然就是“法”了。

墨者十分重视法的作用。在秦之墨者们看来，法就是用来规范所有人言行的一套准则，它必须得到完全的遵守，容不下任何一点质疑或者变通。在墨家内部，有墨者之法；在国家之中，有国之法，即使是巨子本人甚至国君本人，也要遵守法的规定。

后来秦之墨者中的巨子名叫腹䵍，在他的儿子犯了杀人的死罪后，不顾秦王的再三求情，坚决执行“墨者之法”，杀了自己

---

① 《史记·秦始皇本纪》附录《秦纪》中记载：“（献公）十年，为户籍相伍。”

② 关于秦献公时期变法与墨家之间的关系，详见王宏《变法的前夜：秦国墨学与商鞅变法的社会史考察》，载《学术探索》2011 年第 5 期。

的儿子。①

这个故事听起来实在有些不近人情，却是墨家独有精神的体现。这种专断与严苛不是为了自己的一己私利，而是为了实现他们所认为的正确理想。墨者的内心深处同样希望改变这个社会，但他们没有把希望寄托在人们主动变好上，而是希望借助强权的力量，使用严苛的法令制度，来规范人们的行为，甚至国君也不例外。

墨者之法是神圣的，在墨者之法面前，即使是君王也不能左右墨者对律法的执行。

墨者之法只是墨者所崇尚的教条，并非君王的法令。要是君王的法令具有墨者之法这般地位，将会给整个国家带来怎样的变化呢？

这一点，我们很快会看到。

正当墨者们在秦国国君的支持下如火如荼地改造这个国家时，一个卫国的游士来到了秦国。他叫公孙鞅，后来也被称为“商鞅”，他带来了三晋之地的统治智慧。

此时的东方，稷下学宫正兴起关于“法”的思潮，君王制定强有力的成文法律来管理国家，获得了关东各国思想界越来越普遍的认同。在三晋之地严酷的政治环境和地缘环境下，“法”的思潮催生出了一种更加冷酷的权谋治术——后世称为晋法家。②当墨者之法的专断色彩与三晋法家的思潮结合起来，将会产生出君主专制的怪胎。一旦那个专制的魔盒打开，统治者的权力就本能地无限扩张，逐渐演变成一股席卷天下的浪潮，直到它吞噬全天下的一切。

---

①《吕氏春秋·孟春纪·去私》：“墨子之法曰：‘杀人者死，伤人者刑。’”

② 胡克森：《秦、晋法家文化之比较》，载《邵阳学院学报（社会科学版）》2008 年 2 月第 7 卷第 1 期；单纯：《论古代儒家辨析齐法家与三晋法家的意义》，载《中国哲学史》2007 年第 4 期。

冷酷的商君

这样的时代，只配有这样的哲学

在中国历史上，此人或许不是最有名、影响范围最大的，但他绝对能排进“最具争议人物排行榜”的前三甲。这个人就是商鞅，在未被秦孝公封商、於十五邑之前，还叫卫鞅、公孙鞅。他以一场轰轰烈烈的变法而闻名于世，这场变法直接将百家争鸣的华夏带入了向中央集权的君主专制国家发展的轨道。

很少有人像商鞅那样，在后世产生截然相反的评价。有人说他是一个锐意进取的开创者，也有人把他视为造成“两千多年封建专制”的罪魁祸首。

卫国人商鞅（那时叫公孙鞅）是在墨者入秦大约十年后来到秦国的，并且面见了秦献公的继任者，秦孝公。

第一次见秦孝公，商鞅系统介绍了尧、舜等上古帝王的治国之道，讲述上古帝王是如何做到无为而天下治。讲完之后秦孝公昏昏欲睡。

第二次见秦孝公，商鞅讲起了文王、周公的王道。这一通讲下来，秦孝公听得如鲠在喉、如芒在背、如坐针毡。

第三次见秦孝公，商鞅大谈“霸道”，介绍齐桓公、晋文公是如何尊王攘夷、威服诸侯的。这一次商鞅完全击中了秦孝公的兴奋点，秦孝公听得津津有味。

而第四次，商鞅在秦孝公这里兜售起了他的“强国之术”。

那是一套系统的方案，包括奖励军功、禁止私斗、重农抑商、废除贵族特权等一系列施政计划。后来商鞅在秦国施展的改革举措，都可以从这次谈话中找到线索。这些观点句句戳中秦孝公的心坎，两人谈了几天都没觉得厌倦。随后在秦孝公的强烈支持下，商鞅的变法如火如荼地开展起来。[①]

不过，我们现在看这个故事，不免会有个疑惑：商鞅为什么要从帝王之道开始讲起？要不是秦孝公有耐心，耐着性子听商鞅讲到了第三讲，也许商鞅在第一次见面时就被秦孝公打进冷宫了。帝道、王道、霸道，其实都是商鞅最后提出的“强国之术”的引子，只不过这个引子实在太冗长、太催眠罢了。商鞅之所以要冒着秦孝公只听个开头就果断放弃的风险，也要坚持把这个漫长的引子说完，自然有其用意。

因为这里蕴含着商鞅强国之术深层的哲学。

西方政治哲学中，有个著名的理念，那就是“社会契约论”，提出这个理论的洛克、霍布斯、卢梭等思想家，尽管他们的契约论内容各异，但都立足于一个假设，那就是人类社会出现前存在着一种“自然状态”——只有说清楚社会秩序产生前人类是什么状态，才能回答“为什么要建立这样的社会秩序”的问题。

在商鞅这里，思路也有异曲同工之妙。他将人类文明发展至今的漫长岁月分为“上世”“中世”“下世”，此时的天下已经进入了“下世”。这样的划分，是为了将他政治哲学的逻辑上溯到社会产生之始的“自然状态”，从而为后来他的“强国之术”为何推行来找到坚实的基础。

在人类产生之初，人们各安其分，即便没有君王管着，也都相安无事，这就是所谓的“上世”。那时的上古帝王都是无为的，只要在都城里待着，不去打扰天下苍生，天下人便得以自由地生

---

① 商鞅见秦孝公的事迹，详见《史记·商君列传》。

长发育。

这样的状态注定会随着人类的发展而出问题。人多了，资源却是有限的，自私的人们便会为了私利而相互争夺。为了解决这个问题，就有一些贤人站出来，为大家定下不偏不倚的公正标准，教给人们礼义廉耻，于是大家就开始有了“仁爱”，即便是没有血缘关系的陌生人，也因为遵守着共同的规则（礼），而变得相亲相爱起来。这就是所谓的“中世”。这时的贤人们承担着教化普通百姓的职责，并且受到大家的敬重。

然而，贤人治理的“中世”同样因为人类发展而遇到问题。人口进一步变多，社会关系变得更加复杂，复杂到光靠贤人无法解决的地步。人类的自私本性驱使着他们想各种各样的办法去钻礼的空子，变得更加狡诈、难以管理。于是，圣人出现了，他们制定法律，用法律来规定每个人该做什么、不该做什么，并且规定了制裁惩罚的措施。为了保证制裁得以顺利实施，人们需要官府，由官府来负责制裁犯错的人，官府又需要一个领导，于是就有了君王。这就是所谓的“下世”。此时的社会靠以暴力为支撑的法律规定着人们的行为，大家的一言一行都要听官府的安排。[①]

从“上世”到“下世”，时代一直在不停地变化，世事也随之变迁。每个时代的治世之道，都要根据世事的变化而调整。

这也意味着，儒、墨等学派汲汲求古，从一开始就错了。一味执着于效法古代圣贤的治世之道，就像是刻舟求剑一样。

“治世不一道，便国不必法古。”要想找到改造社会的方案，最终需要立足于所处的时代。人类原本有过的那个简单淳朴的社会，早已一去不复返了，一同失去的，还有用王道治理天下的可

① 商鞅的“三世说”，详见《商君书·开塞》。《商君书》的很多内容应当是商鞅的弟子们编写出来的，但大体继承了商鞅变法时的思想，所以本书提到商鞅的主张，也即取自《商君书》里的观点，后文不再注明。

能性。君王已经不能用温和的礼乐教化、无为而治来治理社会了。这个时代配不上尧舜之道、文王之道，这是一个局面更乱、风气更坏、人心更为狡诈的时代，必须以暴制暴，才能将社会重新带入正途。

这就是商鞅推行“强国之术”时背后的哲学。

本节关于商君思想的探讨，主要依据了《商君书》。根据《韩非子·五蠹》“今境内之民皆言治，藏商、管之法者家有之”的说法，一般认为《商君书》在战国后期已编辑成书且广泛流传。但从《商君书》中称秦孝公的谥号来看，本书又显然成书于商鞅死后。近代以来关于《商君书》真伪的讨论较多，基本分为两类：一类认为是战国至汉代有人伪托商鞅之作，如胡适、顾实、钱穆、傅斯年、杨宽等人持此说；[①]另一类认为部分为商鞅亲著，部分为后人托名所作，如陈启天、高亨、郑良树、李存山等人通过逐篇辨析，把全书区分为商鞅亲著者、疑为商鞅亲著者、商鞅后学所著者等几种情况。[②]尽管在《商君书》的成书时间和真伪问题上存在争议，但大多数学者还是把它作为研究商鞅变法和商鞅思想的主要资料。正如杨向奎先生所说，这虽然不出商君手，但它可以适当地代表商君的思想。《商君书》代表的是商鞅以降“商君学派”的观点。

① 见胡适《中国哲学史大纲》、钱穆《先秦诸子系年》、傅斯年《战国子家叙论》、顾实《汉书艺文志讲疏》、杨宽《战国史料编年辑证》等。

② 见陈启天《商鞅评传》、高亨《商君书注译》、郑良树《商鞅及其学派》、李存山《商鞅评传：为秦开帝业的改革家》等。

人民的软肋

商鞅

在那个人心狡诈虚伪的时代，到处都是意图侵犯他人而为自己谋利的恶人，所以，商鞅不难得出一个结论——要挽救这样的世道，就必须用严酷的刑罚来震慑图谋不轨的恶人。

商君和墨家有一脉相承的观点，即利己是人的本能，人本质上都是趋利避害的。这对于君王来说是好事，要是人没有这种倾向，那就很难找到人民的软肋了。所幸，是个人就有软肋，他们喜欢得到利益、爵禄，害怕遭到惩处、刑罚。这样，君王就可以根据人民的软肋来设定赏罚，用高官厚禄去引导人们做君王希望他们做的事情，比如好好种田、积极参加作战；再用严厉的刑罚去制止人们做君王不希望他们做的事情，比如私自斗殴（私斗不仅影响治安，还会白白消耗统治者的人力资源）。①

商鞅在变法中，也正是利用了这种赏罚方式，让秦国的人民勇于公战、怯于私斗。

就算有些人对爵禄赏赐不感兴趣，也不害怕遭到刑罚，那也

①《商君书·错法》："好恶者，赏罚之本也。夫人情好爵禄而恶刑罚，人君设二者以御民之志，而立所欲焉。夫民力尽而爵随之，功立而赏随之。人君能使其民信于此如明日月，则兵无敌矣。人君有爵行而兵弱者，有禄行而国贫者，有法立而治乱者，此三者，国之患也。"

没关系。这样的人或许无法让人从其自身找到软肋，但他还有别的软肋，那就是他的家人。

所以，商鞅清楚明白地指出，用重刑的范围不限于本人身上，还要株连到他们的父母、妻儿等无辜的人身上，这就是“重刑，连其罪”。只有这样，才能真正达到震慑人民的效果，使他们乖乖遵守官府的命令。[①]

那么，是不是刑罚足够严厉，百姓就不敢违背官府的意志了呢？并非如此。就算刑罚足够严苛，若犯罪分子太过于狡猾，总是成为官府制裁下的漏网之鱼，就会有越来越多的人发现这个漏洞，然后抱着侥幸心理，铤而走险去谋求不正当利益或实施犯罪。所以，必须要有强而有效的办法，让犯了罪的“法外狂徒”难逃法网，这样才能让大家真正不敢犯罪。

但官府的制裁能力终究是有限的，即便在侦查技术高度发达的二十一世纪，尚且还有诸多刑事案件没有办法锁定真凶，在商鞅的时代，面临的困难肯定更大。但这难不倒商鞅，他总是有最直指人心、最行之有效的办法，他的办法就是——实行连坐。

连坐，一个至今让人不寒而栗的制度设计。秦献公时代墨者们设置的户籍制度正是一个绝佳的条件，社会已经在墨者的规划下分成了伍、什等一个个小单位。商鞅正好利用这个条件，要求邻里之间互相监视、互相举报。如果有知情不报，或者隐匿罪行的，那就处以重罚，如果有主动举报、揭发罪行的，那就予以重赏。这样一来，每家每户都是热心的“朝阳群众”，都能帮助官府纠察罪犯。

商鞅的可怕之处在于，他深刻洞悉人性的阴暗面。正因如此，他才设计出这样一套快速控制社会的方案，让整个社会都成为国家机器的零部件。

---

① 详见《商君书·赏刑》。

人与人之间最后的那点脉脉温情被打破了，取而代之的是冰冷的法律。孔子当年所认为的那个用刑罚治国人们便“免而无耻”的社会正在成为现实，不再有善良的美德，只有残酷的刑罚。

组装战争机器

抓住人民的软肋，最终的目的是快速地使国家富强起来。

如何让国家快速强大？这是一个让人感觉疑惑的问题。后来的齐国为大家提供了一个反面例子——这个国家有充裕的人口，借着滨海的盐铁之利，拥有丰富的物产，又靠发展商业而达到了十分繁荣的程度。但是，这样一个看似强大的国家，其实是一只纸老虎，军队战斗力整体不高。齐湣王时期，面对五国联军，一次大败之后就失去了重新再战的能力。临淄空有数十万人口，却不能组织起来，最后被燕将乐毅轻而易举地攻克了。这就是空有人力与财富，却不能转化为战争实力的结果。

商鞅强烈批判了这种君王，认为其整天沉浸在幻想里，做着强国之梦，却不明白国家力量的根源在哪儿，实在是糊涂。

那力量来自哪里呢？答案就是——耕战。左手持剑，右手持犁，一边强化农业，一边动员战争，这才是国家力量快速强大的方法。①

在商鞅眼里，人民对国家来说，是像土地、矿产一样可以产生价值的资源，要尽可能地利用好。国家力量最明显的体现就是军事，要尽可能地动用好人力，将其投入到战争之中。战争需要人力、物力支撑，需要粮草来喂饱前线的士兵，需要刀枪铠甲

① 见《商君书·农战》。

来武装作战的将士。其中最重要的就是吃饭问题，所以那个时代国家内政的重中之重，就是粮食供应，就是农业生产。只要人还长着嘴，那再多人投入到种地这件事上去都不嫌多。更何况，耕地本身就很训练人，经过面朝黄土背朝天的劳作，农民们变得吃苦、耐劳、力气大，成为国家所需要的优质人力资源，随时可以动员起来为战争服务。农民天生朴实、胆小怕事，这样的人越多，国家就越好管理。

因此，内政里的农业，外事里的战争，就是国家强大的关键。君王只要将有限的精力投入到耕田和战争两方面，就能让自己的国家像打了鸡血一样，快速地强大起来。

如何让人民一门心思地投入到耕战大业中来呢？办法就是"利出一孔"。把人民其他获取利益的出路通通堵死，只留一个途径，人们只能通过好好种地、积极参军打仗来获取成功，这样人们就能乖乖顺着国家指定的道路走了。[①]

至于那些不利于耕战的事情，则统统予以否定。商人？没用。游侠？没用。那些只会奇技淫巧的手艺人？还是没用。所以，那些对于国家的耕战事业没有用处，甚至有害的群体，都是官府打击的对象。除了这些人，还有儒家流传的那些诗书礼乐，孝悌、仁义、诚信之类的主张与宣传，都扰乱了人们的思想，把一个个简单淳朴的农民整成了会思考、有羞耻心的"人"，显然让国家的人力资源价值大大贬值，因此一样要禁止、打压。

有思想的人是最难以管理的，因为他们会思考自己的处境。最好的办法就是让他们变弱，处在更大的压力之下，这样他们就没有精力去思考自己的处境了。所以，商鞅认为，官府就该让人民时时刻刻处在不舒服的状态下，整天忙于生计；再让他们互相监视、检举、揭发，造成人人自危的局面，甚至还可以挑动一

①"利出一孔"的说法，见《商君书·靳令》及《商君书·弱民》。

下人们之间的矛盾，让他们都想依靠官府出面帮助解决问题。这样，官府就能管理得轻轻松松了。

平时，再偶尔给他们一些甜头，适当地控制好赏罚，那人们就会争先恐后地，像一群狗追着骨头一样被官府牵着走。赏罚是一种艺术，不能让人特别富，也不能让人特别穷，最好的状态，是让人民在贫穷与富有之间不断转化。对于富人，就找些罪行处罚他们，或者逼他们捐钱向国家买官爵，让他们重新陷入贫穷。对于穷人，则通过奖励耕战，让他们富有起来。财富就在官府的左右两边来回倒腾，人民则在贫富转换中变得更弱，官府以及君王，就会变得更加强大。

这就是商鞅“强国之术”的精髓——让人民沉迷在无尽的“地狱模式”里不能自拔。通过这样的手段，君王以及官府就能轻轻松松地控制他们，并把他们引向耕战之路。

缘法而治

酷烈的刑罚制度与疯狂开动的耕战机器是相辅相成的，在它们背后，必须有法律的支撑，否则刑罚就会变成君王随意施加淫威的工具，这也是商鞅不愿意看到的。

天下不是君王的私人财产，刑罚也不是君王的私人工具。刑罚的使用，从根本上是为了所有人的公共利益，而不是君王的私利。这一点，商鞅比后来几千年里的很多酷吏要清楚得多。不管是官府还是君王，都是为了天下的公共利益而存在的，法律也是。制定法律、运用法律，都是为了有利于天下的人民。[1]

法律要能得到切实的遵守，就必须具有说一不二的权威，不

① 详见《商君书·修权》。

管是谁，都不能徇私枉法，或者曲解法律。君王也许可以利用自己的强势地位使臣下臣服于他的意志，也可以利用权术来巩固自己对臣下的影响力，但他们不能随意利用法律，甚至也不能随便把自己的个人意志改造成法律，而必须“缘法而治”——顺应法律的规定来下命令让人做事情。

同时，也要防止执法的官吏们按照自己的想法来歪曲法律，以权谋私。这就要求法律必须是所有人都看得见的。不仅官吏们要熟悉法律（但凡忘了哪一条法律规定，那就要用这条规定给官吏治罪），而且普通老百姓也要懂得法律。只有当普通老百姓也懂得法律了，官吏们才会紧张，担心自己随口的一句解释被老百姓轻易戳穿，才会不敢随便拿他们编造的“法律”来搪塞善良的老百姓们。[①]

那么，法是从哪里来的呢？谁来为官府、君臣立法？这个问题商鞅没有回答，只是含糊地说，先王靠立法来明确每个人的职分。可要是君王既是立法者，又是执法者，谁又能保证他不会随意立法来扩张自己的权力意志呢？这个问题，商鞅没有解决，后来两千多年间的中国思想家们其实都没能很好地解决。

不管怎么说，商鞅延续了黄老学派的共识，将法律的独立性放在一个很高的高度，这一点是难能可贵的。只是法律具有如此大的权威，谁又能保证法律本身是良法，而非恶法呢？在缺乏完善的法律制定程序的情况下，法律很有可能变成残暴的恶法，让所有人不得安生。就连商鞅自己，最终也成了这种恶法下的祭品。

随着秦孝公的薨逝，商鞅很快就被朝中的新贵罗织了罪名，控告谋反，新即位的秦惠文王下令搜捕商鞅。匆匆逃亡的商鞅，在通往自己封地的路上想找个地方借住，但是客舍主人见他没有

---

① 见《商君书·定分》。

携带路引，所以拒绝他入住。

路引是商鞅推行的一项新政，要求每个人外出都要由有关部门开具身份证明（路引），没有路引，任何驿馆不能允许其入住，否则就是“非法容留他人住宿”，将会被施以重罚。面对门外不愿透露身份的商鞅，客舍主人为了避免自己受到处罚，谨慎地选择了闭门。

这一切都符合商鞅原本对于人性的算计，只是算计来算计去，逃亡的商鞅陷入了自己当初设计好的精密囚笼里。商鞅不得不改换路线，逃往别的地方，最后兵败被杀。他的尸体被拉到咸阳，在闹市里当众车裂。

在客舍主人面前，被拒绝入住的商鞅应该看到了自己所设计的这套“只认法、不认人”的法律机制的威力。他自己虽然身败名裂，但他所立的法，会一直推行下去。不管他本人是生存还是毁灭，秦法并不会因此而改变。

《商君书》中关于法的论述与齐国法家的显著区别在于，后者讨论了法的形而上学属性，将其作为“道”的具体化，但是在前者这里，只是探讨了立法、执法的现实目的。正如李存山先生所言，该书最大的哲学特色是直言政治经济、军事问题，以及社会风俗、文化政策等问题，在哲学方面则涉及历史观、人性论、辨证法等领域，一概不言及鬼神和天道。[①]

① 李存山：《商鞅评传：为秦开帝业的改革家》，中国社会科学出版社 2021 年版。

商君的遗意

商鞅的身躯，已经在咸阳的闹市四分五裂了。他为新时代勾画的蓝图，也因此没能真正展开。不过，从商鞅及其后学们所编写的那本《商君书》中，我们依稀可以看到商鞅酷烈的施政方略背后隐藏的用意。

“法”是商君一以贯之倡导的学说，不论是君王还是官吏，都要遵循法律的规定。法律是官吏和普通老百姓都需要知晓的规则，按照商君的设想，官府还要专门设置法官、法吏来“普法”，解答老百姓关于法律的疑问。当老百姓都知悉了法律，官吏们也知道法律已经为老百姓所知悉，而法律依旧能得到有效实施的话，那谁也不敢突破法律来胡作非为，官吏和老百姓都逐渐可以自觉地按照法律来规范自己的行为。法律已经自然而然地成为每个人判断是非的标准和行为的准绳。

到此时，大家遵守法律就已经不再是被迫做的事情，而成了一种自律行为，大家按照法律管好自己，这就是商鞅所说的“自治”。[①] 人们按照法律的规定来出行、交往、做生意，是因为大家熟悉法律、认同法律，而不是因为他们要听从君王、官府的命令。

用现在的话说，这种自治实际上就是“法治”[②]，在法律的统治之下，人们虽然受着条条框框的限制，但心悦诚服，这才是真正地实现仁义。

只不过，这种仁义不是商鞅要烧掉的诗书礼乐中的旧仁义，而是这个人们愈发自私、狡诈的新时代里的新仁义。在法的威慑

①《商君书·定分》：“故圣人必为法令置官也，置吏也，为天下师，所以定名分也。名分定，则大诈贞信，巨盗愿悫，而各自治也。”

② 这里的“法治”含义与我们现代社会的“法治”含义有区别。

下，全社会都不敢肆意施展自己内心的恶，不得不展现出自己美好的一面。当法律的制裁足够严厉，足以让每个人都不敢轻易作恶，那么每个人都是新社会里的好人。

这就是《商君书》中所寄托的最终社会理想。《商君书》的作者比以往任何人都洞悉人们心中的邪恶，所以他要成为最邪恶的人，用魔鬼的方式，逼迫人们成为天使，最终改变这个令人失望的世界，成就新时代里的新道德。然而，在这样的社会里，人已经不是过去的人了，而成了伪善的坏蛋。

他想要改变这个世界的初心从未泯灭，他的哲学也是真诚的。问题在于，人们真的能接受这种虚伪的道德吗？

在咸阳城，替未来的天子想办法

吕不韦的用意

商鞅被车裂后的一百年里，秦国按照“商君之法”行事，遂成为天下最强之国。

公元前247年，秦王政即位。几年前秦国灭掉东周王朝后，象征天子权威的九鼎已经被从雒邑搬到了秦宫之中，此时的秦国已经兼并了巴蜀，从楚国那里取得了荆湖地区，在楚国的郢都设置了南郡。又从韩国、魏国那里收取了河西、河东，设置了太原郡、上党郡，向东沿着函谷关一直打通到了荥阳，在周天子的旧地设置了三川郡，以一种可怕的姿态虎视东方。山东诸国只有通过合纵，“五打一”地群殴秦国（齐国不参与合纵），才能勉强抵挡秦国征服的步伐。就算秦国一时吃亏，只要缩进函谷关天险紧守不出，就可以高枕无忧，诸侯们对此毫无办法。战国七雄之一的韩国，在被秦国反复蹂躏之后吓破了胆，索性向秦国称臣了。

吕不韦是秦国的相国，秦王政即位时还年幼，国家大事都由吕不韦来决断。如果说九鼎在握的秦国是列国中的霸主，那吕不韦就是整个秦国的无冕之王。此时的吕不韦，是天下最有权势的人。

但吕不韦对此还不满足。

他出身商贾，但从来不满足于只做一个商贾。那年他还在赵国邯郸经商时，在街头看到落魄的秦国质子异人（后改名子楚），他意识到机会来了。

回家后吕不韦对父亲说："耕田可获利几倍？"

吕父说："十倍。"

又问："贩卖珠宝玉器可以获利几倍？"

答曰："百倍。"

吕不韦再问："那拥立一个国君可以获利几倍？"

吕父回答："无数倍。"

后来，吕不韦扶持子楚上位成为秦王，随后被封为相国，赐爵文信侯。之后，吕不韦又作为年幼的秦王嬴政的仲父，主持秦国大政，权势熏天。而作为商人，吕不韦还要追求最珍贵的目标，那就是不朽。人的生命如此短暂，知晓的知识、去过的地方、见识过的事情又如此有限，都让人必须不断寻求对生命有限性的超越。追求不朽，就是追求自我在时间上的超越。

古人说，人有三不朽：太上立德，其次立言，再次立功。人如果追求建立功名，固然可以让后人铭记，但所攻克的城池、打赢战争的功绩，其实转眼就烟消云散了，对几十年后的人们来说并没有太大的意义。真正能让后人记住并且持续传颂的，只有一个人为后世留下的思想和理念。与孔子同时代的那些名臣、名将们，如今我们已经基本记不清了，只有孔子，因为他留下的思想，而始终在历史的长河里熠熠生辉。

吕不韦要博的，就是一件像孔子那样的不朽之事。

此时的天下，已经初见新秩序形成的端倪。天下诸侯已经基本被秦国打趴了一轮，再没有一个国家能单独挑战秦国的地位。接下来的事情，就是要重新建立一个像当初周天子那样的天下秩序，而这个秩序，势必以秦国为核心，由秦国来实现"天下一统"。

秦国要怎样才能建立这个统一的秩序？是天下诸侯开个会，一起发自内心地尊奉秦王为新的天子，还是秦国再重新把诸侯们打趴一遍，然后强迫这些诸侯服从秦国？还有一种谁也没有想过的方式，那就是由秦国逐一灭掉所有诸侯，吞并他们的土地，让天下全部成为秦国的土地，使万民都成为秦王的臣民！

吕不韦想做的事情，就是将天下最优秀的思想智慧聚集在一起，找到一个能揭示古今中外、天地万物的“最终理念”。这既是帮助他实现不朽的美梦，也是在为他执掌的秦国创立新秩序的理念，为下一步秦国成为天下的主人做好准备。

这个计划立刻被排上了日程表。吕不韦一改秦国自商鞅以来毫不在意游士、门客的态度，开始招揽门客，并开出丰厚的报酬与待遇，吸引天下有才之士来到咸阳，来加入这个庞大的计划。①

来自稷下的客人们

当吕不韦在一步步走上权力巅峰的时候，楚国人李斯仍混迹在稷下学宫里。他的老师是闻名天下的荀子，此时的荀子是稷下乃至列国最有声望的大思想家，号称“著书布天下”，一门之内，徒子徒孙无数。而李斯只是其中虽优秀但并不十分拔尖的人。

稷下学宫曾经历过荀子担任祭酒时的复兴，随着齐襄王去世、齐王田建继位，又一次不可避免地走向衰落。与上一次衰落不同，对于稷下学宫来说，这一次更加无法挽回。

齐国已经呈现出江河日下之势，这个昔日的战国霸主，丧失

---

①《史记·吕不韦列传》：“当是时，魏有信陵君，楚有春申君，赵有平原君，齐有孟尝君，皆下士喜宾客以相倾。吕不韦以秦之强，羞不如，亦招致士，厚遇之，至食客三千人。是时诸侯多辩士，如荀卿之徒，著书布天下。吕不韦乃使其客人人著所闻，集论以为八览、六论、十二纪，二十余万言。以为备天地万物古今之事，号曰《吕氏春秋》。”

了重振声威的精气神，内政外交陷入困顿。

以齐国如今的财力、物力已经无法让稷下学宫重新兴盛了。稷下学宫也变得暮气沉沉，失去了原本对文学游说之士的吸引力。又一次人才流失潮悄然发生，稷下学者们都开始悄悄找起了下家，盘算着另谋出路。

他们选择的焦点，自然是强盛的秦国。

放眼列国，除了秦国之外，其余六国都已陷入疲敝的状态，只有秦国可以让他们有机会真正施展自己的才能。最终，李斯选择前往秦国。恰逢吕不韦正在到处征集天下人才，李斯便顺理成章地成了吕不韦府中的舍人，随后又得到吕不韦赏识，提拔为郎官。

吕不韦对各地人才来者不拒，只要能力水平达标，不管出自哪个学派，他都给予丰厚的待遇，很快门客数量就达到了三千人，比肩当时战国四大公子的门客规模。过去在齐国稷下非常活跃的黄老道家、墨家、儒家、法家、阴阳家、名家等各个流派，此时已经满满当当地充实到吕不韦的门客队伍中。

对于这些门客，秦相吕不韦下达了一个任务，那就是请他们各自使出看家本领，把见闻异事、思想主张、抒情议论都写成文字。金主有命，门客们自然不折不扣地遵行，乖乖地交了稿。吕不韦挑选其中的优秀内容，编成一部二十余万字规模的文集，留存后世。

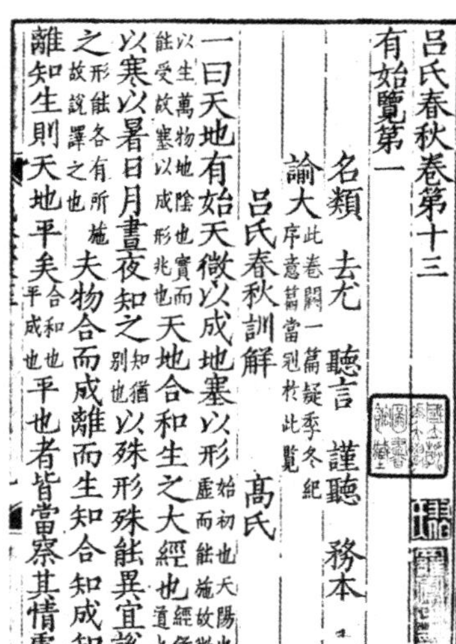
呂氏春秋卷第十三
有始覽第一
名類 去尤 聽言 謹聽 務本
諭大 此卷闕一篇疑季冬紀序意舊當冠於此覽
呂氏春秋訓解 高氏
一曰天地有始天微以成地塞以形 始初也天陽也虛而能施故微以生萬物地陰也實而能受故塞以成形兆也 天地合和生之大經也 經猶道也 以寒以暑日月晝夜知之 知猶別也 以殊形殊能異宜說 形能各有所施之故說譯之也 夫物合而成離而生知合知成知離知生則天地平矣 合和也平成也 平也者皆當察其情處

《吕氏春秋》书影

这部书，被称为《吕氏春秋》。

孔子作《春秋》，是见大道不能在自己那个时候实现，所以留下一部言简意赅却意味深长的作品，把后世所应当遵行的法则用微言大义的方式体现在书中。而吕氏门客们编出的这部著作，是属于吕不韦的“《春秋》”，它所要体现的，是吕不韦为了结束这个乱世、建立新时代的新秩序所准备的理论与法则。

据学者考证，《吕氏春秋》与齐国稷下之学有着极为密切的关系。《吕氏春秋》里保存了大量的稷下诸子之说，广泛吸收了稷下学的思想成果。[①]如《史记·封禅书》说“驺子之徒论著终始五德之运，及秦帝而齐人奏之，故始皇采用之”。这位向秦始皇提供阴阳五行说的邹衍后学，显系由齐入秦的稷下学者。

杂糅是种艺术

在春秋战国时期，商贾为这个时代提供了许多有意义的思想，比如子贡、范蠡，但他们是政治家出身的商贾，吕不韦则是商贾出身的政治家。

吕不韦不生产思想，他只是思想的搬运工。

当门客们将涵盖了诸子百家思想的文章一股脑儿投稿到吕不韦这里时，肯定是什么花样、什么货色的东西都有。而对于这一堆文字与思想，吕不韦的处理方式，就是“杂糅”。

在杂糅中，吕不韦也对内容有所选择，他选取了各家各派思想中实用的那一面，而对每家学派都有的极端一面，有选择地

---

①《吕氏春秋》与稷下学派的渊源，已被很多学者注意到。参见苗润田《〈吕氏春秋〉与稷下学》，载《管子学刊》1991年第2期。

放弃了。[①]比如儒家，选择了“君君臣臣父父子子”的伦理道德之论，但繁缛的礼节、许多不合时代的迂腐之论就弃而不用；法家，选取了赏罚分明、依法行事的思想，但那些弱民之论就弃而不取；墨家，选取了节葬、尚俭之类的思想，但那些明鬼、非乐之类的思想就置之不顾。

这是一种很考验品味与眼光的选择，事实证明吕不韦很有品味。吕不韦的选择方式，就是在对诸子百家思想的杂糅中实现“杂通”，他要把各个学派中的那些符合“王者之治”的思想都拣选出来，不管是儒者的天道还是墨者的天志，不管是名家的名还是法家的法，只要对于王者将来治理天下有用，那就予以采用，作为《吕氏春秋》中庞大驳杂思想体系中的一部分。[②]

正因为吕不韦是个商人出身的政治家，所以他没有过多地考虑诸子百家的学派之争，也没有像以往那些思想家那样，试图用一家一派去统合融汇其他诸家，而是像商人选品那样，精心地选取各家思想的精华。吕不韦就像花丛中的蜜蜂，带着敏锐的嗅觉，谨慎地选取百花齐放的思想，只要一朵小花中带着有利于君王统治的花蜜，那他就坚决要采上一采。

后人称《吕氏春秋》为“杂家”，就是因为它用广博的视野、宽大的胸怀，去接纳诸子百家的思想，然后经过选择，融会贯通。

但是，这种揉面团一样的杂通，其实也意味着丢掉了诸子思想中那些“不实用”的部分，而所谓的“不实用”，往往只是对君王不实用，不利于君王的统治而已。孟子对无道统治者的激烈

① 刘泽华先生认为吕不韦的这种“杂糅”有三个特点：杂存、杂选、杂通。参见刘泽华《中国政治思想史（先秦卷）》，浙江人民出版社 2020 年版。

②《汉书·艺文志》：“兼儒墨，合名法，知国体之有此，见王治之无不贯，此其所长也。”

批判，庄子对人间世的无奈与浮游，这些本来应当是诸子百家思想中最闪耀的思想火花，却在吕不韦带着统治者思维的挑选中，作为“偏激”思想被弃之不用了。

诸子百家的哲学思想，原本发轫于哲人们悲天悯人的思考，还有对所处时代的审视、对自我超越的追寻，但真正伟大的思想往往面临曲高和寡的尴尬，有时候，连孟子、庄子这样的大思想家的弟子们往往都不能真正理解它们。只是世风日下，思想者越来越受制于现实的利益与名声，最终在君王的招徕下，慢慢成了服务于君王的智囊。

未来天子，应该是什么样的？

《吕氏春秋》的作者们不约而同地认为：随着周天子被历史淘汰，天下陷入群龙无首的状态，正需要一位新的天子。①

那么问题来了，未来的天子应该是什么样子的呢？是荀子设想的那种王道仁君，或是黄老道家设想的那种无为之君，还是商鞅的拥趸提出的那种施行严刑峻法的酷烈之君？对于这个问题，《吕氏春秋》用它杂糅的态度，给出了自己的答案。

首先，黄老道家有一点说得对，天子应当遵法自然，在与自然取得和谐方面起到模范作用。②

其次，儒家在这一方面也没说错，在与人民的关系上，必须

---

① 《吕氏春秋·谨听》有“今周室既灭，而天子已绝，乱莫大于无天子”，《吕氏春秋·观世》也说：“今周室既灭，天子既废。乱莫大于无天子，无天子则强者胜弱，众者暴寡，以兵相刬，不得休息，而佞进今之世当之矣。”

② 见《吕氏春秋·本生》。

要顺从民意。[①]

而且，这方面还得听听法家的，在公私关系上，天子必须贵公而抑私，一定要按照规则行事，行动与决定都要考虑整个国家的公共利益，而非自己的私利。[②]

将这些来自各家学派关于天子的观点统合在一起后，必然会引出以下的结论："天下，非一人之天下也，天下之天下也。"[③]国家不是君王一个人的私有财产，国家在国人中找了一位统治所有人的君王，不是为了把他供起来、让他享福，而是要他真正对天下有所作为。

这个观点，当然也不是吕不韦的原创，在儒家、黄老道家的学说中我们都能看到这一观点的影子，但就是在《吕氏春秋》中，"天下，非一人之天下"，被明明白白地提了出来。在这个时代，到处都是战争与杀戮，还有暴政与奴役，普通老百姓过着艰难困苦的日子。所以，当务之急当然是要结束这个乱世，但结束乱世之后，未来君临天下的天子，不应当继续折腾天下的普通老百姓，而是要尽好自己的职责，在天道与法度（或法律）的约束下谨慎地治理好百姓。

这一点，我们既可以看作是吕不韦对秦国将要在未来创立的新秩序的政治宣言，也可以看作是对咸阳宫里一天天长大的秦王嬴政的一种告诫。

---

① 见《吕氏春秋·顺民》。

② 见《吕氏春秋·贵公》。

③ 见《吕氏春秋·贵公》。这句话显然深受齐国稷下黄老学派的影响。

统一天下的构想

那么，最重要的问题就是，如何结束这乱世，让大家都奔进新时代。

最基本的回答是，新秩序必须要用战争来铺就。自古以来的圣王，从来就没有主动放弃战争的，而是凭借义兵，发动正义的战争，最终给天下带来安定。[①]最为关键的是要顺应天命，最终促进新秩序建立，为天下带来和平。

这里的用意，已经十分清楚了，既然秦国将为天下带来新的秩序，那么就肯定是站在天意一边，而阻挡秦国的军队，都是违逆天意。《吕氏春秋》为秦国最终建立统一的秩序，写下了关键的一笔。

当然，此时此刻的秦国上下，还没有真正想明白，是不是真的要发兵灭掉六国才能统一天下。吕不韦主持国政后，曾试图攻打过魏国等邻近小国，但都被山东各国发起的合纵联军击退。直接逐一灭掉六国，至少从当时来看，还不太现实。更恰当的方法是在战争中把各国都打服了，然后让他们尊奉秦国为天子，形成一个比西周更强势一些的“大号分封制”。

《吕氏春秋》中就围绕这种秩序进行了一番畅想。在他们的预想中，天子（也就是秦国之主）要尊奉天地，通过组织祭祀和朝会，来与其他诸侯交往互动。大秦“天子”定期召集诸侯来朝见，加强天子对于天下的影响。[②]

但这种畅想，最终只是停留在设想阶段。虽然吕不韦曾尝试

---

① 《吕氏春秋·荡兵》：“古圣王有义兵，而无有偃兵。”

② 佐藤将之先生认为，《吕氏春秋》的政治哲学目标就是构想能够治理全天下的国家秩序，详见佐藤将之《“后周鲁时代”的天下秩序：〈荀子〉和〈吕氏春秋〉的政治哲学》，载《晋阳学刊》2022 年第 1 期。

按照这条路线让六国臣服于秦，但在秦王政六年（前 241），韩、魏、赵、楚、卫五国再次组成合纵联盟，谋取攻秦，并占领了秦国的寿陵。虽然这次合纵很快就因为秦国出兵而被迫解散，但也意味着吕不韦的收服诸侯计划遭遇了巨大的挫折。

而这一计划，随着吕不韦的失势，终究没有继续实施下去。

秦王嬴政在一天天地长大，日益显示出他的雄才与韬略。秦王政九年（前 238），嬴政平定了嫪毐之乱，掌握了大权。吕不韦因为与嫪毐牵连，被解除了相邦职务。

但吕不韦凭借多年的经营，威望很大，单靠一部《吕氏春秋》就足以傲视天下。吕不韦门前，来自列国的宾客们依然络绎不绝。嬴政索性写信给吕不韦，劈头盖脸地叱责了一番："你对秦国有何功劳？配得上秦国给你在河南封的十万户吗？你对秦王有生养之恩吗？凭什么自号为秦王的仲父？"勒令吕不韦全家搬往巴蜀。处境窘迫的吕不韦，最终喝下鸩酒自尽。

吕不韦借《吕氏春秋》提出的关于天下秩序的主张，最后也被嬴政抛弃。嬴政转而选择了更为暴虐的专制统治。但是，不要低估思想理论的生命力，它可以被统治者抛弃，却不会被时间遗忘。《吕氏春秋》在此后一直流传，在往后的千百年里，给予后人独特的启迪。

如此说来，吕不韦的第二笔大投资也取得了他想要的回报，他的名字与他所主持编写的《吕氏春秋》一起，都进入了不朽的殿堂。

韩非子：百家思想汇成酷烈的休止符

为了拯救韩国

秦王政十三年（前 234），后来被称为“韩非子”的法家大师韩非来到了秦都咸阳，但这次造访与学术无关，而是关系到一个国家的存亡。

韩非是韩王派往秦国的特使，他要代表弱小的韩国，请求秦王嬴政宽宏大量，留下韩国，不要灭掉它。

这正是轰轰烈烈的秦灭六国战争发动的前夜。秦国经历六代君臣的经营，已经具有了可以单独灭掉任何一个诸侯的能力，秦王嬴政在剪除吕不韦势力、独揽大权之后，更是胸怀并吞四海之志，对六国虎视眈眈。韩国因为处在秦国东出的通道上，所以悲惨地沦为秦国蹂躏关东的头号受气包，被秦国反复宰割，到韩非出使秦国时，只剩下了相当于后来一个郡的土地。当听说秦廷在商议准备灭掉韩国并且陈兵边境的时候，韩国根本没有抵抗的能力，只好派出韩非，请求秦王放韩国一马。

韩非子

那为什么选择让韩非出使呢？这一点或许有人想不通，因为这位正被韩国上下寄予厚望的使者，其实是个连说话都磕磕绊绊的结巴。然而，据说秦王读过韩非写的文章，而且非常欣赏，兴许让他出使真的可以扭转局势，所以只能死马当活马医，让韩非出马了。

可是一个口吃的人，能当好外交使节吗？人们都在心里疯狂打着问号。

带着韩国父老的希望，韩非来到咸阳，做了一件重要的事情——给秦王上书。韩非没有直接找秦王嬴政对话，因为他做不到像孟子见梁惠王、齐宣王时那样滔滔不绝地雄辩，文字才是他战斗的武器，他要用文字来折服骄傲的秦王。韩非洋洋洒洒写下一篇雄文，系统地说明了保全韩国的理由。

首先，灭韩不必要。

韩国几十年来都称臣于秦国，是秦国名副其实的内臣，近乎于天子与诸侯的关系。这样一个贴心小棉袄，秦王您怎么忍心灭掉呢？留着韩国继续做秦国的小弟，岂不更好？韩非指出，秦国的对手显然不是韩国，而是北方那个与秦国先后打了五场大仗，“二败而三胜”的赵国，秦国应该扯着赵国这只大灰狼使劲儿打，何苦盯着韩国这只小白兔不放？

其次，灭韩也不可行。

韩国虽然是只小白兔，但兔子急了也会咬人。韩国上下君臣同心，秦国难以一口气灭掉韩国，要是在灭韩时搞得内外俱疲，那就有可能被其他诸侯联合起来对付——就像齐湣王灭宋之后，被诸侯们群起而攻之那样。[①]

既不必要，也不可行，这就是韩非主张存韩的理由。同时韩非还贴心地帮助秦王考虑替代方案——联韩伐赵，请秦王带着

① 关于韩非的这套论证，详见《韩非子・存韩》。

韩国去教训赵国，到时候教训了赵国，韩国自然会更加乖巧，当好秦国的贴心小棉袄。这洋洋洒洒的一篇文章，称得上是完美的献策。

然而，韩非没有想到，他的这篇献策，在秦国朝堂上受到了无情的否定。否定他的，正是他当年的老同学，李斯。

韩非更没有想到，甚至连他的这次出使本身，都是李斯与秦王共同的算计。

征服的决定

李斯与韩非都是荀子的学生，求学期间，韩非的才学就让李斯由衷钦佩。正是李斯在秦王面前清晰明了地提出了统一天下应当实施的最适合的方略：不是做一个大号的周天子，也无须诸侯来朝，秦国只需将天下诸侯一个一个地扫灭、吞并，让全天下都成为秦国的郡县！

这一计划，正中秦王嬴政下怀。秦廷在经过反复考量之后，终于抛弃了《吕氏春秋》所规划的统一路线，走上了武装征服六国的道路。这条道路上首当其冲的，就是离秦国最近又最弱小的韩国。

秦王嬴政在此时恰好读到了《孤愤》《五蠹》等几篇绝妙的文章，里面着力论证了儒、墨等诸子百家争鸣不休的危害，同时介绍了富国强兵的策略，每一句话都说到了嬴政的心坎里。李斯告诉嬴政，这些文章的作者，就是韩国的韩非，此时他也从稷下回到韩国，正郁郁不得志。

于是，嬴政便想招韩非入秦，并放出风声说韩非可以劝说秦王保全韩国。得知此事的韩王赶紧派韩非出使秦国，于是便有了前面所说的韩非上书一事。韩非这人虽然口语表达稀烂，但文章句句鞭辟入里，差点把秦王给说服了。

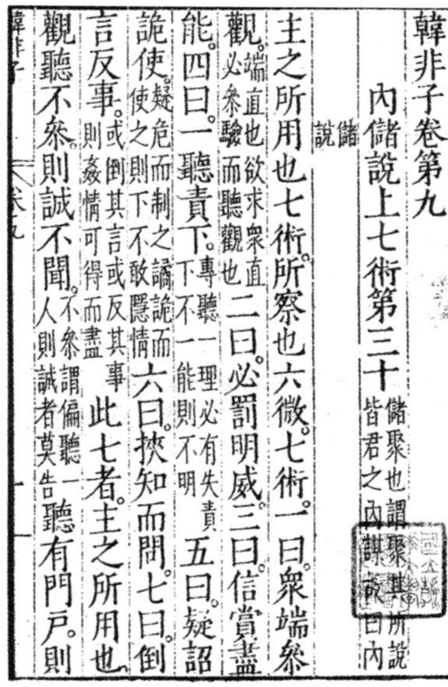
韓非子卷第九

內儲說上七術第三十 儲聚也謂聚其所說皆君之內謀故曰內儲說

儲說

主之所用也七術所察也六微七術一曰衆端參觀端直也欲求衆直必參驗而聽觀也二曰必罰明威三曰信賞盡能四曰一聽責下專聽一理必有失責不聽一能則不明五曰疑詔詭使疑危而制之譎詭而使之則下不敢隱情六曰挾知而問七曰倒言反事或倒其言或反其事則姦情可得而盡此七者主之所用也觀聽不參則誠不聞不參謂偏聽一人則誠者莫告聽有門戶則

《韩非子》书影

只不过，李斯的一番反驳，再度把秦王嬴政拉回到灭韩的坚定信念里。要彻底打消嬴政保全韩国的想法，只需简单问一句话：难道秦国不怕重蹈齐湣王、智伯的覆辙吗？[1]

春秋战国的乱世延续了数百年，多少强盛一时的权势转眼灰飞烟灭。天下诸侯尔虞我诈的算计，已经到了无所不用其极的程度。如果问过去的历史给人最大的教训是什么，答案就是，永远不要忽视任何一个风险，哪怕它发生的概率微乎其微。韩非设想的存韩方案，以及《吕氏春秋》中构思的统一天下路线图，都很精巧，也都有自己的道理，但在那个国与国相互斗争、算计的时代，谁也担不起诸侯们反复无常的风险，所以只能被弃用。

秦国已经不能相信任何别的国家，所以只能将它们一一灭亡。这就是历史时势下诸侯们难逃的命运。

黑暗到极致的人性

韩非劝说秦国放弃灭韩的企图虽然泡汤了，但秦王嬴政非常喜欢韩非——当然不是喜欢和这个结巴聊天，而是看中了他期期艾艾的语言背后闪闪发光的思想。早在嬴政还没有与韩非见面

① 见《史记·秦始皇本纪》。

时，就感慨说：“寡人要是能结识此人，就死而无憾了！”

可以说，在对人性的把握上，韩非的学说进一步超越了商鞅以及《商君书》的思想。他带着现实到刺骨的眼光，看待人类社会的一切行为。

在韩非的哲学里，从来就没有什么父慈子孝、兄友弟恭，忠孝仁义更是一片臆想，即使在温情脉脉的家庭中，人与人的关系，本质上也以利益为出发点。从孩子还没出生开始，父母就算计着孩子生下来后可能带给自己的好处。孩子出生了，若是男孩，那就给农业家庭添了个劳动力，还能养儿防老，父母就会欢喜地庆祝；要是生了个女孩，对农业家庭来说只是白白添了张嘴，父母就高兴不起来，甚至会根本不想要这个女婴。到了孩子长大以后，父母子女之间的利益算计就会更重，因为利益冲突而反目成仇的比比皆是，根本没有孝悌恩情可言。[①]

连最亲密的亲子关系，都是以利益关系为纽带，那其他社会关系更是如此。夫妻之间的关系，是场爱情买卖，本质上只是各取所需；君臣之间的关系，说白了也是场恩情买卖，本质上就是互相利用与交易。臣下把“效死尽力”当作商品，来换取君上的封赏爵禄。一分钱一分货，君上能给多少好处，臣下就能尽多少死力。所以，利益才是一个国家各类成员好好履职的关键驱动力，而所谓的道德、责任只不过是在画饼而已，都不如利益来得实在。[②]

这么说当然很残酷、很黑暗，但对于韩非来说，这就是他看到的现实。韩非见过太多黑暗了，他出生的韩国，处在战国纷争的核心旋涡，自然到处都暴露出人心的险恶。面对如此多的险恶，韩非不会对人性抱有一丝一毫的幻想，也不会在仁义道德之类的问题上耽误工夫，他看见的只有人与人的利益关系，他也只

① 这番论述，见《韩非子·六反》。

② 见《韩非子·难一》。

关注利益。

既然现实世界原本就如此，那么，为这个世界建立它所应有的秩序，理应以利益为出发点。

世界的本质是斗争

这个社会的基础只有利益，人与人的关系必定充满利益冲突和矛盾。

正像出自韩非之口的那个熟悉的故事里所说的那样，有个卖兵器的商贩，先叫卖自己的盾，说它最坚固，没有东西能够刺穿它；然后又叫卖自己的矛，说没有什么东西是它刺不穿的。于是有人说，用你的矛，攻你的盾，能刺穿吗？——这是一个逻辑上的悖论，但折射的是社会问题。尧、舜这样的统治者不停地纠正社会的错误，就像无坚不摧的矛；而社会问题层出不穷，就像坚硬的盾。它们之间必然产生“矛盾”，这说明，再英明的统治者也难以真正解决层出不穷的社会问题。

这个矛与盾的比喻，贯穿了韩非思想的始终，他从万事万物中，看到了正反对立的关系。

韩非关于“矛盾”的态度，很大程度上吸收了黄老道家的对立统一观点，但更加冰冷，更加决绝。在韩非看来，矛盾双方是决然对立与排斥的，正如冰与火不能相容、严寒与酷暑不能同时出现。这不是说矛盾双方没有同一性，而是说讨论冰火、寒暑间的同一性没有意义，矛盾之所以成为矛盾，就是因为两方面的截然对立。①

---

①《韩非子·显学》：“夫冰炭不同器而久，寒暑不兼时而至，杂反之学不两立而治。”

在韩非看来，讲同一性其实就是在和稀泥。这个世界正是因为和稀泥的人多了，才出现了混乱。一座山上住着两只老虎自然会有矛盾，如果一味地调和，想要两只老虎和平相处，结果就是两虎相争，必有一伤。一个家里有两个老大，每个人都要自己说了算，那结果就是鸡飞狗跳、家宅难安。夫妻之间各管各的，那结果就是夫妻失和、感情破裂。从矛盾中求和谐，就必须要矛盾的一方压倒另一方，断断不能搞什么折中或者平衡。①

这种矛盾关系，同样适用于社会秩序方面。君臣关系也是一种矛盾关系，它的结果必然是一方压倒另一方。上古时期，一方压倒另一方靠的也许是仁德，但在这个时代，一方压倒另一方的关键在于自身的绝对实力，也就是自身所掌握的人力、经济、军事等各方面的资源与能力。

要么君压倒臣，结果上下一心，君臣同德；要么臣压倒君，结果臣下犯上作乱，国家暗弱。

站在韩非的角度，应该支持谁压倒谁呢？结果很明显，在君臣关系上，他毫不犹豫地选择君压倒臣，这一态度贯穿他学说的始终。

一切为了君王

或许是太过于急切地建立新的秩序，韩非比商鞅更进了一步，他选择了永远站在强者这一边。在君臣这对矛盾关系上，韩非坚决为君王站台，而且是毫无保留地站台，甚至主张：一切关系的实质都是利益关系，君王的利益才是核心利益。

对于商鞅把君王利益和公共利益分开的做法，韩非是不赞同

---

①《韩非子·扬权》：“毋弛而弓，一栖两雄。一栖两雄，其斗𪚥𪚥。豺狼在牢，其羊不繁。一家二贵，事乃无功。夫妻持政，子无适从。”

的。他认为，像商鞅这种做法，其实富强的是人臣，却完全没有利于君王。不管是从实际而言，还是从道理来讲，天下就是君王的私产。也只有当君王把天下视为自己的私有财产时，才会把天下当成心肝宝贝一样去维护。

所以，韩非认为，公共利益与君王的利益应该是一致的，只有这样，君王才能真心地为公共利益考虑。君王施政时，为了让自己的利益最大化，也会考虑臣民的私利；在让臣民获利的同时，也会将他们逐利产生的力量转化为君王的利益，让臣民的逐利行为最终为君王服务。

韩非毕竟是在荀子门下学过“帝王之术”的人，懂得用利益去调动臣子和百姓为君王服务。帝王之术就是帝王如何操控臣民的一系列学问，在韩非这里，终于被发挥到了极致。它的精髓就是顺应人性，利用趋利避害的人性，让臣民唯君王之令是从。

帝王之术利用什么控制臣民呢？归结起来，主要有三大法宝——法、术、势。

法、术、势的统合

后人所说的“法家”，其实是战国时的黄老学派与申不害、商鞅这些变法理论家的统称，他们主要研究的就是君王管理臣民的权术与方法。这些方法归结起来，就是法、术、势。

关于“势”的思想，稷下先生慎到是其代表人物，它的重点在于找到人之关系中的优势地位。①

君王要控制臣民，首先要占据两者关系中的优势地位，这是让人民臣服于君王的前提条件。人天生就有从众心理，当人们习

① 详见本书第八章第一节。

惯于君王的权势，便会自然而然地像绵羊服从牧羊犬一样服从君王的管束。

在韩非看来，只有合理地确立君王的权势，才能让国家稳定下来，到时候，不需要君王有什么大的能耐，只要他不是个智障，就可以随便统治一个国家。所以，君王要凭借赏罚之威，牢牢把握住手中的权势。否则，要是君王不把权势抓在手里，就会被其他臣子觊觎。这一点君王要绝对提防，要时刻防备自己的臣下，千万不能让他们窃取自己手中的权势。言下之意，就是君王要将全部权力都掌握在手中，成为真正的绝对权威。

关于“法”，从黄老学派到《商君书》，都已经有过详细的论述，它的关键在于法的规定要被人人知晓，且得到人人的顺从。

韩非与商鞅一样，主张以法治国，认为必须将法作为臣民们行为对错的判定依据。而且，法一经制定，就不能轻易改变。法不能含糊其词，要让老百姓容易理解，便于记忆，防止朝令夕改。法其实就是统治者驾驭臣民的工具，所有人的思想方式和全部生活都应该以法为本。①

关于“术”的思想，韩国过去的执政者申不害是其代表人物，它的重点在于通过考核臣下的言行表现去驾驭他们。

申不害是战国时最早的变法者，也算得上是韩非精神上的祖师爷，后人把君王驾驭臣下的权术理论称为“申韩之术”，就是以申不害与韩非一起命名。申不害特别注重术，他喜欢用一种隐秘的方式，去监督臣民的行为。表面上，君王是一副无为而治的样子，所有事情都交给臣下去办；实际上却把臣下盯得死死的，牢牢地控制住他们。

韩非发展了申不害的“术治”理论，将驾驭臣下的方法进一步引申为对臣下的考核。毕竟君王不能直接统治人民，只能通过

① 见《韩非子·饰邪》。

官吏来管理，所以君王要时刻监督管理臣下，掌握他们的情况，通过考核、选拔，把官吏牢牢地控制在手上。

术与法不同，法是公开的，术却是隐秘的，所以往往以阴谋诡计的形式被君王所采用。君王要始终深藏不露，甚至有时候装聋作哑，故意让那些怀着异心的臣子没有顾忌而为所欲为，暴露自己的本性，再一网打尽。或者故意说错话，做错事情，搞一些“钓鱼执法”，来考验臣下的忠诚度，看看他们是否绝对服从。①

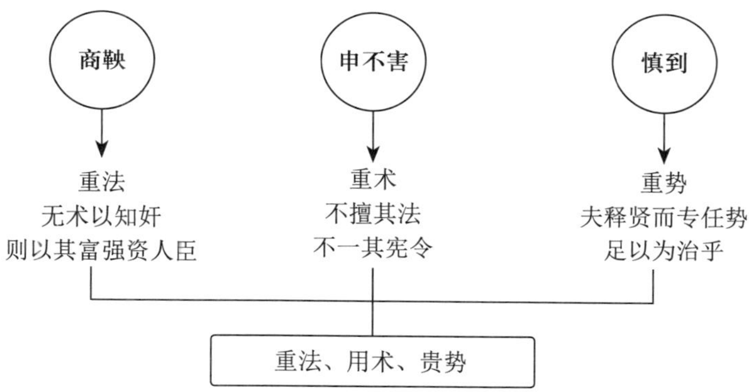

“法、术、势”的统合

法、术、势三者，在韩非的思想中被统一了起来，它们相互补充，成为君王手中专打臣子的三节鞭——“法治”。驾驭一匹悍马，需要紧拉住缰绳，治理急世之民，需要严厉的“法”。用“法”来明确赏罚，利用人们好利恶害的习性，使劲奖励统治者提倡的事情，比如努力耕田、积极参战这些有利于富国强兵的事情；而对于那些不利于统治的行为，就要严酷地制裁。通过这种方法来鞭策、引导人民去做统治者需要他们做的事情。

① 《韩非子·内储说上七术》：“主之所用也七术，所察也六微。七术：一曰众端参观，二曰必罚明威，三曰信赏尽能，四曰一听责下，五曰疑诏诡使，六曰挟知而问，七曰倒言反事。此七者，主之所用也。”

在这条“三节鞭”的鞭策之下，君王张开了天罗地网，稳稳地把臣民们（尤其是官吏）攥在了手心里。

几十年后，当秦朝的宦官赵高权倾朝野，指着一只鹿对手下说这是一匹马时，手下噤若寒蝉，纷纷称是。赵高就是通过这种方式完成了对手下的服从性测试。韩非的学问，被后来的权奸们稳稳地掌握，并不断添入个人智慧，演变成一堵密不透风的墙。

而韩非自己，是建起这堵墙的第一个祭品。

注定的自我毁灭

在韩非的思想中，可以看到几乎所有诸子百家的影子。可以说，他已经集合了春秋战国数百年间诸子百家思想的结晶。

只不过，数百年的智慧与思考，酝酿出的却是韩非这样的思想怪胎。也许过去那个时代的先贤们也没有想到，他们穷毕生之力思考想让这个世界变得不要那么糟糕，结果却诞生了这种最为阴暗、最为酷烈的思想结晶。

从孟子、庄子的时代开始，哲人们也在反思这种“处士横议，百家争鸣”的局面背后的问题。确实，这时的学说太过于庞杂，有必要将这些复杂分歧进行澄清整理。作为集大成者的韩非，最终却站在君王的立场上提出，诸子百家的争鸣对国家是有害的，这些人有的聚众讲学，有的游走四方，却用自己的思想来扰乱君王的统治，实在是国家内部的蛀虫，必须严厉禁绝。[①]

① 见《韩非子·五蠹》，“是故乱国之俗：其学者，则称先王之道以籍仁义、盛容服而饰辩说，以疑当世之法，而贰人主之心。其言谈者，为设诈称，借于外力，以成其私，而遗社稷之利。其带剑者，聚徒属，立节操，以显其名而犯五官之禁……此五者，邦之蠹也。人主不除此五蠹之民，不养耿介之士，则海内虽有破亡之国、削灭之朝，亦勿怪矣”。

人民只要明白法律就可以了，韩非希望法律成为全国上下人们言行举止的最高标准。因为对君王来说，教育的意义就是批量生产懂得法律并且别的什么都不想去懂的顺民，这样的人民必然思想简单，易于驯化，任劳任怨地成为国家机器内的一颗螺丝钉。不需要什么“先王的言论”，也不需要诸子百家的那些璀璨哲学，因为它们对于批量生产顺民没有任何帮助。人民只需要执法官吏做老师就行了，让执法官吏教给大家法律，给人民的心里填满法律规范，那就万事大吉。

韩非主张取缔各类思想，不知他有没有想过，他自己就是一个思想家，是否也要取缔？或许从韩非的思想提出时起，就蕴含着自我毁灭的倾向。

秦王嬴政尽管对韩非大加赞赏，却也知道，韩非的思想虽然有利于自己治国，但韩非本人彻头彻尾地站在韩国的立场上，不可能为秦国所用。所以，韩非在为秦国贡献了自己的思想之后，随即获罪，被投入秦国的大牢。

史书上说，韩非是因为被李斯嫉妒才华、进了谗言才被秦王抓去蹲监狱的。实际上，不论李斯是否嫉妒，韩非终究不容于秦国，获罪只是早晚的事。既然秦王已经通过文字获取了韩非的思想，那韩非被无情地抛弃，乃至于歼灭肉体，都是正常的事情。毕竟韩非自己都说了，像他们这样的游士，只不过是国家的蠹虫罢了。

公元前 233 年，在秦国云阳监狱狭小阴暗的牢房里，韩非饮下了老同学李斯送来的毒药，含恨而终。至此，这位先秦时代最后的思想巨人，以一种悲剧性的方式结束了自己的一生，也昭示着那个群星璀璨的哲学黄金时代的结束。

韩非去世三年后，秦国灭韩，终于揭开了灭六国之战的序幕。

一个新的时代，已经来临。

本章推荐参考书目:

刘向:《战国策》

许维遹:《吕氏春秋集释》

王先慎:《韩非子集解》

熊十力:《韩非子评论　与友人论张江陵》

高亨:《商君书注译》

蒋礼鸿:《商君书锥指》

赵鼎新:《儒法国家:中国历史新论》

尾声　诸子的毁灭与重生

新的帝国

公元前221年，秦王政二十六年，秦国大将王贲率领军队从北方长驱直入，势如破竹地进军，随后齐王田建投降，秦军浩浩荡荡地开进了临淄城。在残存的稷下先生们的见证下，最后一个诸侯国齐国终于宣告灭亡。秦王嬴政用十年时间，以他的雄才伟略，破除了诸侯的合纵谋略，终于一举统一了天下。

自西周灭亡以来，五百余年的乱世，终于结束在了秦国耕战机器的轰然作响中。

统一天下之后，嬴政发出的第一道诏令，就是令朝廷议定这个新的大帝国中最高统治者的尊号。在嬴政看来，他们正处在一个亘古未有的新秩序的开端，需要有一个前所未有的称号，以匹配这个时代。嬴政心里已经想好了答案，他将"三皇五帝"的尊号集于一身，给予自己一个曾代表超越存在之天的称号——"皇帝"。[①]

从"王"变为"皇帝"，是一场划时代的变革。成为第一个皇帝的嬴政，不再像周天子那样裂土封邦，而是整个天下独一无二的至尊。整个华夏不再有诸侯的封国，只有完全隶属于皇帝的郡县，大秦帝国全境的权力集中于中央，而中央的权力集中于

① 据顾颉刚和刘起釪的研究，"皇帝"作为人君之称呼，始于秦始皇。战国后期已有"五帝"之词指古代人君，然出于追拟，"帝"或"皇帝"只指上帝。

秦始皇

皇帝。

皇帝的权力是前所未有的，他不仅凌驾于一切人之上，还超然于法律与道德之外，是人世间唯一具有神性的天命之子。他集整个国家政权于一身，几乎可以不受任何制约地随时制定和废除法律，法律也只是皇帝驾驭臣民们的工具之一。

这一切将法家所设想的秩序都落实到了现实之中。更确切地说，是以十多年前客死秦国的大思想家韩非子的学说为蓝图，构建出了帝国的新秩序。谁又能想到，这个帝国运转的底层逻辑，竟然来自十多年前那个不善言辞、或许也手无缚鸡之力的结巴男人在监狱中的构想。当年在云阳监狱中，一边忍受着老鼠、臭虫的侵扰，一边挑灯上书的韩非，是否能想象得到他思想中蕴含的能量?

思想，有时候很脆弱，狱吏走卒手里的一把利刃，就可以永久地结束哲人脑海里的那些奇思妙想。但有时候，又显得无比强大，以至于能够突破时间与空间的界限，影响千百年后的世界。

秦人一把火，百家两行泪

始皇帝将严格的秦法与苛刻的秦政施行于天下后，不可避免地受到了法家以外其他各个学派的非议。

从我们如今的视角来看，秦始皇嬴政的时代，确乎称得上是个伟大的时代。始皇帝扫六合、定四海，北击匈奴，南征百越，更重要的是确立了中央集权的统治秩序，统一度量衡，推行秦法，几乎称得上是重塑了整个华夏。但这个时代，思想大师渐渐远去，只剩下诸子百家的后学们在秦廷的高压统治下沉闷地低鸣。

对于仍然留存在秦朝统治下的百家学派来说，这个新的秩序正与他们的思想激烈地冲突着。不管是崇尚礼乐的儒生，还是提倡兼爱的墨者，以及名家、阴阳家，甚至包括与申、韩等秦晋法家关系紧密的黄老学派，都对这个时代的新政有诸多不满。

统一天下后的第八年，始皇帝迎来了他的四十七岁生日，他在咸阳宫中置酒，邀请天下最有学问的七十来位“博士”[①] 一起为他祝寿。

酒筵在一派祥和的气氛下进行着，秦廷众臣纷纷赞美始皇帝的伟大。

正当始皇帝洋洋自得之际，一位来自齐国的博士淳于越却泼了一盆冷水：“殷、周两代的王者，立国千余岁，是因为他们因循着封建之道，分封子弟来支撑王者的统治。秦朝虽有天下，皇子们却只是没有封地的匹夫，万一像齐国那样，出了田氏之类的权臣，就可以轻而易举地篡夺王位，谁又能相救呢？”

淳于越的一番话，立刻将气氛降至冰点。当面出言直谏，原本是战国士人的一项优良美德，邹忌讽齐王、孟子见梁惠王，都

---

① 即秦朝为饱学之士所封的博士官。当代学者王子今先生考证认为，从历史文献提供的信息来看，秦代博士的主体可能就是以稷下先生为主体的齐、鲁学者。如《史记》中《封禅书》言：“（秦始皇）即帝位三年，东巡郡县，祠驺峄山，颂秦功业。于是征从齐、鲁之儒生博士七十人，至乎泰山下。”“齐、鲁之儒生博士”中对“齐、鲁”的强调值得重视。从多方面的信息来看，秦博士大致“七十人”。见王子今《秦帝国的文化格局与稷下学的历史命运》，载《北京师范大学学报（社会科学版）》2016 年第 4 期（总第 256 期）。

是在君王面前直陈利害。然而，始皇帝是帝国的绝对权威，怎么可以轻易否定呢？这种齐、魏等地习以为常的士风，在秩序森严的秦廷里显得格格不入。

这种不顾大局的发言，自然受到丞相李斯的激烈批判：“始皇帝创下的是万世大业，愚儒怎么能懂？”更何况，当今天下已经统一，不同于以往。老百姓该做的就是乖乖种地，读书人该做的就是学习法令禁条，别的事情，一概都没意义。像淳于越这种儒生，非但不好好学习秦法的条文，反而在研究古人的思想，还拿着它们非议今天的政策，把老百姓的思想都搞乱了，居心实在不良。

随后，李斯理所当然地提出了他酝酿已久的建议：诸子百家学派批评当前制度，这种行为如今绝不能容忍，必须要让天下大事全部都定于一尊。最好的办法，就是禁止百家学派私自传播思想，禁止不利于秦法与秦制的一切言论！禁止普通家庭藏书，除了秦国历史、医学、农业等实用技术书籍，其余一概烧掉！要是有敢留存诗书、百家著作的，三十天之内若不烧掉，那就去边关守城！

始皇帝听后立刻首肯，随即一场焚书运动，就此拉开了帷幕。

焚书的法令缓慢地以咸阳为中心，向着帝国疆域内的各个地区传递，一直到最遥远的东方。无数人因为害怕被处罚，悄悄烧掉了自己所藏的书。列国的国史，还有流传久远的《乐经》，都在这场焚书运动中永远地失传了。春秋战国时期儒家、墨家、名家、阴阳家、黄老道家等学派哲人们所积累下的大量著作，也通通毁弃在帝国四处的火光中。

这些都是耗费无数哲人心血、汇集了他们崇高思想的书籍文字，积累起这些著作，人们花了几百年时间，但毁掉它们，只需要点一把火就行。

焚书坑儒（选自《帝鉴图说》）

曾经兴盛一时的百家学派，遭到了近乎毁灭性的打击，像墨家、名家这样的派别，此后便永远地衰落了。随之一同终结的，还有华夏历史上思想交流最活跃、思想火花最闪亮的黄金时代。

我们称这段哲学从无到有的兴起岁月为“轴心时代”，它开始于哲人们对天地万物、对自我存在及其意义的思考，终结于哲人的思考被统治者禁止的那一天。古人曾经如此认真地探究这个世界应该如何、人应该怎样存在等问题，现实世界的残酷曾令哲人们痛苦，生活对于哲人们来说几乎如同枷锁，但即使痛苦，哲人们依然心怀悲悯，热爱着生命和这个世界，并且时而抬头仰望头顶的灿烂星空。

他们努力过，想要让这个世界变得更好，还孜孜不倦地想要突破自我及世界的有限性，去寻找超越层面的存在。

但最后的结果是不再让人们思考，不再寻求超越，只要好好适应这个险恶的世界就可以了，低头做好自己的事情，不要抬头。

誓不与秦为友

当焚书的法令传到山东的鲁地后，孔子的第八代嫡孙孔鲋面对着家中的藏书，陷入沉默。他最终没有遵循皇帝的命令，而是将家里的书籍小心隐蔽地保存在了旧宅的墙壁之中。

孔鲋的好朋友游士陈餘担心他，说："孔先生你不要命了？不怕被发现后降罪吗？就不担心会被发配边关受尽困苦吗？"

孔鲋却毫不在意："我的一生致力于钻研这无用之学，了解我的只有和我有着一样旨趣的朋友。秦朝不是我的朋友，我又需要担心什么？"

在秦制下，孔鲋毕生倾注精力的儒学，成了对社会没有帮助的学问，成了不被世界需要的思想，因而被专断的皇帝宣判为无用，扫入了垃圾堆。可问题是，错的究竟是思想，还是这个不需要思想的世界？孔鲋的心中自有答案，所以他要冒着生命危险，把书藏起来，这是为了将来或许有一个新的时代，思想不再是无用的，他所信奉的道会被世界重新发现。到那个时候，人们会需要他此时此刻冒着生命危险所保存的书籍。

孔鲋到死也没有等来他所希望的那一天。但是，他在生命的最后几年，终于看到了这个世界改变的希望。

公元前210年，秦始皇驾崩于沙丘，秦二世胡亥继位。第二年，陈胜、吴广在大泽乡起义，忍耐了十多年的天下人终于看到了机会，反叛秦朝的火焰瞬间呈现出燎原之势，在天下铺开。孔鲋听闻陈胜举事，立刻怀抱着家中所藏的礼器，投入了陈胜的阵营。面对这个时代严酷的新秩序，孔子的传人毅然决然地选择站在它的对立面。孔鲋所捍卫的礼乐文化就是刀刃，这时他跳入战场，要亲手了结这条名为“秦制”的恶龙！

最后陈胜在秦军的强势反扑之下战败，孔鲋没有逃走，他选择留下来，在陈胜军中与之并肩而战，最后死在了城破之际。

陈胜虽然死了，但反秦的浪潮并未停息。沛公刘邦扣武关入秦，楚将项羽一把火烧毁咸阳宫，彻底结束了秦朝暴虐的统治。随后刘邦建立的汉朝重新恢复了分封制，并采纳黄老学派的思想，以无为治天下。

而孔鲋的学生叔孙通，成了汉廷的博士，为新的王朝制礼。

灰烬中的新生

禁止藏书的“挟书律”，终于在它颁布的二十余年后被汉惠帝废止。

但这一切都救不了那些被毁坏的书籍，以及它们所承载的思想。许多传说中著名的战国学者，他们留给后人的文章业已变成了焚书坑中的灰烬，只剩下单薄的姓名，逐渐在人们的记忆里变得越来越模糊。

所幸，许多在秦统一前就已经熟读经典的博士们仍然在世，他们根据自己的记忆，艰难地重现那些被焚烧的经典。

鲁人申培公、齐人辕固生和燕人韩婴，各自整理了《诗经》。《礼经》已经毁于秦火，汉初只有鲁人高堂生能系统地说清楚儒家的礼，他开课收徒，传下了《仪礼》。

《易经》因为是占卜书，不属于“无用之学”，所以破坏得少一些。

《春秋》是孔子所作，道理都用春秋笔法藏在了微言大义中，在战国时分成了公羊、穀梁、左氏、邹氏、夹氏五个派别，各自都有一套诠释《春秋》的方式。左氏、公羊、穀梁派的传人们在秦汉之间的乱世里艰难地传承着各自的绝学，但邹氏、夹氏两派不幸失传，消失在历史长河中。

《乐经》因为与音乐相关，光靠文字传承不下来，也就随着焚书的一把火而一同湮灭了。

至于《尚书》，由于它言辞古奥，对秦汉时的人来说就已经是难以理解的文言文，所以也同样难以传承。直到邹平的一位叫伏生的儒者，打开自家的墙壁，拿出了当年冒死藏下的《尚书》。因为经历二十多年的风雨，藏在墙壁夹层中的《尚书》只剩下了二十八篇。伏生就是靠着讲解这二十八篇《尚书》，才重新复兴了这门几乎要灭绝的古老智慧。

《老子》《论语》《墨子》《庄子》《孟子》《管子》《荀子》等诸子百家的学说，也同样在这些学派传人们的小心整理下，再度恢复成了篇章著作的样子。轴心时代那些群星璀璨的思想，就这样磕磕绊绊地传承了下来。

焚书事件的一百多年后，汉武帝年间，封在曲阜的鲁共（恭）王为了扩建宫室，于是将曾经的孔子宅第修整重建。在推倒其中一堵屋墙之后，墙壁的夹层里赫然露出了一册册的书籍。孔鲋当年的藏书，终于重见天日。被发现的藏书，包括成篇的《礼记》《孝经》《论语》，以及更加完整的《尚书》。

到了汉武帝时代，已没有人会说这些学问是无用之学了。儒家思想正在重新塑造着大汉帝国的政治和社会，汉武帝已经下令尊崇儒术，黄老之术等异于孔子之道的学问，不再被皇帝采信——这就是后人概括的“罢黜百家，独尊儒术”。

但这时的儒术，经由汉儒的糅合发展，早已经吸收了其他各家的学问，成了杂糅阴阳灾变之说、天人感应之说、刑罚之说的思想大杂烩。诸子百家的思想，正好以这样一种方式在改变、塑造着新时代的秩序。

思想家们总是慢时代一拍，这让他们往往不合时宜。但他们弱小的身躯，总能在身后投下长长的影子。他们改变世界的方式，往往也会在更遥远的未来显现出来。

图书在版编目（CIP）数据

诸子百家的黄金时代 / 范西园著 . -- 长沙：岳麓书社，2025.7
ISBN 978-7-5538-2094-1

Ⅰ. ①诸… Ⅱ. ① 范… Ⅲ. ①哲学史－中国－先秦时代 Ⅳ. ① B22

中国国家版本馆 CIP 数据核字（2024）第 101306 号

ZHUZI BAIJIA DE HUANGJIN SHIDAI

诸子百家的黄金时代

作　　者 | 范西园

出 版 人 | 崔　灿

策划编辑 | 刘书乔

责任编辑 | 田　丹

责任校对 | 舒　舍

书籍设计 | 钟　颖

营销编辑 | 谢一帆　唐　睿　向媛媛

岳麓书社出版发行

地址 | 长沙市岳麓区爱民路 47 号

承印 | 湖南省众鑫印务有限公司

开本 | 640mm × 960mm 1/16　印张 | 27.75　字数 | 348 千字

版次 | 2025 年 7 月第 1 版　印次 | 2025 年 7 月第 1 次印刷

书号 | ISBN 978-7-5538-2094-1

定价 | 78. 00 元

如有印装质量问题，请与本社印务部联系

电话 | 0731-88884129